अमरनाथ यात्रा

अमरनाथ यात्रा

सत्यं शिवं सुन्दरम्

अमित कुमार सिंह

विद्या विहार, नई दिल्ली

प्रकाशक : विद्या विहार, 1660 कूचा दखनीराय, दरियागंज, नई दिल्ली–110002
सर्वाधिकार : सुरक्षित / संस्करण : प्रथम, 2016 / मूल्य : तीन सौ रुपए
मुद्रक : आर–टेक ऑफसेट प्रिंटर्स, दिल्ली ISBN 978-93-82898-99-3

AMARNATH YAATRA *by* Amit Kumar Singh ₹ 300.00
Published by Vidya Vihar, 1660 Kucha Dakhni Rai, Darya Ganj, New Delhi-2

सद्गुरु ओशो के चरणों में
एक अपात्र का अनुग्रह-अर्पण,
जिनकी स्मृति, शब्दों और ध्यान-प्रयोग के जादू ने
मुझे हँसना, रोना, नाचना, गुनगुनाना,
लिखना और जीना सिखाया…
(अपितु सीख रहा हूँ)

भूमिका

संत आगस्तीन ने ठीक ही कहा है कि प्रत्येक मनुष्य का जीवन एक किताब की तरह होता है। अगर आपने यात्राएँ नहीं की हैं तो इसका यह अर्थ हुआ कि आपने जीवनरूपी किताब का बस एक ही पन्ना पढ़ा है।

निश्चित ही यात्रा जीवन का रोमांच है। यात्रा का बाहरी सुख अंतस के आनंद को भी झंकृत करता है। अमरनाथ-यात्रा संपूर्ण दृष्टि से सत्यं शिवं सुन्दरम् का दीदार है। अमरनाथ-यात्रा के दौरान जब अनायास प्रकृति का अनुपम सौंदर्य उद्घाटित होता है, तभी यह समझ आता है कि हिंदू-परंपरा में सौंदर्य को सत्य और शिव के समकक्ष क्यों स्थान दिया गया है! यों ही, यात्रा में तीर्थयात्रियों की अप्रतिम श्रद्धा, सेना की चुस्ती और स्थानीय कश्मीरियों के अकल्पनीय सहयोग से एक शुभ और संगीतमय वातावरण निर्मित हो जाता है। यहाँ शुभ से मिलन है।

सत्य नि:शब्द है। सूक्ष्म और बारीक। एक निर्विचार चित्त की दशा। शुद्धतम। सभी धारणा, पूर्वग्रह, कल्पना और संस्कार से मुक्त। अमरनाथ-यात्रा के दौरान जब हम मोबाइल, इंटरनेट, वाट्सएप से मजबूरीवश मुक्त हो जाते हैं, इस घड़ी में प्रकृति के सौंदर्य, शुभ के संगीत के साथ-साथ जब शरीर थक जाता है, भयवश जागरूकता चरम पर घिर जाती है, तब इसी क्षण में कई बार अनायास हमारा शरीर और मन से तादात्म्य टूट जाता है। इसी मौन घड़ी में सत्य हमें स्पर्श करता है। हम उस आत्मा के साक्षी हो जाते हैं, जो शरीर और मन से तादात्म्य टूटने पर स्वयं ही घटित होता है। इसीलिए मेरी दृष्टि में अमरनाथ-यात्रा एक अद्भुत आध्यात्मिक अनुभव की संपूर्ण झलक है।

अमरनाथ-यात्रा भारत की आत्मा का गहन अवलोकन भी है। भारत सत्य के प्रयोग की अनूठी भूमि रही है। यहाँ सत्य की गहरी प्यास देखी जा सकती है। अमरनाथ-यात्रा इसकी बानगी प्रस्तुत करती है।

शिवत्व भारत की प्यास है, धड़कन है और आत्मा भी। शिव जनमानस के अंतस में हैं। शिव देवों के देव हैं; महादेव। शिव भारत की सांस्कृतिक एकता के सूत्र भी हैं। भारत के बारह ज्योतिर्लिंग इसके प्रत्यक्ष प्रमाण हैं। यह शिवत्व अमरनाथ-यात्रा का भी उत्स है। अमरनाथ-यात्रा के द्वारा शिवत्व की ऊर्जा का दर्शन होता है—सांस्कृतिक विविधता के बाद भी, राजनीतिक उठापटक के बीच भी।

अमरनाथ-यात्रा अनुच्छेद 370 की विसंगति एवं विडंबना के पश्चात् भी समूचे भारत को कश्मीर से जोड़े रखने का एक अद्भुत कार्य कर रही है। यह समूचे विश्व के समक्ष भारत की धर्मनिरपेक्ष छवि का एक आदर्श उदाहरण प्रस्तुत करती है। यही नहीं, अमरनाथ-यात्रा का अर्थशास्त्र समूचे कश्मीरियों के लिए जीवनदायी है, इस सत्य एवं तथ्य से हम अनभिज्ञ हैं।

पुस्तक के पहले भाग में एक अनुसंधानात्मक दृष्टि है। दूसरे भाग में यात्रा का वृत्तांत है, इसे 'अनुभव' नाम दिया गया है। तीसरा भाग चिंतन से अनुप्राणित है। यह पूर्व की धारणाओं से इतर कश्मीर को देखने का एक नवीन दृष्टिकोण प्रस्तुत करता है। परिशिष्ट में सभी मौलिक संदर्भों का समावेश है। ये सभी भाग और अलग-अलग अध्याय हमें बाहर से भिन्न प्रतीत हो सकते हैं; लेकिन इनकी आत्मा एवं संगीत में एक आंतरिक समरसता है।

अमरनाथ-यात्रा के इस वृत्तांत में डुबकी लगाने के लिए आप सभी पाठकों को आमंत्रण है। बस आपको पूर्व धारणाओं, किस्सों और मान्यताओं का वस्त्र अनावरित करना पड़ेगा। यह थोड़ा कठिन है, परंतु असंभव नहीं। तभी इस डुबकी में हमें आनंद की झलक मिल सकेगी। इस भगीरथ साहस में इंद्रियों से परे, उस लोक का थोड़ा भी आनंद घटित हो सका है तो मैं इसको सफल मानूँगा। अंततः आपकी आलोचना और असहमति भी मेरा उत्साह ही बढ़ाएगी।

आभार

अमरनाथ–यात्रा मेरे आंतरिक और बाहरी जीवन के परिवर्तन का एक महत्त्वपूर्ण पड़ाव सिद्ध हुआ है। न्यूटन, आर्कमिडीज, मैडम क्यूरी, आइंस्टीन जैसे विश्वविख्यात वैज्ञानिकों के प्रयोग की सफलता में किसी अज्ञात–अदृश्य शक्ति का सहयोग और प्रेरणा थी, यह मैंने अवश्य पढ़ा था, परंतु इस बात का मुझे तनिक भी अहसास नहीं था कि कभी–कभी लेखन जैसा बौद्धिक कार्य भी ईश्वरीय प्रेरणा से आरंभ और अंत होता है।

मेरी अमरनाथ–यात्रा की योजना यात्रा से मात्र एक दिन पहले अचानक ही बनी। यह अमरनाथ–यात्रा साक्षात् सत्यं शिवं सुन्दरम् का संपूर्ण आध्यात्मिक पैकेज था। मैं चकित, अभिभूत और मुग्ध था। इसके अनुभव को पन्नों पर उकेरने की मेरी कोई पूर्व निर्धारित योजना नहीं थी। अपने आंतरिक आनंद के लिए मैं यदा–कदा अमरनाथ–यात्रा को अपनी डायरी में लिखा करता था। यह लेखन भी मैं तभी करता, जब मुझे कोई आंतरिक–प्रेरणा बाध्य करती, अन्यथा नहीं। फलतः इसका लेखन लंबे समय तक चला। इसी बीच मैंने अपनी यात्रा के अनुभव को गद्य एवं पद्य के रूप में हिंदी के राष्ट्रीय समाचार–पत्र में लिपिबद्ध किया। इसकी प्रतिक्रिया सुखद एवं चकित करनेवाली थी। इसी ईश्वरीय प्रेरणा से मैंने यह लेखन आरंभ किया। लेखन के दौरान मैंने अपना यह संकल्प याद रखा कि लेखन बुद्धि के बजाय आंतरिक आनंद की प्रेरणा से करना है, चाहे कितना भी विलंब हो।

ईश्वरीय अनुकंपा से विश्व की किसी भी भाषा में लिखी गई अमरनाथ–यात्रा का पहला वृत्तांत पाठकों के समक्ष प्रस्तुत है। इसके लिए मैं सबसे पहले अपना आभार मित्र प्रीतम के प्रति व्यक्त करता हूँ। प्रीतम की प्रेरणा और मित्रवत् दबाव नहीं होता, तो मेरी अमरनाथ–यात्रा और इस पुस्तक का लेखन, दोनों ही संभव नहीं हो पाते। प्रीतम के साथ–साथ यात्रा में शामिल सर्वोत्तम, विकास और आनंद

का संग भी मेरे अविस्मरणीय अनुभव का अभिन्न हिस्सा है। अमरनाथ-यात्रा के मेरे अनुभवों को मेरे इन मित्रों ने संपूर्णता और गहराई प्रदान की है। मित्रता के इन स्वर्गिक क्षण का मैं हृदय से आभारी हूँ।

यात्रा के दौरान (चार वर्षों में दो बार कश्मीर यात्रा) मैंने सैकड़ों लोगों से अनौपचारिक वार्त्ता की। इस दौरान दर्शनार्थियों के अतिरिक्त मैंने स्थानीय कश्मीरियों, पुलिस, सेना और गुप्तचर-सेवा के लोगों से वार्त्ता की। साथ ही मूँगफली बेचने वाले, शिकारा वाले, ड्राइवर समेत सेना, पुलिस के छोटे-बड़े कर्मचारियों से भी लंबे वार्त्तालाप हुए। इस दौरान अनायास मुझे संपूर्ण भारत और कश्मीर समेत अमरनाथ-यात्रा के महत्त्व को एक नवीन दृष्टि से देखने-समझने का सुअवसर मिला।

अमरनाथ-यात्रा के दौरान मैं भारत के विभिन्न राज्यों के कई यात्रियों से मिला। इसके अतिरिक्त मैंने गंगोत्तरी-यमुनोत्तरी-केदारनाथ-बदरीनाथ और हेमकुंड यात्रा में भी बहुत से तीर्थयात्रियों से संवाद किया। विशेषकर उन सत्य-पिपासुओं से, जिन्होंने अमरनाथ-यात्रा की थी, उनसे संवाद के पश्चात् मुझे दो अद्‌भुत ज्ञान मिले—पहला, मैं भारत, भारतीयता और हिंदुत्व के मर्म को गहराई से समझने में सफल हो सका, वह भी बिना किसी पुस्तकीय ज्ञान के। दूसरा, मैं इस औपचारिक संवाद की सहायता से यह भी जान सका कि भारत की आत्मा, सत्य की खोज और तीर्थयात्राओं की लंबी परंपरा का आपस में एक गहरा संबंध है। मैं संवाद में शामिल ऐसे सभी मित्रों का बहुत ऋणी हूँ।

मैं भारतीय उच्च संस्थान, शिमला का अतुलनीय योगदान कभी विस्मृत नहीं कर सका हूँ। वहाँ पुस्तकालय में मेरे टेबल के सामने शीशे की बड़ी खिड़की थी। वहाँ मुझे हिमालय की बर्फवाली चोटियाँ दिखाई देती थीं। दो वर्ष के एक-एक महीने के प्रवास के दौरान शिमला में मुझे लेखन के दौरान प्राकृतिक वातावरण के कारण अमरनाथ-यात्रा के अनुभव को दोहराने में सुगमता होती थी। यही नहीं, मुझे वहाँ हिंदू धर्म के कई मौलिक ग्रंथों की उपलब्धता का भी लाभ हुआ। इससे मुझे एक दिशा मिली, जो इस पुस्तक को मेरे अनुभव के साथ-साथ एक शोध की गहराई का स्पर्श भी दे सका। मैं भारतीय उच्च संस्थान, शिमला के सभी सहयोगियों को नमन करता हूँ।

अनुजवत् प्रशांत ने समूची पांडुलिपि का बड़ी बारीकी से अध्ययन किया। इससे मुझे बहुत ही लाभ हुआ। मित्र मनोज भाई टंकण के साथ-साथ भाषाई शुद्धता, डिजाइनिंग और पुस्तक के संपूर्ण कलेवर के संदर्भ में बड़ी आत्मीयता के साथ सुझाव देते हैं। डॉ. नमिता सेठी (एसोसिएट प्रोफेसर, दिल्ली विश्वविद्यालय) ने

भी लेखन को समृद्ध किया, आत्मिक अनुमोदन और विनम्र असहमति के साथ। मैं इन तीनों मित्रों का तहेदिल से शुक्रगुजार हूँ।

डॉ. पूनम घई ने संस्कृत के संबंध में मेरी अशुद्धि का परिमार्जन किया और इसके साथ अपने अमरनाथ-यात्रा के अनुभव से भी मुझे समृद्ध किया। दीदी, आपको भी धन्यवाद।

मैं अपनी पत्नी, मित्र और मार्गदर्शक अपर्णा का भी आत्मिक आभार व्यक्त करता हूँ। सर्वप्रथम यात्रा की मौन सहमति के लिए। इसके अतिरिक्त लेखन के दौरान घर में संगीतमय वातावरण निर्मित करने और अंततः पांडुलिपि की अशुद्धि दूर करने में भी उनका माँ की तरह मृदुल और ममतामयी सहयोग रहा। मैं और मेरा लेखन उनके बिना कभी शुभ आकार नहीं ले सकता था। मैं उनका ऋणी हूँ। ज्येष्ठ पुत्र अस्तित्व (ओशी) भी छोटी उम्र में ही अच्छी विश्लेषक और आलोचक दृष्टि रखता है, उसने समूचे लेखन को शृंखलाबद्ध करने में मेरी अकल्पनीय सहायता की। मैं उसका भी धन्यवाद करता हूँ। कनिष्ठ पुत्र अरिहंत (अरू) अपनी चंचलता की ऊर्जा से मुझे अकसर सराबोर रखता है।

अनुज अभिजीत, बहूरानी रिंकी, बहन गुंजा और बहनोई कौशिक अकसर अपनी प्रशंसा से मुझे रोमांचित करते हैं और प्रोत्साहित भी। माता-पिता का कभी न चुकाया जानेवाला ऋण मैं इन छोटे-छोटे रचनात्मक कार्यों से चुकाने का प्रयास करता हूँ। उन्हें भी सादर चरण-स्पर्श। मेरे ससुर डॉ. लक्ष्मण सिंह चौहान ने संस्कृत में उल्लेखित परिशिष्टों का जिस गहराई से परिमार्जन किया, उसके लिए मैं उनका सदैव आभारी रहूँगा। वे मेरे आदर्श के साथ-साथ गुरुतुल्य भी हैं। मुझे सदैव प्रेरित करते हैं, मम्मी के साथ-साथ।

अनुक्रम

भाग-3 अनुभव

भाग-4 परिशिष्ट

भाग–1

मर्म

भाग–1

मर्म

अध्याय–1

अमरनाथ–यात्रा : एक सनातन इतिहास

''मैंने बड़े आनंद का उपभोग किया। मुझे लग रहा था कि हिमलिंग साक्षात् शिव ही हैं और वहाँ कोई लोभी ब्राह्मण (पंडा), कोई व्यवसाय या कुछ भी बुरा न था, था तो केवल निरविच्छिन्न पूजा का भाव। किसी भी यात्रा में मुझे इतना आनंद नहीं मिला।''

—स्वामी विवेकानंद

भारतीय अध्यात्म की अत्यंत लंबी एवं गहरी परंपरा है। अमरनाथ–यात्रा इसका एक आदर्श उदाहरण कही जा सकती है। अमरनाथ–यात्रा का प्राचीनतम उल्लेख 'नीलमत पुराण' में मिलता है। नीलमत पुराण में अमरेश्वरा के बारे में दिए गए उल्लेख से पता चलता है कि अमरनाथ तीर्थ के बारे में लोगों को छठी–सातवीं शताब्दी में भी जानकारी थी। पुराण में उल्लेखित अमरगंगा का भी अन्यत्र उल्लेख मिलता है। अमरगंगा सिंधु नदी की एक सहायक नदी थी। यह गुफा के बगल से सफेद मिट्टी से गुजरती थी। शिव–श्रद्धालु इस मिट्टी को अपने शरीर पर लगाते थे। उनमें ऐसी मान्यता थी कि इस मिट्टी के धुलने से मनुष्य का पाप भी धुल जाएगा। अमरनाथ गुफा का मार्ग इसी के बगल से होकर जाता था। यह गुफा प्राकृतिक थी। इसकी ऊँचाई 250 फीट थी और चौड़ाई करीब 50 फीट। इसी गुफा में एक शिवलिंग था, जो गुफा के बाहर से देखा जा सकता था। यह शिवलिंग विशाल था। बर्नियर ने अपने यात्रा–वृत्तांत में इस सुंदर शिवलिंग का वर्णन किया है। (बर्नियर ट्रेवल्स, पृष्ठ 418) भारत के ऑक्सफोर्ड इतिहास के लेखक विंसेट–ए–स्मिथ ने बर्नियर की पुस्तक के दूसरे संस्करण का संपादन करते हुए टिप्पणी

की थी कि अमरनाथ गुफा आश्चर्यजनक जमाव से परिपूर्ण है, जहाँ छत से पानी बूँद-बूँद करके गिरता रहता है और जमकर बर्फ के खंड का रूप ले लेता है। हिंदू शिव प्रतिमा के रूप में इसी की पूजा करते हैं। डॉ. स्टेन ने अमरनाथ गुफा स्थित लिंग की चर्चा की है। उन्होंने 7 से 8 फीट की चौड़ाई और 2 फीट के शिवलिंग का उल्लेख किया है। (स्टेनस, राजतरंगिणी, वॉल्यूम-3, पृष्ठ 409) कल्हण की राजतरंगिणी द्वितीय में कश्मीर के शासक सामदीमत (34 ई.पू.-17वीं ईसवी) का एक आख्यान है। वह शिव का भक्त था, जो वनों में बर्फ के शिवलिंग की पूजा किया करता था। बर्फ का शिवलिंग कश्मीर को छोड़कर कहीं भी नहीं मिलता था।

कश्मीर के महान् शासकों में से एक था—जैनुलबुद्दीन (1420-70 ई.), जिसे कश्मीरी लोग प्यार से बादशाह कहते थे, उसने अमरनाथ गुफा की यात्रा की थी। इस बारे में उसके इतिहासकार जोनराज ने उल्लेख किया है। अकबर के इतिहासकार अबुल फजल (16वीं शताब्दी) ने आईन-ए-अकबरी में उल्लेख किया है कि अमरनाथ एक पवित्र तीर्थस्थल है। गुफा में बर्फ का एक बुलबुला बनता है। यह थोड़ा-थोड़ा करके 15 दिन तक रोजाना बढ़ता रहता है और यह दो गज से अधिक ऊँचा हो जाता है। चंद्रमा के घटने के साथ-साथ वह भी घटना शुरू कर देता है और जब चाँद लुप्त हो जाता है तो शिवलिंग भी विलुप्त हो जाता है। सावन में आयोजित इस तीर्थयात्रा का उल्लेख एक अन्य इतिहासकार भी करता है। उसके अनुसार राजा के सैनिक अमरनाथ गुफा तक राजा के साथ रहते थे। इस स्रोत का उल्लेख वर्ष 1866 में पाया जाता है (द इंडियन इनसाइलोपीडिया, पेज-178)।

इसी संदर्भ में कुछ इतिहासकारों का कहना है कि कश्मीर घाटी पर विदेशी आक्रमण के फलस्वरूप हिंदुओं को कश्मीर छोड़कर बाहर जाना पड़ा। इस अशांति के परिणामस्वरूप 14वीं शताब्दी के मध्य से लगभग तीन सौ वर्ष की अवधि के लिए यात्रा बाधित रही। कुछ इतिहासकारों की मान्यता यह है कि 1869 के ग्रीष्मकाल में गुफा की फिर से खोज की गई। इसके पश्चात् पुनः वर्ष 1872 में अमरनाथ-यात्रा प्रारंभ हुई।

प्राचीन मान्यताओं के अनुसार बूटा मलिक ने ही अमरनाथ गुफा की खोज की थी। बूटा मलिक एक मुसलिम गड़रिया था। जनश्रुति यह है कि एक बार बूटा मलिक पहाड़ों में अपनी भेड़ चरा रहा था, तब उसकी मुलाकात एक साधु से हुई। इस साधु ने बूटा मलिक को कोयले से भरा थैला दिया। घर पहुँचकर बूटा मलिक ने देखा कि वह कोयला वस्तुतः हीरा था। बूटा मलिक आनंद से अभिभूत था। प्रसन्नचित्त और भाव-विभोर होकर वह पुनः गुफा पर आया। वह साधु को

धन्यवाद देना चाहता था, लेकिन वह वहाँ पहुँचकर अत्यंत आश्चर्यचकित हुआ। वहाँ साधु नदारद था और उस स्थान में एक गुफा मौजूद थी। आगे चलकर यह स्थान 'अमरनाथ गुफा' कहलाया।

इस अमरनाथ गुफा की अनवरत उपासना आज भी जारी है। इस कथा का कोई ऐतिहासिक साक्ष्य नहीं मिलता है, परंतु इस कहानी में आज भी परंपरा का सत्य दिखाई देता है। ऐसी परंपरा है कि अमरनाथ गुफा में जो चढ़ावा चढ़ता है, उसका एक अंश बूटा मलिक के परिवार को सश्रद्धा अर्पित किया जाता है। लंबे समय से चल रही यह परंपरा बूटा मलिक द्वारा अमरनाथ गुफा की खोज की कहानी को एक अर्थ देती है।

आधुनिक काल में स्वामी विवेकानंद की अमरनाथ-यात्रा का विस्तृत विवरण मिलता है। स्वामी विवेकानंद ने 29 जुलाई, 1898 में अमरनाथ-यात्रा की थी।

स्वामी विवेकानंद के अमरनाथ-यात्रा संबंधी विवरण से एक ओर अमरनाथ-यात्रा की ऐतिहासिकता और आध्यात्मिक महत्त्व ज्ञात होता है तो दूसरी ओर इस उल्लेख से यह भी संकेत प्राप्त होता है कि गुलामी के दिनों में भी अमरनाथ-यात्रा का सिलसिला जारी था। इस तथ्य का दो तरीके से विश्लेषण किया जा सकता है। पहला, भारत आध्यात्मिक दृष्टि से सदैव एक राष्ट्र रहा है। दूसरा, शिव भारतीय जनमानस के देवता हैं। सदा पूज्य और सदैव श्रद्धैव होगा।

स्वामी विवेकानंद की अमरनाथ-यात्रा का विवरण रोचक है। यह हमारी संस्कृति की गहराई और आध्यात्मिकता की आभा को एक नवीन शृंगार देता है। फलतः यह हमें पुलकित करता है। विवेकानंद का 28 जुलाई की यात्रा का विवरण कई अन्य दृष्टियों से भी उपयोगी है। स्वामी गंभीरानंद द्वारा लिखित पुस्तक 'युगनायक विवेकानंद' (तृतीय खंड) इसका लिखित एवं प्रामाणिक दस्तावेज है। इसमें उल्लेख है—*''लगभग दो-तीन हजार यात्रियों के बीच उन्हीं में से एक होकर स्वामीजी साधुओं के संग देवदर्शन को जा रहे थे। सबके मन में भक्ति का भाव था।… यात्रियों में विभिन्न संप्रदायों के सैकड़ों साधु-संन्यासी थे, उनके तंबू भी गैरिक वर्ण के थे और उनमें से किसी-किसी ने सिर पर गेरुए रंग का बृहत् छत्र भी धारण कर रखा था। दिन भर चलने के बाद जब किसी खाली स्थान में छावनी लगती तो वहाँ सहसा मानो अलादीन के चिराग के स्पर्श से एक नगर की सृष्टि हो जाती थी।''*

इसी पुस्तक में स्वामी विवेकानंद की यात्रा के विवरण से अमरनाथ-यात्रा के आध्यात्मिक उमंग एवं तरंग की भी अनायास अनुभूति हो जाती है।

इस पुस्तक में अमरनाथ-यात्रा का अलौकिक चित्रण प्रस्तुत किया गया है।

कश्मीर में बाएँ से कु. मैक्लाउड, श्रीमती ओली बुल, विवेकानंद और भगिनी निवेदिता

विवेकानंद के अनुभव को चित्रित किया गया है—*मार्ग पर चलने का समय भी बड़ा आनंदमयी था। विभिन्न प्रांतों के विचित्र वेशभूषाओं से सज्जित पुरुष-नारी, बालक-बालिकाएँ एक ही उद्‌देश्य से, एक ही दिशा में चले जा रहे थे। कहीं शंख बज रहा था तो कई सिंगा और बारंबार 'हर-हर बम-बम' की ध्वनि से आकाश गूँज उठता था। भगवान् अमरनाथ ने सबके हृदय में विराजमान होकर सबको एकसूत्र में बाँध दिया था। मानो संघबद्ध रूप से कार्य करना उनका स्वभाव ही हो।*

सिस्टर निवेदिता ने भी स्वामी विवेकानंद के अमरनाथ दर्शन का मनोहरी चित्रण प्रस्तुत किया है—*आधे घंटे बाद उन्होंने ठंड से ठिठुरते हुए गुफा में प्रवेश किया। इस विराट् पत्र के सूर्य की किरणों से रहित एक हिस्से में विशाल हिमलिंग के सम्मुख खड़े होकर उन्हें प्रतीत हुआ, मानो वे महादेव का ही साक्षात् दर्शन कर धन्य हो गए हों। उनका शरीर भस्म से आच्छादित था, कोपीन के अतिरिक्त उन्होंने कुछ भी नहीं पहन रखा था। उस समय गुफा महादेव के स्तुतिनिनाद तथा 'हर हर बम' की ध्वनि से गुंजित हो रही थी। स्वामीजी ने भक्तिविह्वल होकर दूसरों की दृष्टि में आए बिना ही कई बार साष्टांग प्रणाम किया और अपने भावावेग को*

संयमित करने के लिए द्रुतपद से बाहर निकल आए। उनका मुखमंडल उस समय आरक्त हो उठा था—नेत्रों के सम्मुख मानो शिवलोक के समस्त द्वार उन्मोचित हो गए थे। उन्होंने देवाधिदेव के श्रीचरणों का स्पर्श कर लिया था।

स्वामी विवेकानंद के अमरनाथ-यात्रा का विवरण भले ही सौ वर्ष पुराना पड़ चुका है, परंतु अमरनाथ-यात्रा की आध्यात्मिक ऊर्जा आज भी लोगों को आंदोलित करती है। यह यात्रा अद्‌भुत है। यह कुछ नया ही आलोक हमारे भीतर सृजित करती है। लेखक ने इस पुस्तक के लेखनक्रम में अमरनाथ-यात्रा के साथ-साथ सैकड़ों अमरनाथ यात्रियों से संवाद स्थापित किया। उसका सारांश यह है कि अमरनाथ-यात्रा का अनुभव अलौकिक है। यह आत्मा की झलक देती है।

यही कारण है कि भौतिकता, बाजारवाद और संकुचित व्यक्तिवाद के वर्तमान समय में भी अमरनाथ-यात्रा की लोकप्रियता तनिक भी कम नहीं हुई है। वर्ष 1991 से 1995 तक आतंकवादियों के कारण अमरनाथ-यात्रा बाधित रही। इसके बाद कई अड़चनों के चलते अमरनाथ-यात्रा अनवरत जारी है अत्यंत श्रद्धापूर्ण भाव से। विदित हो कि अमरनाथ-यात्रा अत्यंत जोखिम भरी यात्रा है। सुखद आश्चर्य है कि वर्ष 2013 की केदारनाथ त्रासदी के उपरांत भी दर्शनार्थियों में अमरनाथ-यात्रा के प्रति भक्ति, उत्साह एवं श्रद्धा में कोई ह्रास नहीं देखा जा सकता है।

□

अध्याय-2

अमरनाथ-कथा का आध्यात्मिक आयाम

विज्ञान अध्यात्म का सहोदर है। आध्यात्मिकता किसी घटना के आंतरिक सत्य को उद्‍घाटित करता है। दूसरी ओर विज्ञान भौतिक जगत् के सत्यों के संधान का प्रयास करता है। कालांतर में आध्यात्म ने जिन अनुभवों को प्रकाशित किया है, विज्ञान भी आगे चलकर उसी निष्कर्ष पर पहुँचा है। फिर भी विज्ञान अध्यात्म को नकारता रहा है। यह विज्ञान की सीमा है और उसका स्वभाव भी। उदाहरण के लिए, अध्यात्म आरंभ से यह मानता रहा है कि संपूर्ण जगत् ऊर्जा का ही विस्तार है। आदतन विज्ञान इस धारणा को नकारता रहा। अब पुनः एडिंगटन जैसे वैज्ञानिक ने इस धारणा की पुष्टि की है कि अध्यात्म की मान्यता सही है और समूचा जगत् ऊर्जा से ही चलायमान है। प्रत्येक वस्तु का एक-एक कण ऊर्जा से आवेशित है।

अध्यात्म बनाम विज्ञान के सनातन द्वंद्व का अमरनाथ-यात्रा से संबंधित संदर्भ यह है कि विज्ञान के अधकचरे और आधे-अधूरे निष्कर्षों में जीनेवाला आधुनिक मन अमरनाथ-कथा को वैज्ञानिक अर्थों में आत्मसात् करने की कोशिश नहीं करता है। वह इसकी खिल्ली उड़ाता है। विडंबना और घोर आश्चर्य यह भी है कि धार्मिक संस्कारों से अनुप्राणित भारतीय मन भी अमरनाथ-कथा को आध्यात्मिक पहलू से समझने का गंभीर प्रयास नहीं करता है। वह श्रद्धापूर्वक इन धार्मिक कथाओं की तोता-रटंत करता है। उसमें अपनी हामी भरता है, परंतु वह इन कथाओं के आंतरिक सत्य को अनावृत करने के झंझट से बचना चाहता है।

उपनिषद् की कथाएँ यह सिद्ध करती हैं कि भारतीय अध्यात्म से संबंधित अधिकांश कथाएँ जीवन के गूढ एवं गंभीर रहस्य को धीरे-धीरे उद्‍घाटित करती

हैं। फलतः हिंदू परंपरा में आध्यात्मिक कथाओं के पुनर्पाठ की लंबी परंपरा है। ये कथाएँ हमारे अनुभव एवं समझ के आलोक में जीवन का रहस्य प्रकट करती हैं। फलतः इनका महत्त्व समय के साथ फीका नहीं पड़ता है। दूसरी ओर ईसाई, मुसलिम एवं यहूदी परंपरा में उल्लेखित अधिकांश कथाओं का मंतव्य स्पष्ट एवं सपाट देखा जा सकता है। इन्हें बार-बार पढ़ने एवं समझने का प्रयास नहीं करना पड़ता है। इनके पुनर्पाठ की भी कोई स्वीकृत परंपरा विद्यमान नहीं है।

आइए, इस आलोक में अमरनाथ-कथा के आध्यात्मिक मर्म को समझने का प्रयास किया जाए।

शिव-पार्वती के संवाद से अमरनाथ-यात्रा का जो सूत्रपात हुआ है, उसमें सत्य के संधान की गंभीर उपमाएँ हैं, संकेत हैं, परंतु आश्चर्यजनक रूप से इस कथा के आध्यात्मिक अनावरण का प्रयास दिखाई नहीं देता है। (यह कथा विस्तार से परिशिष्ट में उल्लेखित है) आश्चर्यजनक विरोधाभास यह है कि कण-कण में परमात्मा को देखनेवाले हिंदुत्व की लंबी परंपरा अमरनाथ-कथा को केवल कोरी कथा के रूप में भला कैसे स्वीकार और अंगीकार कर सकता है?

अमरनाथ-कथा का आरंभ माँ पार्वती की जिज्ञासा से होता है—'हे प्रभो! मैं श्री अमरनाथ की यात्रा की महिमा सुनना चाहती हूँ, जिसके सुनने से जन्म-जन्मांतर के पाप-ताप मिट जाते हैं।' माँ पार्वती के प्रश्न से यह परिलक्षित होता है कि उनकी दिलचस्पी जीवन के आवागमन को समझने में है। इसका दूसरा पहलू यह है कि हिंदूधर्म में एक स्त्री भी मोक्ष के लिए लालायित है। माँ पार्वती को इस जिज्ञासा से यह भी स्पष्ट होता है कि हिंदू-परंपरा में स्त्री को समान दरजा प्राप्त था। मोक्ष के लिए हिंदू-परंपरा में स्त्री के लिए वैसा प्रत्यक्ष-अप्रत्यक्ष कोई बंधन नहीं है, जैसे विश्व के अधिकांश धार्मिक परंपराओं में देखा जा सकता है। माँ पार्वती के प्रश्न से यह भी आलोकित होता है कि अमरता मूलतः आत्मा से संबंधित है। इसकी चर्चा श्रीकृष्ण भी 'गीता' में करते हैं, जो अजर है, अमर है, नित्य है।

पार्वती के प्रश्न का भगवान् शिव उत्तर देते हैं—हे देवी! दो प्रकार की यात्रा होती हैं—पहली, ऊपर तथा दूसरी, नीचे की यात्रा। ऊपर की यात्रा मोक्ष चाहनेवाले योगियों की होती है और निचली यात्रा पैदल यात्रा से संभव होती है। इस पैदल यात्रा में चित्त निर्मल हो जाता है और निर्विचार-चित्त से लक्ष्य की प्राप्ति होती है। भगवान् शिव के इस उत्तर में स्वीकारोक्ति है कि मोक्ष का मार्ग योगियों और साधारण मार्ग संसारियों के लिए प्राप्य है। इस तथ्य में हिंदूधर्म की विराट् घोषणा अंतर्निहित है, जो अंततः मोक्ष को जीवन का अंतिम लक्ष्य मानता है और इसके

लिए किसी बँधे-बँधाए नियमों की परवाह नहीं करता है। स्मरणीय है कि 'मोक्ष' जैसी धारणा अन्य किसी धार्मिक परंपरा में उल्लेखित नहीं है।

अमरनाथ-कथा में वर्णन है कि भगवान् शिव कथा सुनाने के लिए निर्जन स्थान की तलाश करते हुए यात्रा आरंभ करते हैं। इस संदर्भ का सीधा संकेत यह है कि अमरनाथ-यात्रा एकांत की यात्रा है। एकांत का अभिप्राय यहाँ केवल भौतिक नहीं है। एकांत, अर्थात् मौन का संगीत। ऐसी स्थिति में जब मन का शोरगुल शांत हो गया हो, तभी उस परम तत्त्व की प्राप्ति संभव है, जिसे हिंदू परंपरा ने 'मोक्ष' कहा है।

माँ पार्वती को कथा सुनाने के लिए जाते समय भगवान् शिव ने अनंतनाग में बेशुमार नागों को छोड़ा और पहलगाँव में अपना वाहन नंदी छोड़ा। सत्य का संधान वही कर सकती है, जो अपनी सुविधा को छोड़ने को तैयार है। सुख-सुविधा मन की यात्रा का साधन हो सकती है। आत्मा की यात्रा में इसकी कोई विशेष उपयोगिता नहीं हो सकती।

अमरकथा में पहलगाँव के पश्चात् चंदनबाड़ी का उल्लेख आता है। चंदनबाड़ी के बारे में यह मान्यता है कि भोले शंकर ने यहाँ पर माथे का चंदन छोड़ा था।

अमरनाथ-यात्रा की शुरुआत चंदनबाड़ी से होती है। चंदनबाड़ी के बाद पिस्सू घाटी मार्ग का अगला पड़ाव है। पिस्सू घाटी के बारे में पौराणिक आख्यान मिलता है—एक बार देवता और राक्षस भगवान् शंकर के दर्शन को जा रहे थे। मार्ग में देवता और राक्षसों के मध्य पर्वत पर पहले कौन चढ़ेगा ? इस बात को लेकर युद्ध आरंभ हो गया। देवताओं ने इस दौरान भगवान् शिव का ध्यान किया। इसके उपरांत शिव की महिमा से देवताओं ने राक्षसों का वध किया। राक्षसों के शरीर, हड्डी, अस्थि से इस स्थान पर एक ढेर बन गया। इसी से पिस्सू घाटी निर्मित हुई। इस घाटी में शिव का स्मरण पुण्य का मार्ग प्रशस्त करता है। इस कथा में अगर हम राक्षसों के वध को अपनी कल्पना के जाल से विस्तार न दें, तो सहज बुद्धि से ही कथा का इशारा समझा जा सकता है। संकेत यह है कि हमारा मन शुभ और अशुभ, दोनों ही प्रकार के विचारों से निर्मित होता है। फलतः इसमें सतत संघर्ष और द्वंद्व है। कथा यह भी इशारा करती है कि शिवत्व का स्मरण अंततः हमारे भीतर के राक्षसों का वध करने में सदैव सफल सिद्ध होता है।

अमरनाथ-यात्रा के क्रम में अगला पड़ाव आता है—शेषनाग। यह झील बहुत शांत, सुंदर और निर्मल है। इसे देखकर मन ठहर जाता है। इस झील को झेलम नदी का उद्‌गम स्थल भी कहा जाता है।

शेषनाग के बारे में प्राचीन ग्रंथों में अमरनाथ का संदर्भ आता है। यह मान्यता

है कि भगवान् शिव ने माँ पार्वती को अमरकथा सुनाने के लिए जाते समय शेषनाग को यहाँ नियुक्त कर दिया था, ताकि इस स्थान से चलकर कोई यात्री आगे न जा सके। मान्यता यह भी है कि शेषनाग इसी सुंदर झील में विराजता है। इस कथा में यह ध्यान देने योग्य बिंदु है कि शिव अपनी प्रिय चीजों को त्यागते जा रहे हैं और फिर भी माँ पार्वती मौन हैं।

महागुणस पर्वत में भगवान् शिव ने अपने पुत्र गणेश को बैठा दिया। इसलिए इस पर्वत का नाम महागुणस पर्वत पड़ा। यह इस अमरनाथ-कथा का चरमबिंदु है। माँ पार्वती सत्य की अमरता के लिए इतनी लालायित और गंभीर हैं कि पुत्र का मोह भी उन्हें विचलित करने में विफल सिद्ध होता है। सत्य, जो अनादि है चिरंतन है, तीनों कालों में अपरिवर्तित है, उसका अनुभव वही कर सकता है, जो सांसारिक मोह-माया से मुक्त हो। इस कथा का यह सबसे गंभीरतम संकेत है, जिसकी पुष्टि वेद, उपनिषद्, रामायण, महाभारत जैसे सभी ग्रंथ करते हैं।

यात्रा के क्रम में महागुणस पर्वत के पश्चात् पंचतरिणी नामक स्थान आता है। ऐसी मान्यता है कि जब भगवान् शिव माँ पार्वती को अमरकथा सुनाने के लिए यहाँ से गुजरे तो उन्होंने नटराज का रूप धारण कर लिया था। नटराज स्वरूप में नृत्य करते समय भगवान् शिव की जटाएँ खुल गईं। इसी जटा से पाँच दिशाओं में नदियों का उद्‌गम हुआ। फलतः इस क्षेत्र का नाम 'पंचतरिणी' पड़ा। ऐसी भी मान्यता है कि यहाँ भगवान् शिव ने पाँच तत्त्वों का परित्याग किया।

पाँच तत्त्वों के परित्याग की घटना का एक गंभीर आध्यात्मिक अर्थ है। हमारा शरीर पाँच तत्त्वों से बना है—मिट्टी, पृथ्वी, आकाश, अग्नि और वायु। विज्ञान भी इसकी पुष्टि करता है। शरीर के पाँच तत्त्वों से मुक्त होकर जब छठे तत्त्व का संसर्ग होता है, तभी मोक्ष की मंगलकामना फलीभूत होती है। यह छठा तत्त्व है—चैतन्य, जो अस्तित्व के मूल की अंतर्निहित शक्ति भी है। पंचतरिणी की समूची कथा का सार-बिंदु इस 'चैतन्य' की ओर इशारा है।

अमरनाथ गुफा में प्रवेश के उपरांत भगवान् शिव कालाग्नि का आह्वान करते हैं। वे रुद्र को आदेश करते हैं, ''चारों ओर ऐसी अग्नि प्रकट करो, जिसमें समस्त जीवधारी जलकर भस्म हो जाएँ।''

भगवान् शिव के इस आदेश का एक गंभीर पहलू है। यहाँ भगवान् शिव के मंगलमय, सृजनात्मक और नृत्यमय स्वरूप के साथ-साथ उनकी संहार शक्ति का पहलू भी दरशाया गया है। शिव समस्त अस्तित्व की ऊर्जा को समाहित किए हुए हैं। फलतः वे समस्त शक्तियों के स्रोत हैं—सर्जनात्मक और विध्वंसात्मक भी।

भगवान् शिव पार्वती को अमरनाथ-कथा सुनाते हैं तो माँ पार्वती को धीरे-धीरे नींद आने लगती है। इस दशा में तोता हुंकार भरने लगता है। यह तोता वस्तुतः भगवान् शिव के मृगछाला के नीचे एक अंडे के रूप में था, जो आगे चलकर तोता जैसे जीव का रूप धारण कर लेता है।

कथा के इस पहलू में एक आध्यात्मिक सत्य उजागर होता है। माँ पार्वती पहले अमरता की बात उठाती हैं और आगे चलकर अमरता की कथा के दौरान ही सो जाती हैं। यहाँ माँ पार्वती के सो जाने का आशय मूर्च्छित अवस्था से है। मूर्च्छा चैतन्य का शत्रु है। इसलिए हिंदू-परंपरा में 'ध्यान' पर अत्यधिक जोर है। ध्यान अर्थात् निर्विचार-चित्त। इस घड़ी में मनुष्य स्वयं अस्तित्व की ऊर्जा का स्रोत बन जाता है। हिंदू-परंपरा में 'ध्यान' की अत्यंत महिमा एवं गरिमा है।

शिवपुराण में भी इस 'ध्यान' का गुणगान है—

नास्ति ध्यानसमं तीर्थं नास्ति ध्यानसमं तप।
नास्ति ध्यानरूपो यज्ञस्तस्माध्यानं समाचरेत्।

(शिव पुराण, वायवीय संहिता, उ.ख.; 39/28)

इसका आशय यह है कि ध्यान के समान कोई तीर्थ नहीं है, ध्यान के समान कोई तप नहीं है और ध्यान के समान कोई यज्ञ नहीं है, इसलिए ध्यान अवश्य करें।

'ध्यान' हिंदू धर्म की अद्‌भुत देन है। ईसाई, इसलाम और यहूदी परंपरा में ध्यान का कोई वर्णन नहीं मिलता है।

पुनः कथा का प्रसंग लेते हैं। कथा की समाप्ति के पश्चात् भगवान् शिव माँ पार्वती से प्रश्न करते हैं कि क्या आपने समस्त कथा सुन ली ? पार्वती इनकार करती हैं। शिव पूछते हैं—हुंकार कौन भर रहा था ? तभी शिव को एक तोता दिखाई देता है। शिव उस तोता को मारने के लिए दौड़ते हैं।

प्राण-रक्षा के लिए तोता चारों तरफ भागता है। अपने प्राण बचाने के लिए तोता सूक्ष्म रूप धारण कर ऋषि व्यासदेव की पत्नी के मुँह में प्रवेश कर जाता है। उस समय उनकी पत्नी मुँह खोलकर जम्हाई ले रही थीं।

व्यासजी ने समस्त बात शंकरजी को बताई। उनकी पत्नी की हत्या शिव के लिए पाप था। फलतः तोता लंबे समय तक ऋषि-पत्नी के पेट में रहा। वेदव्यासजी ने शंकर और भगवान् विष्णु के समक्ष प्रार्थना की। तोता अमर था और सृष्टि का ज्ञाता भी। फलतः वह माँ के पेट से बाहर आने को तैयार नहीं था। भगवान् विष्णु की माया से वह बाहर आया। इस तपस्वी पुत्र का नाम शुकदेव था।

हिंदू-परंपराओं में शुकदेव की महिमा-कथा का उल्लेख मिलता है। ऐसा वर्णन मिलता है कि शुकदेव आगे चलकर जनक के शिष्य बने। राजा जनक ने उन्हें साक्षी की साधना सिखाई।

कथा का अंत यह है कि शुकदेव अमरकथा सुनाने लगे, तो तीनों ही लोक में हलचल मच गई। अमरता का सिद्धांत जीवन के सिद्धांत के प्रतिकूल था। फलतः भगवान् शिव ने शुकदेव को यह शाप दिया कि इस कथा को सुनने से कोई अमर नहीं होगा। इस प्रकार, अमरनाथ कथा की समाप्ति होती है।

इस कथा का आध्यात्मिक निष्कर्ष यह है कि अमरता चूँकि प्रकृति के बुनियादी नियम के विरुद्ध है, इसलिए इस धारणा को स्वीकार नहीं किया जा सकता है। शुकदेव का संदर्भ भी यही सिद्ध करता है कि अस्तित्व, जिसका मूल शिवत्व है, वह अगर मनुष्य कोई शक्ति प्रदान करता है तो वह शक्ति उससे छिन भी सकती है। शिवत्व की शक्ति में समूचे विश्व का रहस्य है। फलतः शिवत्व की ऊर्जा जनमानस के लिए 'ध्यान' चैतन्य द्वारा उपलब्ध अवश्य है, परंतु इसमें अमरता जैसी कपोल-कल्पना का कोई भी स्थान प्राप्त नहीं है। संपूर्ण अमरनाथ-कथा को ऊर्जा के इस लीला के संदर्भ में समझने की संभावना है और आवश्यकता भी। संपूर्ण भारतीय अध्यात्म इसी चैतन्य ऊर्जा को स्वीकार करता है अलग-अलग रूपों में। समस्त वेद, पुराण और उपनिषद् इसके प्रत्यक्ष उदाहरण हैं।

□

भाग–2

यात्रा

अध्याय–1

अमरनाथ जा रहे हैं!

सैर कर दुनिया की गाफिल, जिंदगानी फिर कहाँ?
जिंदगी गर कुछ रही तो नौजवानी फिर कहाँ?

उमस भरी गरमी की शाम थी।

मेरे मित्र प्रीतम का फोन आते ही मैं थोड़ा विचलित हो गया था। मुझे पता था, वह क्या पूछेगा? उसके प्रश्न का उत्तर देने के लिए मैं मानसिक रूप से तैयार नहीं था। फलतः मेरा असहज होना स्वाभाविक था।

''अमित जी, अमरनाथ चलना है, न?''

प्रीतम ने बिना किसी भूमिका के यह प्रश्न किया। इस प्रश्न का क्या जबाव दूँ, मुझे कुछ नहीं सूझ रहा था। मेरे दिल और दिमाग के मध्य भयंकर अंतर्द्वंद्व चलने लगा।

बचपन से मेरे मन में एक जिज्ञासा थी कि अधिकांश संत और ऋषि हिमालय की यात्रा पर क्यों जाते हैं? कश्मीर को लेकर भी मेरे मन में एक रूमानी खयाल था।

'कितनी खूबसूरत ये तसवीर है, ये कश्मीर है, ये कश्मीर है'... 'बेमिसाल' फिल्म का यह गीत अमिताभ बच्चन, राखी और विनोद मेहरा पर फिल्माया गया था। यह गीत बार-बार मुझे कश्मीर का स्मरण कराता था।

मेरा शोध-कार्य भी भारत-पाकिस्तान से संबंधित है। कश्मीर भारत-पाकिस्तान संबंध का एक विवादित पहलू है। भारत-पाकिस्तान संबंध को कश्मीर के लोगों का दृष्टिकोण भी सीधे प्रभावित करता है। फलतः कश्मीर के लोगों से मिलने और इस संबंध में उनके दृष्टिकोण को समझने में मेरी गहरी दिलचस्पी थी, परंतु इसका सुअवसर मुझे कभी नहीं मिल पाया था।

मेरे चेहरे में चिंता की लकीर को मेरी पत्नी सोनिया तुरंत भाँप गई। हमेशा की तरह।

''कहाँ खो गए हैं, जनाब!'' सोनिया के इस वाक्य में चुहलबाजी थी।

''मैं परसों अमरनाथ-यात्रा के लिए जा रहा हूँ।'' बिना साँस लिये जल्दबाजी में यह कहकर मौन हो गया।

सोनिया का कोई प्रत्युत्तर नहीं आया, लेकिन उसके चेहरे पर तनाव और विक्षोभ को बड़ी आसानी से पढ़ा जा सकता था।

इससे पहले प्रीतम को मैंने यही जवाब दिया था—'यार, मैं तुम्हें अमरनाथ-यात्रा के बारे में अपना निर्णय कल बताता हूँ।'

मेरे और सोनिया के बीच बहुत देर तक कोई संवाद नहीं हुआ। कारण मेरे द्वारा लिया गया यह निर्णय था।

इस चुप्पी के तनाव को मेरे बड़े बेटे ओशी ने तोड़ा—''पापा, कल मुझे मार्केट से बड़ी वाली बॉल दिला रहे हो न?''

बड़ी वाली बॉल से उसका आशय फुटबॉल से था।

''मेरे साथ, तुम्हें खेलना भी होगा।'' उसके इस वाक्य में वात्सल्य भरा दबाव था।

''तुम्हारे पापा अमरनाथ जा रहे हैं।''

बाप-बेटे के इस संवाद में सोनिया के हस्तक्षेप से चारों ओर पसरे तनाव में अब मेरा बेटा भी शामिल हो चुका था।

मेरे पास चुप्पी के अतिरिक्त और कोई उपाय नहीं था। मेरा यह निर्णय अप्रत्याशित था। ग्यारह महीने के एक छोटे से बेटे को छोड़कर मित्रों के साथ इस जोखिम भरी यात्रा में जाने का निर्णय अटपटा था। कुछ हद तक असंवेदनशील भी, क्योंकि इतने छोटे बच्चे को अकेले सँभालना एक ऐसी महिला के लिए आसान नहीं था, जिस पर एक सात साल के लड़के की भी जिम्मेवारी हो।

अमरनाथ-यात्रा निर्णय के पश्चात् मुझमें भी थोड़ा अपराध-बोध था। यह अपराध-बोध क्या था? मैं इसे साफ-साफ समझ पाने में सक्षम नहीं था। क्या मेरा अचानक निर्णय लेना ही मुझे गलत लग रहा था, क्योंकि अमूमन हम और सोनिया कोई निर्णय साथ-साथ लेते हैं। छोटे से बच्चे को छोड़कर जाना मुझे कुछ असहज कर रहा था या फिर अमरनाथ-यात्रा की जोखिम भरी यात्रा का निर्णय मुझे भी समझ नहीं आ रहा था।

मैं विचित्र मनोदशा में था, परंतु बुद्ध के जीवन-प्रसंग ने मुझे सहारा दिया

था। बुद्ध ने जब ज्ञान-प्राप्ति के लिए घर छोड़ा, उस समय उनका बेटा मात्र चार दिनों का था। बुद्ध जिस रात अपनी सोती हुई पत्नी यशोधरा और बच्चे राहुल को छोड़कर जा रहे थे, उसी वक्त उन्होंने अपने सोते हुए बच्चे को देखा था। चार दिनों के उस शिशु को सोते हुए देखकर वे अपने को कमजोर महसूस कर रहे थे, लेकिन अंततः उन्होंने अपने को सँभाला। अपने मन को उन्होंने कड़ा किया और आधी रात को सत्य की खोज में निकल पड़े।

मैंने इस घटना का वर्णन ओशो की एक पुस्तक में बहुत पहले पढ़ा था। आज वही पढ़ा हुआ प्रसंग मेरे निर्णय को साहस प्रदान कर रहा था।

मैंने अगले दिन प्रीतम को सूचित कर दिया, मैं आप लोगों के साथ अमरनाथ-यात्रा पर चल रहा हूँ। मेरा कोई रिजर्वेशन नहीं था। मैंने अपनी यह समस्या प्रीतम को बताई, "अरे, हम चारों लोगों के पास रिजर्वेशन है। कोई दिक्कत नहीं आएगी।" उन्होंने बड़ी लापरवाही से इसका प्रत्युत्तर दिया।

मित्र प्रीतम के साथ-साथ तीन लोग और भी थे—सर्वोत्तम, आनंद और विकासजी। सर्वोत्तमजी केंद्रीय सेवा में कार्यरत हैं। आनंदजी एम.बी.ए. में अध्ययनरत एक युवा हैं। विकासजी बनारस में एक छोटे व्यवसायी हैं, परंतु सदैव मुसकराना उनके व्यक्तित्व का एक अप्रतिम लक्षण है। प्रीतम सरकारी विद्यालय में अध्यापक हैं। ये चारों लोग बनारस से आ रहे थे। मुझे उन्हें मुरादाबाद में मिलना था। आगे की यात्रा की योजना उनके साथ की थी।

घर में पत्नी के साथ जरूरी संवाद हो रहा था, लेकिन इसमें औपचारिकता अधिक थी, आत्मीयता कम। "किट्टी, मेरी जैकेट और रेनकोट कहाँ रखा हुआ है?" मैंने अपनी पत्नी से पूछा। किट्टी मेरी पत्नी को दिया गया मेरा एक अन्य नाम है।

"वहाँ ओशी के कमरे में दीवान के सिरहाने में हैं।" यह बोलकर वह चुप हो गई।

अकसर ऐसा होता था कि मेरे किसी भी यात्रा की सारी पैकिंग मेरी पत्नी ही किया करती थी, लेकिन अमरनाथ-यात्रा के संबंध में मेरे द्वारा लिये गए निर्णय से असहमति जताने का यह असहयोग मेरी पत्नी की एक सोची-समझी रणनीति थी।

मैं भी बिना प्रतिवाद किए अपनी पैकिंग में लग गया। यह बात दूसरे दिन की थी। तभी मेरे मोबाइल की घंटी बजी, यह माँ का फोन था राँची से।

मैंने उन्हें प्रणाम किया। बेटा, "अमरनाथ-यात्रा काहे जा तड़ा?" मेरी माँ केवल भोजपुरी बोलती हैं। उनका आशय था—'बेटे, अमरनाथ-यात्रा क्यों जा रहे हो?'

उनकी आवाज में घबराहट थी। यद्यपि मैं यह नहीं समझ पा रहा था कि

उनके इस घबराहट का कारण क्या है ? दरअसल अमरनाथ-यात्रा के दौरान यात्रियों की मृत्यु की खबर अकसर अखबारों में छपती रहती है। इसे पढ़कर कोई भी यही अनुमान लगाता है कि अमरनाथ-यात्रा अत्यंत जोखिम भरी है, जबकि अधिकांश यात्रियों की मौत शारीरिक कारणों से होती है। उनमें भी अधिकांश बूढ़े या बीमार लोग होते हैं, जो अति उत्साह के कारण अमरनाथ-यात्रा के लिए बिना किसी तैयारी के निकल पड़ते हैं।

मैंने फोन पर माँ को समझाने की कोशिश की। अमरनाथ-यात्रा में कोई जोखिम नहीं होता है, परंतु मैं अंततः असफल रहा।

इसी बीच माँ से फोन पर बात के दौरान मेरी पत्नी मेरी पैकिंग में लग गई थी। उनके पैकिंग करने से मेरे मन का बोझ धीरे-धीरे हल्का हो रहा था। पैकिंग के पश्चात् मैं उनके करीब आकर आँखों में आँखें डालकर बोलना चाहता था— किट्टी, तुम बहुत अच्छी हो, परंतु उस समय मेरी जुबान मेरे दिल के भावों को होंठों तक नहीं ला सकी।

इस बीच आँखों-ही-आँखों में एक मौन स्वीकृति का आदान-प्रदान हो चुका था।

शाम तक मेरी सारी व्यवस्था हो चुकी थी। मुझे मुरादाबाद के लिए बस पकड़नी थी।

चलते वक्त मुझे पैकिंग के साथ देखकर मेरे पड़ोसी ने पूछा, ‘‘अमरनाथ जा रहे हैं ?’’

उनके इस वाक्य में आश्चर्य का भाव था। उनके इस अप्रत्याशित प्रश्न से मैं स्वयं भी हैरान था।

मुझे मुरादाबाद के लिए बस तुरंत मिल गई और मैं बस में बैठ गया। शाम का वक्त था। रास्ते में कोई शोर नहीं था। हल्का अंधकार हो चला था। बस के पहियों की सड़क से घर्षण की आवाज हो रही थी। इसके साथ बस की आवाज शांत वातावरण में गूँज रही थी। यह मिश्रित ध्वनि कर्णप्रिय नहीं थी। मेरा मन इससे भी अधिक शोरपूर्ण था। कई विचार एक साथ मन में चल रहे थे। पहले मैं परेशान होता रहा, फिर रात के साथ-साथ मेरे मन का यह शोर मद्धिम पड़ने लगा था। करीब दो घंटे बाद मैं मुरादाबाद स्टेशन पहुँच गया।

□

अध्याय–2

जम्मू की उमस भरी गरमी

छोड़ा नहीं खुदी को, दौड़े खुदा के पीछे,
आसाँ को छोड़ बंदे, मुश्किल को ढूँढ़ते हैं।

—अदम गोंड़वी

जम्मू हम करीब दिन के साढ़े दस बजे पहुँचे। ट्रेन दो–ढाई घंटे देर थी। भारतीय रेल में लंबी दूरी की यात्रा के दौरान विलंब होना अनौपचारिक रूप से एक अनिवार्य सरकारी दस्तूर है। फलतः हमें ढाई घंटे का विलंब कुछ ज्यादा खला नहीं। इसी मार्ग में जम्मू से पहले एक छोटा सा स्टेशन पड़ता है—चक्की बैंक। इसी स्टेशन से प्रीपेड मोबाइल सेवा काम करना बंद कर देती है। इस तथ्य से हम सभी अवगत थे। फलतः हम सभी लोगों ने अपने–अपने घर में बात की और उनसे हाल–चाल बताया और यह भी सूचित किया कि कश्मीर में यह प्रीपेड सेवा काम नहीं करेगी।

जम्मू में तेज धूप थी। फलतः हम सभी गरमी, पसीने और उमस से परेशान और बेहाल थे। जम्मू में हमारे सामने पहली चुनौती थी—आराम के लिए एक आशियाना तलाशना। ट्रेन यात्रा में ही वाराणसी के एक अन्य यात्री, जिन्होंने स्वयं को वैष्णव देवी श्राइन बोर्ड का पुजारी बताया, ने हमें स्टेशन के पास ही वैष्णव धाम का पता बताया था। यह बहुत ही बड़ा तीन–मंजिला डोरमेट्री आवास था। इसमें छोटे कमरे, बड़े कमरे और डोरमेंट्री की भी अच्छी व्यवस्था थी। यहाँ साफ–सफाई अच्छी थी। यह अपेक्षाकृत सस्ता भी था, लेकिन यहाँ कोई भी कमरा या डोरमेट्री खाली नहीं था। थकान हो रही थी। फलतः हम थोड़े निराश हुए। हम यहाँ से

सरस्वती धाम पहुँचे, जो इस वैष्णवी धाम के बिल्कुल समीप था।

सरस्वती धाम भी अत्यंत विशाल था। यहाँ प्रवेश करते ही एक प्राइवेट सुरक्षाकर्मी ने हमारे बैग की तलाशी ली। तत्पश्चात् हम अंदर रिसेप्शन काउंटर तक पहुँचे। हम बहुत थके हुए थे। रिसेप्शन पर कोई नहीं था। दोपहर का एक बज रहा था। लंच टाइम आरंभ हो चुका था। थकान की इसी मन:स्थिति में हमने यह जानकारी प्राप्त कर ली थी कि लंच टाइम कब समाप्त होगा और पंक्ति में सबसे पहले लगने की जुगत में लग गए।

दो बजे रिसेप्शन में दो लोग आए। मुझसे पहले पंक्ति में अन्य दो-तीन यात्री थे। अनायास मेरे आगे खड़े दो व्यक्तियों में जोर-जोर से झगड़ा होने लगा। पहला व्यक्ति जो सबसे पहले खड़ा था, उस पर दूसरा व्यक्ति यह आरोप लगा रहा था कि तुम पंक्ति में गलत तरीके से लग गए हो। दोनों व्यक्ति बड़े आक्रामक अंदाज में एक-दूसरे से लड़ रहे थे। इन दोनों अजनबियों की आवाज इतनी तेज थी कि समूचा वातावरण अनायास ही एक उत्तेजना और उन्माद से आवेशित हो गया था। शीघ्र ही इन मित्रों को रिसेप्शन के ही एक व्यक्ति ने और अधिक आवेशित होकर शांत किया।

इन दोनों व्यक्तियों की लड़ाई देखकर मैं यही सोच रहा था कि ये तीर्थयात्री हैं और इनका व्यवहार इतना अशालीन। साधारणतया जम्मू में यात्री वैष्णो देवी की यात्रा पर आते हैं या फिर जुलाई-अगस्त में अमरनाथ की यात्रा पर।

अंतत: हमें एक डोरमेट्री मिल गया। यह एक बड़ा सा कमरा था। इसमें करीब पच्चीस-तीस बेड लगे हुए थे। हम सभी मित्रों ने भी शीघ्रतापूर्वक अपना-अपना बिस्तर सँभाला। डोरमेट्री के बाहर ही कई बाथरूम थे। हम सभी ने सबसे पहले स्नान किया। दोपहर की गरमी में भी हमें बड़ा ठंडा पानी मिला। फलत: स्नान से तरावट आ गई। इसके बाद हम लोगों ने सरस्वती धाम की कैंटीन में ही खाना खाया। यह खाना अत्यंत सात्त्विक और शुद्ध था। इसमें प्याज-लहसुन का इस्तेमाल नहीं किया गया था।

अब हमारा अगला लक्ष्य था—अमरनाथ-यात्रा के लिए रजिस्ट्रेशन कराना। हम सभी मित्रों ने इस संदर्भ में अलग-अलग सूचनाएँ एकत्र करने का प्रयास किया। इन सूचनाओं से ज्ञात हुआ कि जम्मू में भवानी नगर यात्री निवास से रजिस्ट्रेशन हो रहा है। दो मित्र यात्री निवास गए रजिस्ट्रेशन के बारे में पता करने। हम दो मित्र पास ही एक बाजार चले गए। हम दोनों को रजिस्ट्रेशन के लिए पासपोर्ट साइज का फोटो बनवाना था। विकासजी डोरमेट्री में ही रुक गए। हमारे सामान की रखवाली

के लिए। डोरमेट्री में सेल्फ की व्यवस्था थी, लेकिन उसमें ताले नहीं लगे हुए थे। ऐसा शायद सुरक्षा की दृष्टि से किया गया था।

जम्मू कश्मीर का ही एक अंग है, फलतः यह भी सुरक्षा की दृष्टि से अत्यंत संवेदनशील क्षेत्र माना जाता है। यात्री निवास से लौटकर मित्रों ने यही सूचना दी कि अभी अमरनाथ-यात्रा का रजिस्ट्रेशन बंद हो गया है, पर पहलगाम से भी रजिस्ट्रेशन हो जाएगा।

अमरनाथ-यात्रा के लिए सरकारी स्तर पर रजिस्ट्रेशन अनिवार्य होता है। रजिस्ट्रेशन के पश्चात् यात्री को एक परिचय-पत्र मिलता है। इसमें उस यात्री का एक फोटो लगा रहता है और इसी में अन्य सूचनाएँ भी अंकित रहती हैं। रजिस्ट्रेशन के पश्चात् अगर किसी अमरनाथ-यात्री की मृत्यु हो जाती है तो उसे सरकार से मुआवजा भी प्राप्त होता है। अमरनाथ-यात्रा के रजिस्ट्रेशन का सरकारी प्रयोजन यही रहता है कि अमरनाथ यात्रियों की संख्या ज्ञात हो सके, ताकि सरकार इसके अनुरूप व्यवस्था कर सके। यों तो अमरनाथ-यात्रा का रजिस्ट्रेशन विभिन्न राज्यों में बैंक के माध्यम से हो रहा था। बनारस के मित्रों ने रजिस्ट्रेशन का फॉर्म लाकर भी रजिस्ट्रेशन नहीं करवाया, क्योंकि इस रजिस्ट्रेशन के माध्यम से हम बालटाल रास्ते से ही अमरनाथ-यात्रा कर सकते थे। पर हम अमरनाथ-यात्रा पहलगाम मार्ग से पैदल करना चाहते थे।

अमरनाथ-यात्रा के दो मार्ग हैं—एक, पहलगाम से, दूसरा बालटाल से। पहलगाम से अमरनाथ गुफा करीब 42 किमी. है। यह रास्ता लंबा है, लेकिन खतरनाक नहीं है। यह मार्ग अत्यंत सुंदर है। दूसरी ओर बालटाल से पवित्र गुफा का मार्ग केवल 14 किमी. का है, लेकिन यह खड़ी चढ़ाई है, सँकरा है और थोड़ा खतरनाक भी।

आइए, पुनः जम्मू लौटते हैं। जम्मू में अमरनाथ-यात्रा के रजिस्ट्रेशन के अतिरिक्त हम लोगों ने यह भी सूचना प्राप्त कर ली थी कि अगली सुबह हमें श्रीनगर के लिए कहाँ से, कौन सी और कितने बजे गाड़ी मिलेगी।

□

अध्याय-3

ये हसीन वादियाँ

जम्मू से हम श्रीनगर के लिए सुबह ही निकल पड़े। हमें प्राइवेट बस स्टेशन से एक आठ सीटों वाली टाटा कंपनी की विंगरगाड़ी मिली। एक सरदारजी इसके ड्राइवर थे। सरदारजी ने प्रत्येक व्यक्ति से किराया चार सौ रुपया लिया। हम पाँचों मित्र के अतिरिक्त चार अन्य लोग थे, जो पीछे की सीट पर बैठे हुए थे।

सरदारजी ने यात्रा के आरंभ से ही शबद चला दिया। यह रविदासजी का एक पद था।

जउ तुम गिरिवर तउ हम मोरा।
जउ तुम चंद तउ हम भए हैं चकोरा॥
माधवु तुम न तोरहु तउ हम नहीं तोरहि।
तुम सिद्ध तोरि, कवन सिउ जोरहि॥

मैंने सरदारजी से इसका अर्थ पूछा। इसका अर्थ भी भक्तिभाव से सराबोर था। अत्यंत ही मार्मिक।

हे मेरे माधव! यदि तुम सुंदर सा पर्वत बनो, तो मैं मोर होऊँ। यदि तुम चाँद बनो, तो मैं चकोर बनूँ। हे माधव, यदि तुम प्रेम संबंध तोड़ भी लो, तो भी मैं नहीं तोड़ूँगा। तुमसे संबंध तोड़कर मैं किससे जोड़ूँगा।

जम्मू से श्रीनगर के मार्ग में ही कटरा मिलता है। जहाँ से वैष्णो देवी माँ दुर्गा का एक पवित्र स्थल है, जिसका समूचे उत्तर भारत में बड़ा धार्मिक महत्त्व है। जम्मू से निकलते ही पहाड़ीनुमा मार्ग आरंभ हो जाती है। ये पहाड़ी मार्ग अत्यंत रमणीक है। सुबह में ट्रैफिक कम था, लेकिन पहाड़ी रास्ते के कारण चालक अपनी रफ्तार धीमी ही रखते हैं।

रास्ते में हमारी गाड़ी को सी.आर.पी.एफ. के जवानों से भरी बसें लगातार क्रॉस कर रही थीं। सी.आर.पी.एफ. के जवानों की इतनी उपस्थिति क्यों? यह प्रश्न मन में बार-बार आ रहा था। इसका उत्तर हमें अमरनाथ-यात्रा में मिल गया। चूँकि कश्मीर अंतरराष्ट्रीय दृष्टि से संवेदनशील स्थान है। फलतः यहाँ असुरक्षा, भय और अनिश्चितता का माहौल सदैव ही बना रहता है।

यहाँ पाकिस्तान की भी अहम भूमिका है। अमरनाथ-यात्रा में लाखों लोग कश्मीर की यात्रा करते हैं। ऐसे में पाकिस्तान समर्थित चरमपंथी अमरनाथ-यात्रा को बाधित करने का प्रयास करते हैं। इस दौरान अगर कोई घटना होती है तो पाकिस्तान इसका दो तरफा लाभ उठाता है। पहला, कश्मीर फौरन ही राष्ट्रीय और अंतरराष्ट्रीय मीडिया की सुर्खियों में आ जाता है। फलतः इससे कश्मीर पृथकतावादियों और पाकिस्तान समर्थित चरमपंथियों को स्वतः पब्लिसिटी की ऑक्सीजन मिल जाती है। दूसरा, पाकिस्तान धार्मिक आधार पर कश्मीर संबंधी अपने माँगों को जायज ठहराता है। अमरनाथ-यात्रा की सफलता से पाकिस्तान के सांप्रदायिक सोचवाले हुक्मरानों को गहरा धक्का लगता है, क्योंकि अमरनाथ-यात्रा स्वयं ही सिद्ध कर देती है कि कश्मीरियत का सवाल सांप्रदायिक सोच से निर्मित नहीं होता है। इसमें हिंदुओं और मुसलमानों में समरसता का गुण भी पाया जाता है। बहरहाल सी.आर. पी.एफ. की गाड़ियाँ मन में एक खौफ भी पैदा करती हैं।

हम जम्मू से जैसे-जैसे श्रीनगर की ओर जा रहे थे। रास्ते में पहाड़ी मार्ग और अधिक मनमोहक होता जा रहा था। इन पहाड़ों की यात्रा के दौरान मैं यही सोच रहा था कि प्रत्येक प्राकृतिक सौंदर्य अनूठा और अनुपम होता है। मैंने मसूरी, नैनीताल, शिमला, मनाली जैसे हिल स्टेशनों की यात्रा भी की है, लेकिन श्रीनगर का पहाड़ी मार्ग बिल्कुल भिन्न था। इन मार्ग पर चढ़ाई थी, लेकिन ये मार्ग बहुत ज्यादा घुमावदार नहीं थे। मौसम भी बेहतर हो चला था। बीच-बीच में बारिश भी हो रही थी। हरियाली देखकर मन और ज्यादा तृप्त हो रहा था। कहीं-कहीं बादलों से नीला आसमान झुक रहा था। कहीं अचानक धूप का दर्शन हो उठता था। पहाड़ का मार्ग जिंदगी जैसा ही अनिश्चित होता है और रोमांचकारी भी।

जम्मू से लगभग एक सौ आठ किमी. दूरी पर एक अत्यंत ही सुंदर प्राकृतिक स्थल मिलता है—पटनीटॉप। हम रविवार को यात्रा कर रहे थे। शायद यही कारण था कि पटनीटॉप के आस-पास गाड़ियों की लंबी कतार देखने और झेलने को मिली। इन गाड़ियों में जम्मू की गाड़ियाँ सबसे ज्यादा थीं। जम्मू से सप्ताहांत मनाने लोग पटनीटॉप आया करते होंगे, लेकिन दिल्ली, पंजाब और हरियाणा की गाड़ियों

जम्मू से श्रीनगर का मार्ग अत्यंत मनोरम है

को देखकर सुखद आश्चर्य हुआ। अब उच्च वर्ग के अतिरिक्त मध्यम वर्ग में भी पर्यटन के प्रति दिलचस्पी बढ़ी है। जीवन स्तर बेहतर होने से कुछ लोगों का पर्यटन का शौक आसान हो गया है तो पर्यटन एक सोशल स्टेटस भी बन गया है। खैर, हम पटनीटॉप से आगे निकल आए और वहीं पर सरदारजी ने एक होटल पर खाना खाने के लिए गाड़ी रोकी।

यह होटल कोई खास नहीं था, लेकिन कुछ कमीशनखोरी का चक्कर हो या फिर पुरानी जान-पहचान का मामला। हम लोग वहीं खाना खाने को बाध्य हुए।

उत्तर भारत में यात्रियों को बस या प्राइवेट गाड़ी वालों का यह सितम अकसर झेलना ही पड़ता है, आप चाहें या न चाहें, मजबूरन वहीं खाना पड़ता है। पेट भरना भी एक जैविक मजबूरी होती है।

पटनीटॉप से श्रीनगर का मार्ग करीब-करीब सीधा था। रास्ते में बनीहाल, खन्नाबल, अवंतीपुर पंपार होते श्रीनगर का मार्ग था। इस दौरान हमारे सरदार ड्राइवर ने दो-तीन स्थानों में गाड़ी रोकी। एक जगह, जहाँ ड्राइवर ने गाड़ी रोकी, वहाँ ऊपर पहाड़ से नीचे पानी की एक पतली धारा बह रही थी। इसके ठीक नीचे स्थानीय लोगों ने एक पाइप लगा रखा था। इस पाइप से निकलनेवाला पानी बहुत ठंडा और

मीठा था। यहाँ सब लोगों ने पानी पिया, पूरी तरावट आ गई। रास्ते में ही हम लोगों ने दो-तीन स्थानीय फल खाए, आलूबुखारा, आड़ू, चेरी, इसमें भी आनंद आया।

इन फलों का स्वाद यद्यपि अनोखा था, लेकिन फिर भी इसमें मजा आया। इसी दौरान हम लोग भारत की सबसे लंबी जवाहर सुरंग से गुजरे। यह करीब ढाई किमी. लंबी थी। इसके अंदर प्रकाश की व्यवस्था थी। बंद सुरंग में गाड़ियों की आवाज कुछ अलग ही प्रतीत हो रही थी। बंद सुरंग के कारण गाड़ियों की स्पीड भी कुछ ज्यादा ही प्रतीत हो रही थी। मैं इस सुरंग में आनंदित था, लेकिन मेरे मित्र विकास बता रहे थे कि चीन ने तिब्बत तक बहुत ऊँचाई में ऐसी ही एक सुरंग बनाई है, जो अत्यंत ही दुष्कर कार्य था। भारत जवाहर सुरंग को अपनी उपलब्धि मान सकता है। तकनीकी विशेषज्ञता, मानव श्रम, कौशल नियोजन और क्रियान्वयन के दृष्टिकोण से भारत चीन से बहुत ही पीछे है। उस दिन हम करीब साढ़े छह बजे श्रीनगर पहुँचे।

□

अध्याय-4

झेलम, लालचौक और दहशत

जिसमें मजहब के हर एक रोग का लिखा है इलाज
वो किताब हमने किसी रिंद के घर देखी है।

—गोपाल दास 'नीरज'

श्रीनगर पहुँचकर हम लोगों को बहुत राहत महसूस हुई। जम्मू से सुबह यात्रा आरंभ करने के पश्चात् हमें दोपहर के दो-तीन बजे तक श्रीनगर में पहुँच जाना चाहिए था, लेकिन गाड़ी में बैटरी संबंधी समस्या के कारण हम दो-तीन घंटे देर से पहुँचे।

श्रीनगर पहुँचकर अच्छा लगा। यद्यपि मौसम अपेक्षाकृत थोड़ा गरम था। श्रीनगर के रास्ते में पटनीटॉप जैसे कई स्थानों में हमें ठंड लगी थी। श्रीनगर की वर्तमान संरचना हमारे खयालों से बिल्कुल भिन्न थी। श्रीनगर के बारे में हमें यही लगता था कि अन्य हिल स्टेशनों की तरह यहाँ भी ठंड होगी और भौगोलिक दृष्टि से यह अपेक्षाकृत छोटी जगह होगी, लेकिन ऐसा कुछ नहीं था। श्रीनगर एक विस्तृत मैदानी भाग है। यहाँ से पहाड़ों के भी दर्शन होते हैं, लेकिन यह स्वयं किसी पहाड़ पर स्थित नहीं है। श्रीनगर की जनसंख्या करीब दस लाख है। हमारी गाड़ी जिस स्टैंड पर खड़ी थी, वहीं झेलम नदी थी। हम सभी मित्र आज की रात हाउसबोट में गुजारना चाहते थे। बीच-बीच में हम अपने ड्राइवर सरदारजी से बात कर रहे थे। सरदारजी हमें सूचना दे रहे थे। उनके द्वारा दी गई सूचना पर विश्वास करने के अतिरिक्त हमारे पास कोई अन्य विकल्प नहीं था। सरदारजी एक हाउसबोट वाले से हमारे लिए बात कर रहे थे। श्रीनगर पहुँचकर सरदारजी ने पुनः हाउसबोट वाले से बात की और थोड़ी ही देर में हाउसबोट वाला हमारे पास ही पहुँच गया।

लालचौक राजनीतिक कारणों से सदैव चर्चा में रहता है

हाउसबोट वाले ने पहले हमें हाउसबोट दिखाया। हाउसबोट ठीक था, लेकिन हम लोगों ने यह गौर किया कि झेलम नदी में वहाँ मुश्किल से आठ-दस हाउसबोट खड़े थे। यह जगह भी कुछ वीराना और बेरौनक लग रही थी। हाउसबोट वाला हमसे एक रात का किराया एक हजार रुपया माँग रहा था। अंत में वह आठ सौ रुपए पर सहमत हुआ। हम हाउसबोट में थोड़ी देर में फ्रेश हुए, नहाए और फिर घूमने के लिए निकल पड़े। झेलम के उस छोर से एक सीधा पुल था, हम उस पुल से दूसरी ओर गए, वहीं से थोड़ी दूर बाद हम लालचौक पहुँच गए।

लालचौक की चर्चा हम अकसर अखबारों में पढ़ा करते हैं। लालचौक सदैव राजनीतिक प्रदर्शन के कारण से चर्चा में रहता है। वर्ष 2010 की गरमियों में पत्थरबाजी की घटना इस चौक में हुई थी। पत्थरबाजी की इस घटना के कारण श्रीनगर तीन महीनों तक अशांत रहा था। इसके अतिरिक्त एक अन्य कारण से लालचौक चर्चा में छाया रहा। भारतीय जनता पार्टी भी लालचौक पर राष्ट्रीय झंडा फहराना चाह रही थी। इस कारण भी लालचौक चर्चा में रहा। यही नहीं, कश्मीर का कोई भी राजनीतिक विरोध प्रदर्शन बंद लालचौक में ही हुआ करता है। फलतः लालचौक में पहुँचकर हम लोगों को भी थोड़ा डर सा महसूस हुआ। यद्यपि लाल

चौक का माहौल अत्यंत खुशनुमा था।

लालचौक में सड़क काफी चौड़ी थी। दोनों ओर सड़कों के बीच में बहुत बड़ा विभाजक था, जो अत्यंत ही चौड़ा था। इस विभाजक पर आसानी से एक छोटी-मोटी भीड़ चल सकती थी। यहाँ लैंप पोस्ट लगे थे और साथ-ही-साथ इस जगह थोड़ी-थोड़ी दूर पर बैठने के लिए बेंच लगे हुए थे। हम वहीं बैंच पर बैठ गए। उस बैंच से पीछे लालचौक का मुख्य चौक दिखाई दे रहा था।

हम वहाँ खुश होकर फोटो खींच रहे थे। वहाँ से गुजरनेवाले स्थानीय कश्मीरी बड़े आश्चर्य के भाव से देख रहे थे। मानो हमसे पूछ रहे थे कि अरे, यहाँ ऐसा क्या खास है ? यह हम ही समझ रहे थे कि श्रीनगर में शाम गुजारना हमारे मन को कितना पुलकित कर रहा था।

लालचौक में आधा घंटा घूमने के बाद हम लोगों ने तय किया कि चलो डल झील घूमकर आते हैं। इससे पहले हम लोगों ने यह जानकारी ले ली थी कि डल झील पहुँचने में कितना समय लगेगा। वहाँ से पुनः लालचौक कैसे पहुँचा जा सकता है और लालचौक में हमें रात को कहाँ अच्छा खाना मिल सकता है। हम यह जानकारी भी इकट्ठा कर चुके थे।

□

अध्याय-5

पानी में तैरता शहर

लालचौक से हम लोग ऑटो द्वारा डल झील पहुँचे। इस दौरान हम लोगों ने ऑटो से समूचे लालचौक को पार किया। डल झील भी हम तुरंत ही पहुँच गए थे। डल झील के लालचौक से दूरी ऑटो वाले के अनुसार 4-5 किमी. थी।

डल झील रोशनी से जगमगा रहा था। ऐसा लगा, मानो एक अलग दुनिया में आ गए हैं। हमें देखकर तुरंत कई शिकारे वाले आ गए। उनकी भाषा अलग थी। उनका उच्चारण भी मैदानी भाषा से भिन्न था। हिंदी फिल्मों में हम कश्मीरियों का जैसा उच्चारण सुनते थे, यहाँ कश्मीरियों का उच्चारण उससे कुछ मिलता-जुलता-अवश्य था। हमने तीन सौ रुपए में एक छोटा शिकारा किया।

शिकारा नावों से थोड़ा अलग हुआ करता है। शिकारे का आकार नाव जैसा ही था, लेकिन इसमें बीच में बैठने का स्थान बहुत सुंदर और सुविधाजनक था। बीच में बैठने के स्थान पर गद्दा था। इसमें रंगीन कपड़ों का कवर चढ़ाया गया था।

डल झील की विशालता देखकर हम आश्चर्यचकित हो गए। रास्ते में ऑटो वालों ने डल झील के बारे में सूचना दी थी कि अब करीब एक-तिहाई डल झील ही बच गई है।

मैंने पूछा, ''बाकी दो-तिहाई डल झील का क्या हुआ?'' उसने बताया, ''हाउसबोट के बहाने से धीरे-धीरे लोग इस पर कब्जा करते चले गए।''

शिकारे में घूमते समय ऐसा लगा कि डल झील में पानी के ऊपर एक नगर सा बसा हुआ है। डल झील में हजारों हाउसबोट थे। ये हाउसबोट बहुत सुंदर थे। अत्यधिक कलात्मक और आलीशान हाउसबोट। बिल्कुल कल्पनातीत।

बाद में शिकारे वाले व्यक्ति ने बताया कि ये हाउसबोट सुविधा ें अच्छे-अच्छे थ्री-स्टार होटलों से कम नहीं हुआ करते हैं। इनमें सजावट के बड़े-बड़े झाड़ फानूस लगे थे। इनकी रोशनी से हाउसबोट और भी अधिक सुंदर लग रहा था। इसका प्रतिबिंब पानी में पड़ रहा था। अंदर लग्जरी कमरे थे। हम लोगों ने इन हाउसबोट का एक दिन का किराया भी पूछा। यह महँगा था, लेकिन हम इसमें रहने का शौक पूरा कर सकते थे।

डल झील में हाउसबोट तीन श्रेणी के थे—पहली, इकोनॉमी क्लास, दूसरी इकोनॉमी क्लास से बेहतर था और सबसे अच्छी श्रेणी का हाउसबोट 'डीलक्स' कहलाता है। यह हमारे जैसे मध्यमवर्गियों के बूते की बात नहीं थी। हम शाम को शिकारे से डल झील में घंटों घूमते रहे। शिकारे वाले ने हमें डल झील में पानी पर स्थित एक मार्केट कॉम्पलेक्स दिखाया।

पानी में मार्केट? पहले हम चौंके, लेकिन वाकई यह मार्केट पानी पर स्थित था। वहाँ कश्मीरी कढ़ाई वाले कपड़े बिक रहे थे। शॉल, कंबल और गरम कपड़ों की भी वहाँ कई दुकान दिखाई दीं। वे सभी दुकान वाले हमें बार-बार खरीददारी के लिए आमंत्रित कर रहे थे। लेकिन हम शॉपिंग या विंडो-शॉपिंग में अपना समय बरबाद नहीं करना चाहते थे। हम आगे बढ़ गए। आगे चलकर शिकारे वाले ने पानी पर हमें एक रेस्टोरेंट दिखाया। पानी के बीच रेस्टोरेंट देखना एक नवीन और सुखद अनुभूति दे रहा था। हम उस रेस्टोरेंट के करीब आए और चाय का ऑर्डर दिया। थोड़ी देर पश्चात् ही चाय हमारे समक्ष प्रस्तुत थी। चाय का स्वाद बहुत अद्‌भुत था। हम सभी लोग चाय की चुस्कियों का आनंद ले रहे थे। चाय में दूध ज्यादा था। यह चालू नहीं थी। मैदानी भागों में अति साधारण चाय के लिए चालू चाय शब्द का प्रयोग होता है। इसके बाद हम करीब आधा-एक घंटा डल झील घूमते रहे। डल झील खत्म होने का नाम नहीं ले रही थी। अंत में हम लोगों ने शिकारे वाले से आग्रह किया—"चलो यार, देर हो रही है।" हमें वापस लालचौक लौटकर खाना भी खाना था। डल झील में बिताई गई यह शाम अविस्मरणीय थी। हल्के अँधेरी शाम की मदहोश करनेवाली शांति, उस पर शिकारे का आनंद, रंगीन रोशनियाँ और पानी पर पड़ती उसकी छाया, यह सब मिलकर शाम के इस माहौल को नशीला बना रहा था।

डल झील में शिकारे में बैठे-बैठे मुझे 'कश्मीर की कली' का मशहूर गीत याद आ रहा था। डल झील का सौंदर्य आज भी इन गीतों के माध्यम से हिंदी सिनेप्रेमियों के मन-मस्तिष्क में अंकित है। डल झील में कई हिंदी गीतों का फिल्मांकन हुआ

डल झील में हाउसबोट का रंगीन प्रतिबिंब

है। स्वर्गीय यश चोपड़ा की अंतिम फिल्म 'जब तक है जान' का एक गाना इसी डल झील में फिल्माया गया है। शाहरुख खान और अनुष्का शर्मा ने इस फिल्म में अभिनय किया है। शम्मी कपूर के डल झील से अत्यधिक लगाव को देखते हुए उनके परिवारवालों ने उनकी अस्थियाँ विसर्जन भी डल झील में की थी। संस्कृति, परंपरा एवं प्रकृति-प्रेम का यह अनोखा उदाहरण है।

डल झील में मैंने यह भी महसूस किया कि ज्यादातर हाउसबोट खाली पड़े हुए हैं। यह देखकर बहुत ही व्यथित हुआ। डल झील में हाउसबोट जैसा आनंद भारत में केवल केरल में उपलब्ध है। अन्यथा हाउसबोट की ऐसी व्यवस्था केवल सिंगापुर में ही उपलब्ध है। कश्मीर की अशांति और असुरक्षा ने हजारों-लाखों पर्यटकों को डल झील के सौंदर्य और आनंद से वंचित कर रखा है। दूसरी ओर कश्मीर में पर्यटन के खस्ताहाल होने की वजह से आम कश्मीरी का जीवन भी अभाव और वंचना का शिकार हुआ है।

कश्मीर की अशांति के लिए दोषी लोगों ने कश्मीर और कश्मीरियों के जीवन को एकदम विषाक्त बना दिया है। भयवश कोई भी भारतीय कश्मीर नहीं आना चाहता है। उनके न आने से कश्मीर का पर्यटन दम तोड़ रहा है। इससे आम

कश्मीरियों के जीवन में कोई सुधार नहीं हो पा रहा है।

शिकारे में घूमते वक्त मन में दूसरा प्रश्न भी घुमड़ रहा था कि क्या हाउसबोट में विसर्जित मलमूत्र डल झील में ही जाता है। डल झील के पानी में ऐसी कोई बदबू नहीं थी। पानी में भी कोई तेज बहाव नहीं था। हम लोगों ने यही देखा कि जगह-जगह पर जलकुंभी के ढेर सारे पौधे लगे हुए हैं। जलकुंभी पानी को सड़ने नहीं देती है। हम लोगों ने डल झील में पानी की गहराई भी पूछी, शिकारे वाले ने इसकी गहराई करीब सात किमी. बताई। पानी की गहराई सुनते ही हमारे एक मित्र भयभीत हो गए, यद्यपि वे तैराक थे।

डल झील से लौटकर हम लोग पुनः लालचौक लौट आए। लालचौक में वैष्णवी ढाबा एक शाकाहारी होटल था। हम लोगों ने छककर खाना खाया और पुल पार कर झेलम स्थित अपने हाउसबोट पर आ गए। रास्ते में हम सभी यही सोच रहे थे कि आठ सौ ही देकर अगर हम आज रात डल झील के किसी हाउसबोट में रात गुजारते तो अलग ही आनंद आता।

हम लोग सरदारजी के झाँसे में आ गए थे। जम्मू की गाड़ी के ड्राइवर सरदारजी ने हमें गलत सूचना दी कि डल झील में आपको हाउसबोट नहीं मिल पाएगा, क्योंकि अभी यहाँ टूरिस्ट सीजन चल रहा है। यह सरासर झूठ था। हो सकता है कि सरदारजी और झेलम स्थित हाउसबोट वाले की आपस में साँठ-गाँठ हो। सरदारजी ने कमीशन के चक्कर में हमें दिग्भ्रमित किया। यही चर्चा करते-करते हम लोग हाउसबोट पहुँचे। हम सभी थके हुए थे। फलतः हाउसबोट में आते ही हम तुरंत सो गए।

□

अध्याय-6

क्या-क्या लिया जाए?

तुम्हारी बात सोची और अपनी बात भी सोची
इन्हीं दो बिंदुओं के बीच जीवन की विकलता है।

—त्रिलोचन

श्रीनगर में हम सुबह-सुबह उठ गए थे। हाउसबोट में रात्रि विश्राम का आनंद अभूतपूर्व था। सुबह हम सभी तरोताजा थे। हाउसबोट के मालिक ने हम लोगों को चाय पिलाई। चाय अच्छी थी। इसका स्वाद थोड़ा अलग था। बाद में पूछने पर पता चला कि यहाँ चाय में किसी पौधे की पत्ती मिलाते हैं। इससे चाय और अधिक खुशबूदार हो जाती है। उत्तर भारत में चाय में तुलसी का पत्ता मिलाया जाता है। इससे चाय खुशबूदार हो जाती है। चाय में तुलसी पत्ता का उपयोग इसे स्वास्थ्यवर्द्धक बनाता है। यह चलन श्रीनगर में एक अन्य रूप में प्रचलित है। तुलसी पत्ता का स्थान दूसरे पत्ते ने ले लिया था। भारत में खान-पान में विविधता देखी जा सकती है, लेकिन इसमें अंतर्निहित बुनियादी समझदारी में समरूपता भी अनुभव की जा सकती है।

हम सभी लोग आधे घंटे में तैयार थे। अब पहलगाम के लिए निकलने के पूर्व हमारे समक्ष दो महत्त्वपूर्ण कार्य शेष थे। पहला, हमें यात्री-निवास में अपना भारी-भरकम सामान रखना था। इसमें से अमरनाथ-यात्रा के लिए एक दूसरा बैग तैयार करना था और इसमें अनिवार्य वस्तुएँ रखनी थीं। दूसरा, हमारे कुछ मित्रों को अमरनाथ-यात्रा से संबंधित कुछ खरीदारी भी करनी थी।

यात्री-निवास में हम लोगों को बड़ी आसानी से कमरा मिल गया। अब हम लोगों के लिए यह तय करना एक कठिन कार्य था कि अमरनाथ-यात्रा के लिए

क्या-क्या सामान ले जाया जाए और क्या-क्या सामान छोड़ दिया जाए?

हम सभी मित्रगण गहरे द्वंद्व में थे।

''क्या, यह शॉल भी रख लिया जाए?'' आनंदजी ने प्रीतम से पूछा।

''अरे भाई, बैग भारी हो जाएगा।'' प्रीतमजी ने उत्तर दिया।

हम सभी लोगों के पास एक पिट्ठू बैग था। ये बैग छोटे-छोटे थे। इसमें हमें उतने ही सामान रखने थे, जिसे पीठ पर टाँगकर आसानी से पहाड़ों में चढ़ा जा सके।

विकासजी दवाई की पोटली को अपने बैग में रखने को लेकर संशय में थे। इसमें ग्लूकोज का एक बड़ा पैकेट भी था। इससे उनका बैग भारी हो रहा था। अंततः हम सभी लोगों ने अपने-अपने बैग में थोड़ी-थोड़ी दवाइयाँ रख लीं। इससे विकासजी का बैग हल्का हो गया।

स्लीपर को रख लिया जाए या फिर छोड़ दिया जाए, प्रीतम भी थोड़ी दुविधा में थे। सभी के चेहरे में एक दुविधा दिखाई दे रही थी कि क्या लिया जाए और क्या छोड़ा जाए? इस दुविधा को देखकर मुझे एक बौद्ध कहानी याद आ रही थी। यह रोचक कहानी यहाँ सामयिक होगी। जापान एक भूकंप प्रभावित क्षेत्र है। यहाँ भूकंप अत्यंत आम बात है। यह कहानी करीब डेढ़ सौ साल पुरानी है। जापान में भूकंप की आशंका व्यक्त की जा रही थी। सभी लोग अपना-अपना सामान लेकर सुरक्षित स्थान की तलाश में शहर छोड़कर जा रहे थे। चारों ओर अफरातफरी का माहौल था। इस भय, असुरक्षा, चिंता और बेचैनी से दूर एक बूढ़ा व्यक्ति शहर में ऐसी मस्ती से चल रहा था, मानो वह सुबह की सैर करने निकला हो। बिल्कुल बेफिक्र। चेहरे पर एक गहरी शांति और व्यक्तित्व में आनंद की आभा।

उसे देखकर एक दूसरी बुढ़िया ने उससे पूछा, ''क्या तुम्हें पता नहीं है, बहुत भयंकर भूकंप आनेवाला है?''

उस बूढ़े व्यक्ति ने कहा, ''हाँ मुझे पता है।''

''तो फिर तुम अपना सामान लेकर यह शहर जल्दी से जल्दी क्यों नहीं छोड़ रहे हो?''

उस बूढ़े ने मुसकराकर उत्तर दिया—''मेरे पास मेरा सभी कुछ है।''

बुढ़िया ने पुनः बात के सिलसिले को जोड़ते हुए कहा, ''देखो, यह मजाक का वक्त नहीं है, मौत कभी भी आ सकती है।''

वह बूढ़ा दरअसल एक संत था। उसने मुसकराकर जबाव दिया—''मुझे पता था कि मौत कभी भी हमसे मुलाकात करने आ सकती है। इसलिए मैंने कभी कुछ इकट्ठा किया ही नहीं।''

उसके हाथों में एक लोटा था और तन पर एक चादर।

आज उपभोक्तावाद और बाजारवाद के युग में हमें यह कहानी आदर्शवादी और अव्यावहारिक प्रतीत हो, लेकिन यह सच है कि हम सभी वस्तुओं को इकट्‌ठा करने में अपना बहुमूल्य जीवन नष्ट कर रहे हैं।

पुनः श्रीनगर के उसी होटल में लौटते हैं। अब सभी लोगों ने अपना पिट्‌ठू बैग तैयार कर लिया था। सभी का बैग हल्का था। इसमें सभी के पास एक जोड़ी कपड़े, रेनकोट, टॉर्च, दवाई और एक बोतल पानी था।

आपसी समझदारी के फलस्वरूप हम लोगों ने एक कैमरा भी लिया था। हम लोगों ने एक वुलन इनर और लोअर भी ले लिया था।

श्रीनगर का मौसम सुहावना था। चटकीली धूप थी और हल्की-हल्की हवा बह रही थी। इस हवा में ठंडक नहीं थी और बाहर धूप में भी परेशान करनेवाली गरमी नहीं थी। यहाँ सामान छोड़ने के बाद हम लोग लालचौक से एक ऑटो पर बैठ गए। इस ऑटो ने हम लोगों को लालचौक से थोड़ा आगे एक ऐसे स्थान पर उतार दिया, जहाँ हम कुछ खरीदारी कर सकते थे।

यह इलाका मूलतः एक सैनिक क्षेत्र था। इन दुकानों में केवल सैनिकों से संबंधित सामान बिक रहे थे। मसलन, सैनिक यूनिफॉर्म के लिए कपड़ा, जूता, बैग, टॉर्च, बड़ा सूटकेस। इसके अतिरिक्त वहाँ दैनिक आवश्यकता की अन्य वस्तुएँ भी उपलब्ध थीं। यहाँ कुछ सिपाही भी खरीदारी कर रहे थे।

मैंने हिम्मत जुटाकर एक सैनिक से प्रश्न दाग दिया कि आप लोगों को सरकार यूनिफॉर्म नहीं देती है?

उस सैनिक ने जबाव दिया—"शुरुआत में देती थी, अब हम लोगों को यूनिफॉर्म बनवाने के लिए सरकार से पैसा मिल जाता है।"

उस सैनिक के उत्तर से मुझे साहस मिला और मैंने फौरन ही दूसरा प्रश्न कर दिया—"क्या यह रकम पर्याप्त होती है?"

"कहाँ सरजी, सिपाहियों पर कौन ध्यान देता है।" उसके चेहरे पर एक पीड़ा थी।

मैं उस सैनिक से बात करता रहा। उधर प्रीतम ने अपने लिए एक हरे रंग का जूता खरीदा। यह जूता कपड़े का था। इसका रंग वैसा ही था, जैसा आर्मी वाले यूनिफॉर्म पहनते हैं। इसका मूल्य ढाई सौ रुपया था। इस जूते का निचला हिस्सा काँटेदार था। पहाड़ों में बर्फ पर चलने के लिए ऐसा जूता सहयोगी और आरामदेह होता है।

उस सैनिक से बात कर यह समझ आ रहा था कि कश्मीर में सैनिकों के लिए नौकरी करना कितना कठिन है। रात-दिन असुरक्षा रहती है। परिवार से लंबे समय तक दूर रहना भी उनमें एक क्रोध, आक्रोश और हिंसा को जन्म देता है।

सामान खरीदकर हम सभी दुकान से बाहर निकल चुके थे। मैंने उस सैनिक को मुसकराकर विदा किया। अब हम सभी अगली यात्रा के लिए तैयार थे।

□

अध्याय-7

ये कहाँ आ गए हम

रुकने के संदर्भ बहुत हैं किस-किस को अपनाऊँ मैं
मेरा जीवन एक नदी है, पल-पल बहता जाता है।

—गिरिराजशरण अग्रवाल

श्रीनगर से पहलगाम की दूरी 96 किमी. है। श्रीनगर से पहलगाम की यात्रा के दौरान मध्य में मिलता है अनंतनाग। यह भी एक बहुत बड़ा मैदानी भाग था। अनंतनाग में हम बस स्टैंड पर उतरे। वहाँ से फिर पहलगाम के लिए हम लोगों ने गाड़ी बदली। अनंतनाग में बहुत गरमी थी। बस स्टैंड, जहाँ हम उतरे, वहाँ एक बहुत बड़ा बाजार था। हम लोग थोड़ी देर उसी बाजार में घूमते रहे। मेरे दो मित्र बाजार में कोई टेलीफोन बूथ खोज रहे थे तो दो अन्य मित्र कोई जरूरी दवाई खरीद रहे थे। यह बाजार थोक और खुदरा दोनों था। बाजार में घूमते वक्त आँखें कुछ विशेष चीजें ढूँढ़ रही थीं, लेकिन यहाँ के बाजार उत्तर भारत के बाजार से किसी भी अर्थ में भिन्न नहीं। वैसी ही भीड़, थोड़ी गंदगी, फल बेचनेवाले ठेले, कटे हुए फल बेचते खोमचे वाले; सबकुछ करीब-करीब वही। मैं थोड़ी देर पश्चात् यह सोचने लगा कि एक आम भारतीय और कश्मीरियों के दैनिक जीवन की आवश्यकताओं में कोई मूलभूत अंतर नहीं है। हम कश्मीर से बहुत दूर बैठे हैं, इसलिए हमें ऐसी अपेक्षा रहती है कि यहाँ जीवन के प्रत्येक क्षेत्र में कुछ भिन्नता होगी।

अनंतनाग से हमें फौरन ही टाटा सूमो मिल गई और हम पहलगाम के लिए निकल पड़े।

अनंतगाम से पहलगाम का यह रास्ता आरंभ में मैदानी भाग की तरह समतल था, लेकिन थोड़ी ही देर में दृश्य पूर्णतया परिवर्तित हो गया। सड़क के एक ओर

लिद्दर नदी बह रही थी। इसका पानी बिल्कुल साफ, स्वच्छ एवं उज्ज्वल था। नदी बड़े वेग से बह रही थी। ऊबड़-खाबड़ रास्तों से गुजरने के कारण इसका सौंदर्य अद्भुत दिखाई दे रहा था। रास्ते में दोनों ओर हरियाली थी। इसी रास्ते में सेब के बहुत से पेड़ दिखाई दे रहे थे। सेब के वृक्ष को हम नहीं पहचानते थे, लेकिन पहलगाम के एक स्थानीय व्यक्ति ने हमें सेब के पेड़ की पहचान बताई।

उसके बाद हम कभी सड़क के साथ-साथ बहते लिद्दर नदी की पहाड़ी सुंदरता को निहार रहे थे तो कभी सेब के बागान को। पहलगाम का यह मार्ग बहुत ही आनंददायक रहा। सभी मित्र शांत थे, जैसे वे प्रकृति के इस सौंदर्य को चुपचाप पी रहे हों।

हम करीब तीन बजे पहलगाम पहुँच गए। पहलगाम में सबसे पहले हम लोगों ने गुरुद्वारे का पता मालूम किया। यह टैक्सी स्टैंड से करीब दो किमी. दूर था। गुरुद्वारे के मार्ग में हमें एक मसजिद भी मिली। यह मसजिद बहुत पुरानी लग रही थी। इसके मुख्य द्वार से मसजिद तक की दूरी करीब चार सौ मीटर थी। दोनों के बीच में कई फूलवाले पौधे लगे हुए थे, जो मसजिद की लोकेशन को बहुत सुंदर बना रहे थे।

गुरुद्वारा तक पहुँचने के लिए हम बाजार से होकर जा रहे थे। बाजार गुलजार था। अच्छी-खासी भीड़ थी और बढ़िया-बढ़िया दुकानें सजी हुई थीं। इस सड़क का नाम माल रोड नहीं था, लेकिन इसका नजारा कुछ ऐसा ही था, जैसा मसूरी, शिमला और हिमाचल के मालरोड का रहता है। अत्याधुनिक कपड़ों में टहलते पर्यटक, शॉपिंग के रेलमपेल में व्यस्त पर्यटक, फैशन में एक-दूसरे को पछाड़ने की होड़ करते कुछ पर्यटक, कुछ अपेक्षाकृत ठंडी जगह में भी आइसक्रीम और कोल्डड्रिंक का बेतुका आनंद लेते, कहीं सैलानियों का झुंड और उनके पीछे घोड़ा करने का आग्रह करते घोड़ेवाले लोग। कश्मीर की वादी में ऐसा माहौल देखकर तबीयत खुश हो गई।

पहलगाम अत्यंत रमणीक स्थल है। हरी भरी घास, चारों ओर बर्फ से ढकी चोटियाँ, देवदार के ऊँचे-ऊँचे वृक्ष और समानांतर रूप से बहती लिद्दर नदी। इसका दृश्य अत्यंत मनभावन है।

गुरुद्वारे में जाकर हम लोगों ने अपना सामान रखा। गुरुद्वारे के मुख्य स्थल से उसी परिसर में एक हॉल था। वहीं जमीन पर सोने की व्यवस्था थी। गुरुद्वारे का यह कमरा बहुत पुराना लग रहा था। वहीं कमरे (हॉल) में दीवार से लगे हुए कुछ सेल्फ रखे हुए थे। यात्री अपना लगेज यहीं पर रखे हुए थे। इन पर ताला लगाकर

अपना सामान सँभालने का दायित्व स्वयं व्यक्ति का था। इस स्थान में पहले से दस-पंद्रह लोग ठहरे हुए थे। सभी अमरनाथ यात्री थे। अमरनाथ-यात्रा 29 जून से आरंभ होनी थी। दो दिन पहले से यात्री यहाँ रुके थे, ताकि जैसे भी हो, पहले जत्थे में अमरनाथ की यात्रा में शामिल हो सकें।

अपराह्न के तीन बजे थे। हम सभी मित्र तरोताजा महसूस कर रहे थे, लेकिन हम सभी को भूख लग रही थी। फलत: हम सभी मित्रगण उसी बाजार की राह में निकल पड़े, जिधर से होकर हम अभी-अभी गुरुद्वारे आए थे। रास्ते में हमें कहीं भी खाने का अलग से होटल नहीं दिख रहा था। एक अत्याधुनिक रेस्टोरेंट दिखाई पड़ा। हम सभी उसी दिशा की ओर चल पड़े। वहाँ पहले से भीड़ खड़ी हुई थी। हम भी उसी कतार में आकर खड़े हो गए। तभी उस रेस्टोरेंट का मैनेजर आकर अंग्रेजी में यह सूचना देने लगा कि खाना समाप्त हो गया है। हमें माफ करिएगा। अंग्रेजी बोलकर रोब झाड़ना उत्तर भारत के हिंदी प्रदेश में एक आम दस्तूर है। पहलगाम में भी यह दस्तूर देखकर थोड़ा अजीब लगा, क्योंकि यहाँ हम कश्मीरी संस्कृति की खुशबू से आनंदित होने की आस लगाए बैठे थे। खैर, प्रत्येक पर्यटन-स्थल की अपनी संस्कृति होती है, जो उच्च-मध्यमवर्गीय पर्यटकों को देखकर रणनीतिक रूप से स्वयं को ढाल लेती है। यहाँ अंग्रेजी में सूचना देनेवाले उस मैनेजर से हमने खाने का कोई दूसरा विकल्प पूछा। उसने हमें एक रेस्टोरेंट का नाम बताया—'नत्थू की रसोई'। हम उसी की दिशा में चल पड़े। रास्ते में हमें जम्मू एंड कश्मीर बैंक दिखाई दिया, हम उसी में प्रवेश करने लगे। हमें अमरनाथ-यात्रा के लिए अपना रजिस्ट्रेशन कराने की चिंता थी। पहलगाम में ही किसी स्थानीय मित्र ने यह सूचना दी थी कि जम्मू-कश्मीर बैंक में अभी भी अमरनाथ-यात्रा के लिए रजिस्ट्रेशन हो रहे हैं। बैंक में हमें यह बताया गया कि रजिस्ट्रेशन हो रहे थे; लेकिन अब बंद हो गए हैं। उसने यह भी बताया कि अब पहलगाम के बेस कैंप से हाथोहाथ रजिस्ट्रेशन हो रहे हैं। वहाँ यह भी बताया गया कि रजिस्ट्रेशन के लिए आई.डी. प्रूफ की आवश्यकता होती है। बेस कैंप जाने से पहले हम 'नत्थू की रसोई' की ओर चल पड़े। नत्थू की रसोई टैक्सी स्टैंड वाले मोड़ पर थी। यह बाहर से एक खूबसूरत रेस्टोरेंट लग रहा था। अंदर भी यह शानदार था। समूचा एयर कंडीशंड, लेकिन अंदर बहुत भीड़ थी। इस भीड़ से अंदर का माहौल अत्यंत शोर-शराबे वाला था। पहलगाम की सुंदर वादी में ऐसा माहौल थोड़ा असंगत मालूम पड़ रहा था, लेकिन हम लोगों ने तुरंत ही स्वयं को व्यवस्थित किया और खाने का ऑर्डर देने चले गए। मित्रों ने छोले-भठूरे और मैंने दक्षिण भारतीय व्यंजन डोसा को वरीयता दी। इस रेस्तराँ में

सेल्फ सर्विस थी। दूसरे शब्दों में, इस रेस्तराँ का वातावरण आत्मीयता से रिक्त था।

इलेक्ट्रॉनिक डिस्प्ले में एक संख्या डिस्प्ले हो रही थी और इसमें हमारी टोकन संख्या अंकित हुआ करती थी। व्यवस्था ऐसी थी—आइए, खाइए और जाइए। टोकन पैसों के पेमेंट के बाद ही मिल रहा था। डोसा और छोले-भठूरे ठीक-ठाक थे। हमने मन मसोसकर इसे खाया और यहाँ से बाहर निकलकर बेस कैंप की ओर निकल पड़े।

पहलगाम स्थित नुआन में अमरनाथ यात्रियों के लिए बेस कैंप लगा हुआ था। इसके बगल में एक सीधी सड़क थी और बिल्कुल पास से लिद्दर नदी बह रही थी। इस स्थान से दोनों ओर पर्वतों की अलग-अलग शृंखला दिखाई दे रही थी। यह बड़ा मनोरम दृश्य था। यह जगह मुझे मनाली की याद दिला रही थी। मनाली में व्यास नदी बहती है, जो करीब 20-30 किमी. तक सड़क के समानांतर बहती है। हम इसी नुआन में लिद्दर नदी के किनारे बैठ गए।

नदी की तेज धारा के प्राकृतिक संगीत की आवाज, ऊबड़-खाबड़ पत्थर के मार्ग से गुजरती नदी का प्राकृतिक सौंदर्य और बिल्कुल श्वेत, उज्ज्वल और कहीं-कहीं दूधिया नदी का पानी। हम सभी मित्र यहाँ आकर मौन बैठ गए। नदी की धारा के शोर में मन बिल्कुल शांत होने लगा था।

हमारे बगल में पंजाब से आई एक बुलेरो गाड़ी रुकी। इससे नीचे उतरकर आठ-दस लोग पानी के साथ अठखेलियाँ करने लगे। इनमें एक सरदारजी भी थे। इस नदी का पानी बहुत ठंडा था। उनमें से कुछ लोगों ने मुँह-हाथ धोए हमारी तरह। कुछ पानी में नहाने की जिद करने लगे। उनमें से कुछ ने नदी किनारे खड़े अपने कुछ मित्रों को नहाने का जोश दिलाया। अन्य व्यक्ति कपड़े उतारकर नहाने लगे। उनकी हिम्मत देखकर हम भी अवाक् रह गए, क्योंकि नदी का पानी बहुत ही ठंडा था। पानी में थोड़ी देर हाथ डालकर ऐसा लग रहा था कि हाथ ठंड से सुन्न पड़ गया है। पंजाब की यह टोली मस्ती में नहा रही थी। उनमें से एक-दो जोर-जोर से चिल्ला रहे थे। ऐसा वे ठंड के कारण कर रहे थे या फिर ठंड से बचने के लिए, यह समझ में नहीं आ रहा था। उनमें फोटोग्राफी का दौर चल रहा था। जलक्रीड़ा की इसी मस्ती के दौरान नदी में नहा रहे एक बंदे ने न नहानेवाले दूसरे व्यक्ति को चुनौती दी—"अबे, मर्द है तो आ जा पानी में।" यह चुनौती सुनकर धीरे-धीरे अन्य व्यक्ति भी नहाने आ गए। इस टोली के दो-चार व्यक्ति नहा रहे थे तो बाकी लोग अपना शरीर पोंछ रहे थे। ऐसा ही क्रम थोड़ी देर चलता रहा। मैंने महसूस किया—पुरुषत्व की चुनौती सुनकर सभी पुरुष क्रियाशील हो उठते हैं।

उनका सोया हुआ तथाकथित पुरुषत्व जाग ही जाता है।

हम लोगों से थोड़ी दूर आगे ही नदी के किनारे मुंबई से आया हुआ दल फोटोग्राफी में मस्त था। यह दल बड़ा था और बहुत स्मार्ट भी, कम-से-कम अपने वस्त्र, मेकअप, कैमरों और टूटी-फूटी अंग्रेजी से। चालीस पचास वर्ष की महिलाओं ने जींस, कैप्री और स्कर्ट पहना हुआ था, उनके चेहरे से उम्र झलक रही थी, लेकिन वे साफ-साफ उम्र को चुनौती देती मालूम पड़ रही थी। इस टोली के पुरुष भी स्मार्टनेस में उनका मुकाबला करते मालूम पड़ रहे थी; लेकिन महिलाओं के स्मार्टनेस में आत्म-प्रेरणा दिखाई दे रही थी, वहीं पुरुषों के स्मार्टनेस में महिलाओं की प्रेरणा। तीन-चार छोटे बच्चे और कम उम्र की चार-पाँच लड़कियाँ भी इसी समूह में शामिल थीं। सभी लोग अलग-अलग कोण से फोटो खिंचवाने में व्यस्त थे। ये सभी लोग नवधनाढ्य वर्ग के प्रतीत हो रहे थे और इनके हाव-भाव में थोड़ी बेफिक्री दिखाई दे रही थी। थोड़ी लापरवाही और थोड़ा अति आत्मविश्वास। भूमंडलीकरण के पश्चात् भारत में एक नया जो इंडिया पैदा हुआ है, उसका प्रतिनिधित्व करनेवाला ऐसा वर्ग अधिकांश पर्यटन-स्थलों में देखा जा सकता है।

□

अध्याय-8

तंबुओं का अस्थायी शहर

मुहब्बत की दुनिया में सबकुछ हसीं है,
मुहब्बत नहीं है तो कुछ भी नहीं है।

—अख्तर शिरानी

हम वहाँ काफी देर घूमते रहे। उसके बाद हम नुआन कैंप में अंदर घुस गए। नुआन में सुरक्षा के बहुत इंतजाम थे। प्रवेश-द्वार में मेटल डिक्टेटर लगा हुआ था। पहले सुरक्षा बलों ने हम लोगों से पूछा, ''अंदर क्यों जाना चाहते हो?'' हमने कारण बताया कि हम रजिस्ट्रेशन संबंधी सूचना एकत्र करना चाहते हैं। उसके बाद हमारी तलाशी ली गई। ये सभी सुरक्षाकर्मी सेना के जवान थे। फलतः इनकी तलाशी का तरीका पुलिस जैसा निपटाऊ नहीं था। पुलिस वाले साधारणतया तलाशी के नाम पर एक अनिवार्य औपचारिकता का निर्वहन करते हैं। अंदर पहुँचकर भी हमने सुरक्षा का चौकस इंतजाम देखा। प्रवेश द्वार से थोड़ा आगे ही सेना के अधिकारियों के अस्थायी ऑफिस बने हुए थे। यहाँ पर वरदी और बिना वरदी वाले सेना के जवान तैनात थे। यहाँ सुरक्षा का इंतजाम बहुत अधिक था, क्योंकि पहलगाम में अमरनाथ यात्रियों पर एक बार आतंकवादियों का हमला हो चुका है। अमरनाथ-यात्रा अप्रत्यक्ष रूप से कश्मीर के धर्मनिरपेक्ष इतिहास एवं संस्कृति का प्रतिनिधित्व करती है। यही कारण है कि आतंकवादियों द्वारा अमरनाथ-यात्रा को बाधित करने का भरपूर प्रयास किया जाता है। नुआन कैंप के अंदर मैंने पाया कि यहाँ अस्थायी तंबुओं का एक छोटा सा शहर बसा हुआ है। अस्थायी तंबुओं वाली ऐसी व्यवस्था मैंने इलाहाबाद और हरिद्वार के महाकुंभ में भी देखा है, लेकिन इन दोनों व्यवस्थाओं के मध्य एक मूलभूत अंतर था। कुंभ और महाकुंभ में तंबुओं की

यह अस्थायी व्यवस्था मुख्य रूप से नागा साधुओं या फिर विभिन्न अखाड़ों के लिए की जाती है। पहलगाम के इस अस्थायी कैंप में यह व्यवस्था आम नागरिकों के लिए थी। यहाँ न कोई अखाड़ा था और न ही अहंकारी साधुओं की कोई जमात।

इस अस्थायी कैंप में सारी बुनियादी सुविधाएँ उपलब्ध थीं। दो-तीन प्राइवेट टेलीफोन बूथ लगे हुए थे। उसके पास ही नाइयों की दो-तीन अस्थायी दुकानें थीं। इसी गली में अमरनाथ-यात्रा के लिए अनिवार्य वस्तुओं की कई दुकानें सजी हुई थीं। इनमें बर्फ पर चलनेवाले जूते, छड़ी, पीठ पर टाँगनेवाले थैले, धूप के चश्मे, गरम कपड़े, मोजे, टॉर्च, छड़ी जैसी सभी अनिवार्य वस्तुएँ बिल्कुल उचित मूल्य पर बिक रही थी। इस कैंप का मुख्य आकर्षण था—इसके लंगर की व्यवस्था। टेलीफोन बूथ को नब्बे डिग्री पर काटती हुई एक गली थी। इसके दोनों ओर लंगर की व्यवस्था थी।

लंगर चलानेवाली ये समितियाँ मुख्यत: दिल्ली, पंजाब, हरियाणा की थीं। कुछ लंगर गुजरात के भी थे। इन लंगर को देखकर लंगर संबंधी मेरी धारणा पूर्णतया बदल गई। ये लंगर बहुत साफ-सुथरे और व्यवस्थित थे। इनमें बैठकर पंगत में खाने जैसी व्यवस्था नहीं थी। विभिन्न व्यंजनों से स्टॉल सजे हुए थे। आइए, जो चाहिए वह

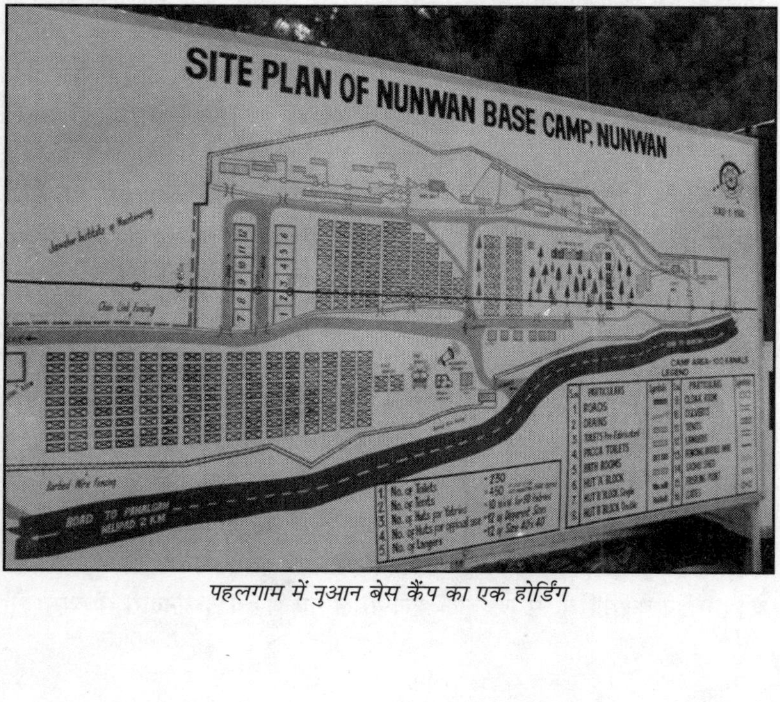

पहलगाम में नुआन बेस कैंप का एक होर्डिंग

उठाइए और खाइए। इन स्टॉलों में नाश्ते और खाने के अधिकांश व्यंजन उपलब्ध थे। कुछ स्टॉल में चाय संग मठरी थी, कहीं चाय-पोहा, कहीं चाय-बिस्कुट, कहीं चाय-नमकीन, चाय के अतिरिक्त कहीं इडली थी, कहीं चाऊमीन, कहीं डोसा, कहीं खीर, कहीं ढोकला था, कहीं जलेबी, कहीं पकोड़े थे तो कहीं कचौड़ी। सामान्यत: नाश्ते की सभी प्रचलित वेराइटी यहाँ उपलब्ध थीं।

शाम के सात बजने वाले थे। ऐसे में नाश्ते के अतिरिक्त यहाँ खाने की भी समुचित व्यवस्था थी। कहीं पनीर, कहीं कोफ्ता, कहीं राजमा, कहीं छोले, कहीं मिक्स्ड वेजिटेबल, कहीं आलू-दम, नाश्ते की तरह भोजन के लिए ढेरों विकल्प। इन लंगरों की विशेषता केवल इनकी वेराइटी नहीं थी। इनकी क्वालिटी भी बहुत उम्दा थी। खाना गरम रखनेवाले पात्रों में रखे गए थे और यहाँ सफाई की अच्छी व्यवस्था थी। झूठन फेंकने का पात्र अलग था और इन पात्रों को तुरंत खाली किया जा रहा था। यहाँ मैंने झूठन उठानेवाले ट्रैक्टर की सेवा भी देखी। एक ट्रैक्टर का काम केवल जूठन साफ करना था। इस प्रकार लंगर का व्यक्तित्व रंगीला था और चमकदार भी।

इन लंगरों में सेवा करनेवाले लोग भी बड़े सेवा भाव से खाना खिला रहे थे। उन सभी का संबोधन 'भोले-भोले' के उच्चारण से वहाँ सभी व्यक्तियों के मध्य एक साझी और सहयोगी संस्कृति का जन्म हो रहा था, जिसमें दूर-दूर प्रांतों से आनेवाले अलग-अलग धर्म, जाति और रंग के लोग एक ही पहचान से संबद्ध हो गए। 'भोले' ही उनका नाम था, यही उनका परिचय था। यहाँ लंगर में हम लोगों ने खाना खाया और गुरुद्वारे के लिए निकल पड़े।

बेस कैंप में ठहरने के लिए तंबू की व्यवस्था थी। यहाँ दो प्रकार के तंबू थे—एक सरकारी और दूसरा प्राइवेट। सरकारी तंबू सीमित थे, लेकिन उनका रेट कम था। प्राइवेट तंबू में प्रति व्यक्ति ठहरने का चार्ज दो सौ रुपए था। एक तंबू में दस लोग रुका करते थे। इन तंबुओं में बिजली की व्यवस्था भी थी। बिस्तर जमीन पर लगाया गया था और रात में ओढ़ने के लिए कंबल तथा मोटे कंबल भी उपलब्ध थे।

पहलगाम दिन में सुहावना था, लेकिन रात में काफी ठंड हो जाया करती थी। रात को मोटा कंबल अपरिहार्य था। गुरुद्वारा जाने के लिए हमें पहलगाम के मुख्य बाजार स्थित सड़क से गुजरना पड़ता था। फलत: हम बाजार में थोड़ी खरीदारी करने लगे। हम दो-तीन मित्रों ने एक हल्का जैकेट खरीदा। अलग-अलग रंगों में उपलब्ध ये जैकेट महँगे थे। इन्हें दो-तीन कश्मीरी युवक सड़क किनारे बेच रहे थे। हम इन कश्मीरियों से बिल्कुल घुल-मिल गए थे। वे दुकानदारी में व्यस्त थे,

लेकिन बड़ी आत्मीयता से वे हम लोगों से भी बात कर रहे थे। उन्होंने ही हमें बताया कि पहलगाम में एक शिव-मंदिर है।

समूचे कश्मीर में हम लोगों ने जितने कश्मीरियों से बात की, वे बहुत विनम्र, विनोदी और शांतिप्रिय मालूम पड़े। हम मैदानी भाग से आए लोगों के मन-मस्तिष्क में यही पूर्वग्रह घर किया रहता है कि सभी कश्मीरी पाकिस्तान के समर्थक होते हैं, स्वभाव से कट्टर और भारत-विरोधी, लेकिन इनके साथ बातचीत से कहीं भी ऐसा नहीं लगा। मैंने इसका कारण ढूँढ़ने का प्रयास किया।

मैंने यही निष्कर्ष निकाला कि मूलतः मीडिया से आई खबरों से हमारा इमेज बनता है। मीडिया सनसनी और चटपटी खबरों को हमारे समक्ष परोसती है। सत्य तथ्य और प्रामाणिकता से उन्हें कोई विशेष सरोकार नहीं होता है। मीडिया द्वारा कश्मीर के संबंध में प्रस्तुत किया गया सच अधूरा होता है। कश्मीर के बारे में हमारी पूर्वग्रह का मूल कारण यही है, जो हमारे अवचेतन मन में अपना घर बना चुका है।

धीरे-धीरे टहलते हुए हम गुरुद्वारा पहुँच चुके थे। हम जिस हॉल में ठहरे थे, वह भी एक मिनी भारत था। वहाँ हमारे साथ बिहार, उत्तरप्रदेश, राजस्थान, पंजाब, बंगाल, हरियाणा, दिल्ली, जम्मू प्रांत के लोग भी ठहरे हुए थे। यहाँ ठहरे सभी पुरुष थे। बस एक दंपती कोलकाता का था, जो दो पीढ़ी पहले उत्तरप्रदेश के वाराणसी से जाकर कोलकाता में बस गया था। हॉल की एकमात्र महिला सुसंस्कृत, सौम्य और शालीन थी। मैं बार-बार यह ध्यान रखा करता था कि कहीं हमारी बातचीत से वे डिस्टर्ब तो नहीं हो रही हैं, लेकिन ढेर सारे पुरुषों के बीच रहकर भी वह अकेली महिला बिल्कुल सहज थी। ऐसा आभास हो रहा था कि उस महिला की उपस्थिति के कारण सभी पुरुष भी शालीनता का दामन जोर से पकड़े हुए थे।

इस दौरान चर्चा का विषय यही था कि क्या चंदनबाड़ी तक का मार्ग खुल गया है या फिर कल खुलेगा। चंदनबाड़ी पहलगाम से सोलह किमी. है। चंदनबाड़ी तक छोटी गाड़ियाँ जाती हैं और फिर वहाँ से अमरनाथ गुफा के लिए पैदल यात्रा शुरू होती है।

चंदनबाड़ी छोटी जगह है। वहाँ अमरनाथ यात्रियों के रुकने के लिए व्यवस्था नहीं रहती। फलतः अमरनाथ-यात्रा से पूर्व पहलगाम में चंदनबाड़ी का मार्ग बाधित कर दिया जाता है, ताकि कोई यात्री चंदनबाड़ी न पहुँच सके, अन्यथा इससे अमरनाथ-यात्रा की व्यवस्था प्रभावित होने की आशंका बनी रहती है।

अमरनाथ-यात्रा से पूर्व हम लोगों की यही योजना थी कि पहले चंदनबाड़ी पहुँचा जाए और पहले जत्थे के साथ अमरनाथ की यात्रा आरंभ की जाए, लेकिन

यात्रा की सबसे बड़ी बाधा यही थी कि यात्रा के लिए अभी तक हमारा रजिस्ट्रेशन नहीं हो पाया था, फलतः कल के लिए हमारी पहली वरीयता थी—अपना रजिस्ट्रेशन कराना और फिर पहलगाम के दर्शनीय स्थलों का लुत्फ उठाना। कल क्या-क्या करना है, हम सभी इसी कार्यक्रम की चर्चा करते-करते सो गए।

□

अध्याय-9

प्रेम मुक्ति है, बंधन नहीं

मुहब्बत के लिए कुछ खास दिल मखसूस होते हैं;
ये वो नगमा है, जो हर साज पर गाया नहीं जाता।।

—जिगर मुरादाबादी

पहलगाम की ठंडी सुबह में मैं सुबह छह बजे जाग गया था। मेरे अन्य सभी मित्र सो रहे थे। उनके अतिरिक्त गुरुद्वारा के अन्य लोग भी गहरी नींद में सो रहे थे। मैं बहुत धीरे से उठा और नित्यक्रिया संपन्न करने के बाद टहलने निकल गया। मैं गुरुद्वारा से आगे की ओर निकल गया। यह रास्ता आगे चलकर चंदनबाड़ी की ओर जाता था। इस रास्ते में दाईं ओर आगे चलकर बहुत बड़ा पार्क था। इसमें सैकड़ों किस्म के फूल लगे हुए थे। इसके चारों ओर बहुत अच्छी हरियाली थी और इसका रख-रखाव भी बेहतर था।

पहलगाम के इसी मार्ग में मैंने दो-तीन पार्क और देखे। पहलगाम में दो-तीन पार्क देखकर मुझे यही लगा कि यहाँ के लोगों को हरियाली से कुछ ज्यादा ही लगाव है। यद्यपि पहलगाम एक हिल स्टेशन है, परंतु इसकी भौगोलिक संरचना अत्यंत भिन्न है। यहाँ अपेक्षाकृत समतल भाग दूर-दूर तक फैला है। हो सकता है, इसके कारण यहाँ पार्क बनाना और उसे व्यवस्थित रखना अपेक्षाकृत सरल प्रतीत होगा। खुशनुमा मौसम के कारण हरियाली की संभावना भी अधिक बनी रहती होगी और पास ही बहती लिद्दर नदी से पानी उपलब्ध होने से पार्कों का रख-रखाव अपेक्षाकृत आसान हो जाता होगा। ऐसा मेरा अनुमान था। यह कितना सही है कितना गलत, मैं यह नहीं कह सकता था। मैं एक गोल्फ कोर्स को ढूँढ़ने की नीयत से आगे बढ़ता गया। पहलगाम के दर्शनीय स्थलों के बारे में मैंने पहले ही सूचना एकत्र कर ली

थी। मैं चंदनबाड़ी जानेवाली मुख्य सड़क से बाईं ओर मुड़ गया।

यह रास्ता थोड़ी ऊँचाई पर स्थित था। फलतः पैर रुककर आगे बढ़ रहे थे। इसी दौरान मुझे एक पुल मिला, जिसके नीचे से लिद्दर नदी बह रही थी। उस पुल से बहती नदी का दृश्य और ऊँचे-ऊँचे पर्वतों की शृंखला इतनी सुंदर लग रही थी कि मैं वहाँ बहुत देर तक रुक गया। सुबह की शांति के मध्य मैं इन पहाड़ों के असीम सौंदर्य को देखकर यही सोच रहा था कि प्राकृतिक सौंदर्य प्रत्येक कोण से नवीन प्रतीत होता है। इस पहाड़ों को थोड़ा गौर से देखा जाए, तो ये बिल्कुल नए शृंगार में, नए परिधान में और नई भाव-भंगिमा में दिखाई देते हैं।

सुबह के इस एकांत में मैंने दो महिलाओं को भी टहलते देखा। ये महिलाएँ संभ्रांत परिवारों की मालूम पड़ रही थीं। इनमें कश्मीरी सौंदर्य की कशिश थी, आधुनिकता का भी समावेश इनके पहनावे में था। उन्हें देखकर मैंने यह अंदाजा लगा लिया कि आस-पास ही कोई आवासीय कॉलोनी है, जहाँ स्थानीय लोग रहते हैं। पहलगाम में हमारे चारों ओर पर्यटक दिखाई दे रहे थे। पर्यटकों से जीवनयापन करनेवाले दुकानदार, घोड़ेवाले आदि सभी दिखाई दे रहे थे। ये लोग कहाँ रहते हैं। ऐसी कोई बस्ती अभी तक कहीं दिखाई नहीं दे रही थी। मैं पुल से प्रकृति का आनंद लेने के बाद आगे बढ़ता चला गया। मुझे गोल्फ कोर्स घूमने की इच्छा हो रही थी। गोल्फ कोर्स का पता बतानेवाले साइन बोर्ड के साथ होटल ग्रैंड मुमताज का भी पता अंकित था। शायद दोनों एक ही जगह पर होंगे, यह सोचकर मैं आगे बढ़ता गया। पहाड़ के घुमावदार रास्तों की यह विशेषता होती है कि जिस रास्ते को छोड़िए, वह दृष्टि से ओझल हो जाता है। ऐसे में पहली बार किसी नए रास्ते से गुजरने पर यह आश्वस्ति नहीं हो पाती है कि मैं सही रास्ते पर जा रहा हूँ या नहीं? खैर, मैं बढ़ता रहा और मुश्किल से दस मिनट बाद ही मुझे गोल्फ कोर्स दिखाई दे गया। गोल्फ कोर्स और ग्रैंड मुमताज होटल बिल्कुल पास-पास थे। गोल्फ कोर्स बहुत बड़ा था। पहाड़ों से घिरे पहलगाम में हरी घास वाले सुव्यवस्थित गोल्फ के मैदान को देखना प्रीतिकर लगा। मन में यह भी खयाल रहा था कि पहलगाम जैसे मनोरम स्थल में गोल्फ कोर्स का निर्माण आभिजात्य वर्ग को ध्यान में रखकर किया गया होगा। भारत में गोल्फ बहुत लोकप्रिय खेल नहीं है। कश्मीर में अंग्रेजों का शासन भी नहीं रहा है। ऐसे में यही संभावना व्यक्त की जा सकती है कि भारत की स्वतंत्रता के पश्चात् कश्मीर के आभिजात्य वर्ग ने ही गोल्फ मैदान की आधारशिला रखी होगी। गोल्फ मैदान का उद्देश्य पर्यटकों को रिझाना था या यहाँ वाकई निरंतर गोल्फ के मैच खेले जाते हैं, इसका उत्तर मुझे नहीं मिल पाया।

गोल्फ कोर्स से लौटते वक्त सुबह की ताजगी, बर्फीले पहाड़ और नदी के सौंदर्य से मन ताजगी से भरा था। गुरुद्वारा के लिए लौटते वक्त मैंने रास्ते में एक बहुत बड़ा उद्यान भी देखा। इस उद्यान में चारों तरफ गुलाब की कई किस्में देखने को मिलीं। उद्यान में हरियाली थी। यह बहुत व्यवस्थित था और सुंदर भी। यह उद्यान कश्मीर सरकार के उद्यान विभाग से संबंधित था। बाहर गेट में ताला लटक रहा था। ऐसे में अंदर जाने का कोई प्रश्न ही नहीं था।

पहलगाम के इस सुंदर गोल्फ कोर्स और अद्‌भुत प्राकृतिक सौंदर्य के पश्चात् जब मैं लौट रहा था, तो मुझे मेरी पत्नी की याद आने लगी। बिल्कुल अचानक। इस शानदार प्राकृतिक सौंदर्य और पत्नी की याद के मध्य कोई सुसंगति समझ में नहीं आ रही थी।

□

अध्याय-10

रजिस्ट्रेशन और प्राकृतिक सौंदर्य का रोमांच

अगर धरती में कहीं जन्नत है
यहीं है, यहीं है, बस यहीं है।

—जहाँगीर

गुरुद्वारे लौटकर मैंने पाया कि मेरे मित्र भी तैयार थे। आज हमारे लिए सबसे बड़ी चुनौती थी—रजिस्ट्रेशन कराने की। सर्वोत्तमजी ने अपने विभाग के अधिकारी से बात कर ली थी। फलतः अमरनाथ-यात्रा के लिए रजिस्ट्रेशन होना तय था, लेकिन हम फिर भी रजिस्ट्रेशन के प्रति पूर्णतया आश्वस्त नहीं थे। मन में कहीं न कहीं यह भय समाया हुआ था कि रजिस्ट्रेशन के बिना हमारी यात्रा प्रभावित न हो।

दस बजे से रजिस्ट्रेशन होना था। हम नौ बजे ही नुआन स्थित बेस कैंप में पहुँच चुके थे। वहाँ आज अच्छी-खासी भीड़ थी। भंडारों में भी एक अलग रौनक थी। यहाँ अत्यधिक भीड़ के बाद भी अव्यवस्था का आलम नहीं था। सुरक्षा का भारी बंदोबस्त था, फिर भी भीड़ को अनुशासित करने की आवश्यकता नहीं थी। भीड़ आत्म-नियंत्रित और आत्म-अनुशासित थी। पहलगाम के अमरनाथ-यात्रा के इसी बैस कैंप में वर्ष 2000 में आतंकवादियों ने हमला कर दिया था। इस हमले में कई लोग मारे गए थे। फलतः यहाँ सुरक्षा की अच्छी व्यवस्था थी।

लंगर में नाश्ते के लिए हमारे पास ढेरों विकल्प थे। फलतः सबने अपनी आवश्यकता एवं रुचि के अनुसार नाश्ते का लुत्फ उठाया। दस बजे रजिस्ट्रेशन आरंभ होना था। इससे पहले ही अनपेक्षित रूप से श्रद्धालुओं की लंबी कतार लग चुकी थी। फलतः परिस्थिति को भाँपते हुए सर्वोत्तमजी ने अपने विभाग के सहकर्मी को फोन किया। भाग्यवश वे वहीं उपस्थित थे। उन्होंने सर्वोत्तमजी को ले जाकर उस

व्यक्ति से मिलवा दिया, जो रजिस्ट्रेशन कर रहा था। कतार लंबी थी। सर्वोत्तमजी ने हम सभी लोगों से हमारा आई.डी. प्रूफ माँगा और रजिस्ट्रेशन करनेवाले व्यक्ति को सौंप दिया। हमारा रजिस्ट्रेशन तुरंत हो गया। हमें कागज की एक परची मिली। इसकी तीन प्रतियाँ थीं। इसी में हमारा नाम और निवास स्थान भरा गया था। परची में लिखावट नहीं पढ़ी जा रही थी। हम सभी खुश थे, क्योंकि हम आधिकारिक रूप से अमरनाथ-यात्रा के लिए सरकार द्वारा मान्यता प्राप्त हो चुके थे।

अमरनाथ-यात्रा में रजिस्ट्रेशन के कई लाभ हैं। अमरनाथ-यात्रा के रजिस्ट्रेशन होने के साथ ही अमरनाथ श्राइन बोर्ड व्यक्ति को एक लाख से अधिक का दुर्घटना बीमा सुनिश्चित कराता है। दूसरी ओर, रजिस्ट्रेशन के द्वारा सरकार को भी अमरनाथ यात्रियों का एक आधिकारिक आँकड़ा प्राप्त हो जाता है, जिससे यात्रियों की अनुमानित संख्या ज्ञात हो जाती है। स्वाभाविक रूप से इसके बाद सरकार के लिए यात्रा को सुचारू रूप से संभव बनाना अपेक्षाकृत सरल हो जाता है।

अमरनाथ-यात्रा के रजिस्ट्रेशन के फलस्वरूप हम सभी प्रसन्नचित्त थे, यद्यपि रजिस्ट्रेशन की लंबी कतार को देखकर थोड़ी आत्मग्लानि और अपराध-बोध भी महसूस हो रहा था, क्योंकि हम लोगों ने अपने संपर्कों का लाभ उठाकर बिना पंक्ति में लगे अपना रजिस्ट्रेशन करवा लिया था।

आज हमारी वरीयता थी—दिन भर पहलगाम के स्थानीय दृश्यों का अवलोकन करना और इनका लुत्फ उठाना। वाइसरन, कोहलई और गलेशयरी पहलगाम के दर्शनीय स्थल हैं। इनका मार्ग टैक्सी स्टैंड से आगे पहाड़ से आरंभ होता था। हमारे आगे-पीछे घोड़ेवाले लग गए। 'साबजी, हम आपको चार सौ रुपए में सबकुछ दिखा देगा।' कश्मीरी पहाड़ियों का उच्चारण पूर्णतया भिन्न होता था। कश्मीर पहाड़ियों का उच्चारण अन्य पहाड़ियों के उच्चारण से तनिक भी मेल नहीं खाता है। कश्मीर में कश्मीरी बोली जाती है। स्थानीय लोगों की भाषा और उच्चारण की एक अलग शैली का कारण यही है।

हम घूमने के लिए एक स्थानीय निवासी का सान्निध्य चाहते थे। इसके दो कारण थे। पहला, हम पैदल यात्रा करना चाहते थे, ताकि अमरनाथ-यात्रा से पूर्व हमारा शरीर कठिन चढ़ाई के लिए अनुकूलित हो सके। दूसरा, हम यह भी चाहते थे कि स्थानीय व्यक्ति हमें पहाड़ का रास्ता बताए और हम सही रास्तों से इन दर्शनीय दृश्यों का आनंद उठा सकें। स्वाभाविक रूप से अपनी इस यात्रा में कश्मीरियों से अधिकाधिक संवाद स्थापित करना भी हमारा लक्ष्य था। कश्मीर की संस्कृति को

समझना भी हमारा उद्‌देश्य था। हम कश्मीर और शेष भारत के मध्य अविश्वास भरे दृष्टिकोण को भी गहराई से समझना चाहते थे। खैर, हमें कोई स्थानीय गाइड नहीं मिला। हम घोड़ेवालों के पीछे चल पड़े। इससे रास्ता भटकने का डर नहीं था।

पहाड़ का यह रास्ता अत्यंत कठिन था। हमें ऊँचे पहाड़ों पर चढ़ाई करनी थी। इसका रास्ता भी अत्यंत ऊबड़-खाबड़ था, परंतु इस यात्रा का सबसे आनंददायक पहलू यही था कि प्रत्येक दस-पंद्रह मिनट बाद समूचे पर्वत का दृश्य बदलता जा रहा था। दृश्य इतने अद्‌भुत एवं अलौकिक थे कि प्रत्येक नए मोड़ पर ऐसा लग रहा था कि बस यहीं बैठकर शांति से इसका लुत्फ उठाया जाए।

लिद्‌दर नदी के किनारे बैठकर हम जिन पर्वत-शृंखलाओं का लुत्फ उठा रहे थे, अब उन्हीं में हम पैदल यात्रा कर रहे थे। इन मार्गों पर पर्यटकों की भारी भीड़ अपने समस्त परिवार के साथ इसका आनंद उठा रही थी। रास्ते में हमें दक्षिण भारत का परिवार मिल गया था। मैंने बिना किसी संकोच के पूछ भी लिया—आप कहाँ से? वे बंगलुरु से आए थे।

पहलगाम में मैंने देखा कि भारत के विभिन्न स्थलों से लोग यहाँ आए हुए हैं। कल ही जबलपुर की एक महिला ने हमसे पहलगाम का पता पूछा था। पहलगाम के बाजार में हमने बंगालियों का भी एक दल देखा था। वे बंगाली बोल रहे थे। पर्यटन और पर्यटन-स्थल भारत की सांस्कृतिक एकता को मजबूत बनाते हैं। कश्मीर आतंकवाद से पीड़ित रहा है। फलतः जन्नत होकर भी पर्यटकों के बिना यह जहन्नुम ही बनता जा रहा है।

पहाड़ियों की पैदल यात्रा में जैसे-जैसे हम आगे बढ़ रहे थे, आनंद उतना ही बढ़ता जा रहा था। चढ़ाई पर हमारी साँस फूलने लगी थी। यद्यपि मौसम में ठंडक थी। फलतः हम जहाँ भी थोड़ी देर रुकते, तुरंत ही तरोताजा हो उठते थे। काफी यात्रा के पश्चात् हमें एक लंबा-चौड़ा घास का समतल मैदान मिला। यह मैदान मैदानी भागों की तरह बिल्कुल सपाट और समतल नहीं था। यह थोड़ा ऊबड़-खाबड़ था, लेकिन पहाड़ के दृष्टिकोण से इसे समतल ही कहा जाएगा। यह घास का मैदान अत्यंत हरा-भरा था। यह दूर-दूर तक फैला हुआ था। इन पहाड़ों में भी ऐसा नजारा मिलेगा, यह कोई कल्पना नहीं कर सकता था। हम सभी लोग वहाँ बैठ गए, हमारे अतिरिक्त अन्य कई लोग वहाँ बैठे हुए थे। कोई व्यर्थ के अंतहीन वार्त्तालाप में व्यस्त था तो कोई चुपचाप इन सुंदर दृश्यों को आँखों से पी रहा था और कोई मंत्रमुग्ध होकर अपने साथी से इसके सौंदर्य का वर्णन कर रहा था।

कुछ बच्चे खेल रहे थे। ये सभी पर्यटक थे और इन्होंने अपने खेलने के लिए यात्रा में बॉल भी साथ में रखी हुई थी। हमने वहाँ चाय पी, तुरंत ही बकरी वाले और खरगोश वाले आ गए। बकरी के बड़े-बड़े सफेद बाल थे। खरगोश भी सुंदर था। हम लोगों ने इनके साथ फोटो खिंचवाया। हमने उन्हें पाँच रुपया दिया। इन स्थानीय लोगों को देखकर लगा कि कश्मीर जैसे जन्नत में रह रहे लोग भी गरीबी के शिकार हैं। यहाँ आराम करने के बाद हम पहाड़ों में और ऊपर की ओर बढ़ते गए। रास्ते में घास का इतना बड़ा और सुंदर मैदान दोबारा नहीं मिला। नए-नए दृश्य मिले— अत्यंत मनमोहक।

हमें दूर से एक झरना दिखाई दे रहा था। इसका रास्ता हमें नहीं सूझ रहा था। लेकिन हमारे कदम स्वतः इसकी ओर बढ़ते चले गए। इस झरने की धार पतली थी। इसका पानी ठंडा और दूधिया था। धारा के पतली होने के कारण इसमें कोई शोर नहीं था, लेकिन पहाड़ों से निकलकर नीचे पहाड़ों की ओर बहना इसके स्वाभाविक सौंदर्य को और ज्यादा बढ़ा रहा था। हमने अपने चुल्लू से इसका पानी पीया। पानी अच्छा था, परंतु चुल्लू से इसे पीना असुविधाजनक था। हमने इस पानी से मुँह धोया। इसकी ठंडक हमें भीतर तक महसूस हुई। दिल कह रहा था—'हम और आगे चलें', लेकिन दिमाग कह रहा था—'अब वापस लौट लो।' हमें शाम के अँधेरे से पहले पहलगाम पहुँचना था। मौसम भी थोड़ा खराब हो चला था। काले बादल घुमड़ रहे थे। पहाड़ में कब बारिश हो जाए, इसका कोई अनुमान नहीं लगाया जा सकता है। इसी अनिश्चितता को भाँपते हुए हम सभी नीचे उतरने को सहमत हो गए।

रास्ते में बारिश शुरू हो गई। हम लोगों के पास बैग में रेनकोट था। बारिश में चलना और भी आनंददायी अनुभूति दे रहा था। हम जिस मार्ग से उतर रहे थे, यह वह मार्ग नहीं था, जिससे हम चलकर आए थे। इसी दौरान यहाँ हमें कुछ घर भी मिल रहे थे। ये घर पत्थरों के बने हुए थे। घर के बाहर बकरी बाँधी हुई थी। इक्का-दुक्के लोग दिखाई दे रहे थे। गली में सन्नाटा पसरा था। इनके घरों को देखकर ऐसा लग रहा था कि यहाँ सुरक्षा कोई बड़ा मुद्दा नहीं है। रास्ते में बस एक महिला मिली। महिला ने सिर को ढका हुआ था। समूचे कश्मीर में महिलाएँ सिर को ढके रहती हैं। यहाँ ऐसा ही रिवाज है। इसके पीछे कोई तालिबानी या कट्टरपंथी सोच काम नहीं करती है।

पहाड़ों की सुखद यात्रा के पश्चात् हम पहलगाम की मुख्य सड़कों पर आ

गए थे। शरीर भी थक चुका था। हम लोगों ने बेस-कैंप में रात का भोजन खाया और मंद गति से गुरुद्वारा की ओर लौटने लगे। गुरुद्वारा का वह स्थल में, जहाँ हम ठहरे थे, आज बहुत भीड़ थी। हम सभी लोगों ने उसी सीमित स्पेस में स्वयं को व्यवस्थित किया। मैं सोने लगा। कुछ लोग वार्त्तालाप भी कर रहे थे। उनका वार्त्तालाप अमरनाथ-यात्रा से ही संबंधित था। मसलन मौसम कैसा होगा? हमें क्या-क्या लेकर चलना है आदि।

□

अध्याय-11

चल अमरनाथ भाई

नमः शिवाय साम्वाय सगणाय ससूनवे।
प्रधानपुरुषवेशाय सर्गस्थित्यन्हेतवे।

—कैलास संहिता

(जो प्रकृति और पुरुष के नियंता तथा सृष्टि, पालन और संहार के कारण है; उन पार्वती सहित शिव को उनके पार्षदों और पुत्रों के साथ प्रणाम है।)

सुबह पाँच बजे से ही गुरुद्वारा के उस हॉल में हलचल आरंभ हो गई थी, जहाँ अमरनाथ-यात्रा के हम सभी यात्री ठहरे हुए थे। रात को पहलगाम में बारिश हुई थी। इसलिए ठंड थी। बाहर अँधेरा भी था, लेकिन लोग सुबह जागकर तैयारी में व्यस्त थे। कोई मुँह धो रहा था। कुछ शौच के लिए कतार में लगे थे। कुछ लोग उसी ठंड में नहा भी रहे थे। गुरुद्वारा परिसर में गरम चाय और बिस्कुट की भी व्यवस्था थी। ऐसे में चाय पीने वालों की भी लंबी कतार लगी हुई थी। माहौल जीवंत था। सबकुछ आत्म-अनुशासित और आत्म-संचालित था। मैं भी जाग चुका था और यात्रा के लिए तैयार था, लेकिन मेरे मित्रगण थोड़ी देर से उठे। मैंने भी उन्हें ललकारा 'चलो यार जल्दी करो, वरना देर हो जाएगी।' इस ललकार का प्रभाव पड़ा और स्वत: सभी लोग शीघ्रता से तैयार होने लगे। फिर भी हमें तैयार होते-होते सुबह के साढ़े छह बज गए थे। हम जल्दी से बाहर आकर गाड़ियों का पता ढूँढ़ने लगे। हम यथाशीघ्र चंदनबाड़ी पहुँचना चाहते थे।

पहलगाम से चंदनबाड़ी की दूरी सोलह किलोमीटर है, लेकिन हम किसी भी हाल में दिन के बारह बजे से पहले चंदनबाड़ी पहुँचना चाहते थे। बारह बजे के बाद चंदनबाड़ी से सेना और पुलिसवाले यात्रियों को आगे बढ़ने से रोकते हैं।

इसके पीछे एक उचित कारण भी होता है। पैदल यात्रा के क्रम में चंदनबाड़ी के पश्चात् पहला यात्री-पड़ाव शेषनाग पड़ता है। यात्री रात को शेषनाग में ही रुकते हैं। वहाँ टैंट की व्यवस्था रहती है। यही कारण है कि यात्रियों को ऐसे समय में चंदनबाड़ी से छोड़ा जाता है कि वे किसी भी हाल में अंधकार से पहले शेषनाग पहुँच सकें। इस मार्ग में रुकने की कोई व्यवस्था नहीं होती है, अगर कोई यात्री बीच में ही फँस जाए तो उसे अत्यंत कठिनाई का सामना करना पड़ सकता है। इस ऊँचाई में रात को इतनी ठंड बढ़ जाती है कि उस यात्री का जीवित बचना मुश्किल हो सकता है। सेना के जवानों द्वारा यात्रियों को शेषनाग के लिए यथाशीघ्र रवाना करने के पीछे यही सोच काम कर रही थी।

पहलगाम में सुबह से ही गजब की हलचल थी। ऐसा प्रतीत हो रहा कि पहलगाम में ही अमरनाथ यात्रियों का मेला लगा हुआ है। सभी लोग चंदनबाड़ी की दिशा की ओर खड़े थे। इनमें से कुछ लोग छोटी-छोटी बस से, कुछ सूमो से, कुछ प्राइवेट क्वालिस से चंदनबाड़ी की ओर जा रहे थे। इन गाड़ियों में निजी भी थीं और किराएवाली स्थानीय भी।

माहौल में अद्‌भुत उत्साह था। हमारी भी इच्छा थी कि हमें भी कोई गाड़ी मिले और हम भी चंदनबाड़ी की ओर कूच कर सकें। इस प्रयास में पहले हम टैक्सी स्टैंड की ओर गए। समूचा टैक्सी स्टैंड खाली पड़ा था। हम वहीं पर थोड़ी दूर रुके रहे। यही आशा थी कि कोई गाड़ी आए और हम खाली गाड़ी में बैठकर आराम से चंदनबाड़ी पहुँच सकें। इसी इंतजार में करीब आधा घंटा बीत गया। चंदनबाड़ी की ओर जानेवाली एक भी गाड़ी लौटकर नहीं आई।

हम सभी परेशान होने लगे थे, क्योंकि हमें बारह बजे किसी भी हाल में चंदनबाड़ी पहुँचना था। गाड़ी न आने पर मायूसी के बीच हम लोगों ने यह जानकारी जुटाने की कोशिश की कि चंदनबाड़ी के लिए क्या छोटी बस भी उपलब्ध हैं? हमें ज्ञात हुआ कि आगे टैक्सी स्टैंड से छोटी बस जा रही है। यह वही टैक्सी स्टैंड था, जहाँ हमारी गाड़ी अनंतनाग से आकर पहलगाम में खड़ी हुई थी। टैक्सी स्टैंड पर भी सन्नाटा पसरा हुआ था। वहाँ से हम निराश होकर नुआन के बेस कैंप की ओर आगे बढ़ने लगे। यही आशा थी कि शायद बेस कैंप से चंदनबाड़ी की ओर जानेवाली गाड़ी में हमें स्थान मिल सके। रास्ते में विचित्र स्थिति थी। हमारी तरह बहुत लोग बेस कैंप जा रहे थे और करीब उतने ही लोग बैस कैंप से गुरुद्वारा वाले मुख्य और सीधी सड़क पर लौट भी रहे थे। यह तय था कि हमें चंदनबाड़ी के लिए गाड़ी बेस कैंप से भी आगे नहीं मिलेगी, लेकिन फिर भी हम आगे बढ़ते गए।

चमत्कार की उम्मीद इनसान कभी नहीं छोड़ता है।

बेस कैंप में करीब आधा घंटा खड़ा रहने के पश्चात् भी कोई गाड़ी नहीं आई। काफी विलंब हो रहा था। शरीर को ऊर्जा की आवश्यकता महसूस हो रही थी। ऐसे में हम लोगों ने बेस कैंप में नाश्ता करना उचित समझा। मुख्य द्वार पर सुरक्षाकर्मियों से अपनी जाँच करवाने के बाद हम अंदर प्रवेश कर चुके थे। अंदर भीड़ थी, परंतु अपेक्षाकृत कम। हम लोगों ने हल्का नाश्ता किया। वहाँ का माहौल आज भी तरंगित था। हम चंदनबाड़ी पहुँचने के लिए गाड़ी की तलाश ने हम लोगों को ही थोड़ा विचलित कर दिया था। सो हम निकास-द्वार से तुरंत ही बाहर निकलने का प्रयास करने लगे।

निकास-द्वार पर बहुत अफरा-तफरी का माहौल था। अमूमन मुख्य निकासी-द्वार में एक छोटा सा रास्ता था। आज की भीड़ को देखते हुए यह निकासी-द्वार अपर्याप्त मालूम पड़ रहा था। सभी को शीघ्रता थी। सभी अतिशीघ्र चंदनबाड़ी की ओर अपनी यात्रा आरंभ करना चाह रहे थे। इसी बीच कई श्रद्धालु मुख्य निकासी-द्वार के पास काँटों के तार की जो बाड़ थी, वहाँ से बाहर निकलने लगे। इस दो कँटीले तार के बीच दूरी अत्यंत कम थी। फलत: वहाँ से निकलना असुविधाजनक और खतरनाक भी था। काँटों से छलनी होने का खतरा भी बना हुआ था, लेकिन आज लोग बदहवासी में थे। यहाँ भी भीड़ इकट्ठी थी। हम लोगों ने इसी बाड़ से बाहर निकलना तय किया। सी.आर.पी.एफ. वालों की इस व्यवस्था से सहमति थी। बाहर निकलकर बहुत राहत मिली। अब तक हम लोगों ने चंदनबाड़ी की ओर पैदल यात्रा का मन बना लिया था।

पहलगाम के मुख्य मार्ग के रास्ते से हम चंदनबाड़ी की ओर चलने लगे। आरंभ में मार्ग सीधा था। रास्ते में हमें स्थानीय लोगों की बस्तियाँ भी दिखाई दे रही थीं। यहाँ छोटे-छोटे होटल भी थे। स्थानीय लोगों ने अपने सड़क पर स्थित मकान या फिर कमरों को यात्रियों के लिए उपलब्ध कराया हुआ था। सुखद आश्चर्य यह भी था कि करीब सभी होटल यात्रियों से भरे हुए थे। श्रीनगर में प्रवेश करते ही मैंने महसूस किया था कि यहाँ कश्मीर घाटी में शांति व्याप्त है।

शांति का सीधा लाभ स्थानीय लोगों को मिल रहा था। टूरिस्ट के आने से न केवल पहलगाम गुलजार था, बल्कि स्थानीय लोगों के चेहरे भी खिल गए थे। रास्ते में जैसे-जैसे हम आगे बढ़ते गए, हमें गरीबी के दर्शन भी हो रहे थे। स्थानीय लोगों के रहन-सहन और पहनावे में गरीबी झाँक रही थी। कई छोटे-छोटे बच्चे जो कश्मीरी पहनावे में थे, बड़ी बेशर्मी से भीख माँग रहे थे। उन्हें भीख माँगते

देखकर मन बड़ा अप्रसन्न हो रहा था। एक बालक को एक रुपए का सिक्का देकर हम आगे बढ़ गए। ये लड़के परंपरागत भिखमंगों की तरह नहीं थे। पेशे से भिखारी जब तक कुछ पा नहीं लेता है, पीछा नहीं छोड़ता है। ये बच्चे हालात के मारे हुए थे। बस अपनी जगह में बैठे हुए थे। जो पास से गुजरता, थोड़ा मुसकराते और भीख के लिए हाथ बढ़ा देते।

चंदनबाड़ी का रास्ता अब घुमावदार हो चला था। घाटी में कई मोड़ थे। दृश्य अत्यंत मनमोहक था। सभी लोग इस प्राकृतिक सुंदरता को निहारते जा रहे थे। लेकिन श्रद्धालुओं के चेहरे पर अतिशीघ्र चंदनबाड़ी पहुँचने का तनाव भी देखा जा सकता था। रास्ते में हमें 'बेताब वैली' दिखाई पड़ी। यही बेताब वैली है, ऐसा एक स्थानीय कश्मीरी ने बताया अन्यथा घाटी की सुंदरता ऐसा मंत्रमुग्ध करनेवाली थी कि किसी भी स्थान को 'बेताब वैली' बनाने पर हम उस पर सहज ही विश्वास कर सकते थे।

'बेताब-वैली' मंत्रमुग्ध करनेवाली थी। हरे पेड़ों और घास के मैदान वाली यह घाटी काफी लंबी-चौड़ी थी। यह भू-भाग एकदम सपाट नहीं था। घाटी के कारण यह ऊबड़-खाबड़ था, लेकिन इसकी हरियाली, इसकी वनस्पति और दृश्य ऐसा मनोरम था कि इन दृश्यों से आँखें हट ही नहीं रही थीं। अचानक सामने से चंदनबाड़ी की ओर से आती हुई गाड़ियों ने हम सभी का ध्यान भंग कर दिया। ये टाटा 407 जैसी गाड़ियाँ थीं। ये गाड़ियाँ, जहाँ बहुत भीड़ थी, वहाँ आकर घूमती और फौरन ही आगे बढ़ जा रही थीं। ये गाड़ियाँ छोटी थीं। पैदल यात्रा करनेवाली भीड़ संख्या में इतनी अधिक थी कि तुरंत ही सभी गाड़ियाँ श्रद्धालुओं से खचाखच भर जा रही थीं। अफरा-तफरी का माहौल था। ऐसे में हम भाग्यवश एक टाटा 407 में ड्राइवर की बगल वाली सीट में बैठने में सफल हो गए। यह गाड़ी तुरंत भर गई। इस छोटी सी गाड़ी में पैर रखना मुश्किल तो था ही, साँस लेने में भी कठिनाई हो रही थी।

गाड़ी बहुत धीरे-धीरे आगे बढ़ रही थी। रास्ता चढ़ाई का था और गाड़ी में वजन इतना अधिक था कि गाड़ी बड़ी कठिनाई से आगे बढ़ पा रही थी। यद्यपि उस समय लगातार चंदनबाड़ी से गाड़ियाँ लौट रही थीं। सभी गाड़ियाँ तुरंत ही यात्रियों से भर जा रही थीं। अंत में अन्य दूसरी गाड़ियों को भी वही समस्या झेलनी पड़ रही थी, जो हमारी गाड़ी झेल रही थी। रास्ते में जम्मू-कश्मीर पुलिस के सिपाही खड़े थे, लेकिन वे भीड़ को नियंत्रित करने में असफल सिद्ध हो रहे थे। जम्मू-कश्मीर पुलिस के प्रयास में भी अनमनापन था। उनके कार्य में उत्साह और प्रेरणा की कमी

खटक रही थी। आवश्यकता पड़ने पर सी.आर.पी.एफ. के जवान सामने आकर भीड़ को नियंत्रित कर रहे थे। कभी वे छोटी गाड़ी के ड्राइवर को डाँट रहे थे तो कभी भीड़ को गाड़ी के ऊपर चढ़ने से रोक रहे थे। रास्ता कच्चा था और बीच में टूटा-फूटा भी। रास्ता सँकरा भी था। फलतः तुरंत ही सड़क भी जाम हो जा रही थी। सामने से आनेवाली गाड़ी को निकलवाने के लिए सी.आर.पी.एफ. के जवानों ने चंदनबाड़ी जानेवाली गाड़ियों को रोक दिया था। चंदनबाड़ी जानेवाली गाड़ियों की लंबी कतार लग गई थी। इस दौरान हम अपनी गाड़ी के ड्राइवर से बात करने लगे।

हमारी गाड़ी का ड्राइवर बहुत खुशमिजाज था। अफरा-तफरी के माहौल में भी उसके चेहरे पर लगातार मुसकराहट थी और वह बड़ी सहजता से हमारे वार्त्तालाप में शामिल हो जा रहा था। मैंने प्रीतमजी से कहा, 'सड़क कितनी खराब है। लगता है, कश्मीर सरकार सड़क-निर्माण जैसे विकास कार्यों के प्रति गंभीर नहीं है।' ड्राइवर ने बिना देर किए जवाब दिया—'क्या करें, केंद्र पैसा नहीं देता है।' हमारे मित्र सर्वोत्तमजी ने इसका प्रतिवाद किया—'सड़क बनाना राज्य सरकार के अधीन होता है।' कश्मीरी ड्राइवर अपनी रौ में बोले जा रहा था। उमर अब्दुल्ला की सरकार निकम्मी है। उसने चतुराई से विषयवस्तु को बदल दिया।

कश्मीर में मैंने यह महसूस किया है कि अधिकांश कश्मीरी अपनी समस्याओं के लिए केंद्र सरकार को जिम्मेवार ठहराते हैं। ड्राइवर युवा था। बार-बार वह मोबाइल पर बातचीत में व्यस्त हो जा रहा था। 'कौन है भाई ?' यह पूछने पर उसने शरारती जबाव दिया—'मेरी गर्लफ्रेंड।' हाँ, फिर वह स्वयं ही अपना प्रेम-किस्सा सुनाने लगा। उसके व्यक्तिगत जीवन में हमें कोई दिलचस्पी नहीं थी, परंतु उसके वार्त्तालाप का सामाजिक संदेश यही मिला कि कश्मीर में भी युवाओं-युवतियों के मस्तिष्क में फिल्मी प्रेम कहानी का भूत हावी रहता है।

हमारी गाड़ी ट्रैफिक जाम के कारण एक स्थान पर बहुत देर रुकी रही। अब हमें यह सख्त निर्णय लेना था। हमें तय करना था कि हम चंदनबाड़ी के लिए पैदल का विकल्प अपनाएँ या फिर हमें उसी तरह गाड़ी में बैठकर धीरे-धीरे यात्रा करनी है। गाड़ी की भीड़ और ट्रैफिक जाम देखकर अंततः हम लोगों ने यही निर्णय लिया कि अब धीरे-धीरे पैदल ही आगे बढ़ना लाभकारी होगा।

पहले चंदनबाड़ी की ओर पैदल चलने का निर्णय भारी मन से लिया गया था, लेकिन जैसे ही हम गाड़ी से बाहर निकले, देखा कि भारी संख्या में लोग अपनी गाड़ी छोड़कर पैदल ही चंदनबाड़ी की ओर कूच कर रहे हैं। यह देखकर हमारा उत्साह भी तुरंत चौगुना हो गया और हम भी तेजी से आगे बढ़ने लगे। रास्ते में हम

लोगों ने देखा कि हमसे बड़े और छोटे दोनों ही पैदल चले जा रहे हैं। इसी बीच जाम में फँसी गाड़ियों का काफिला काफी लंबा हो चुका था। अब चंदनबाड़ी मात्र चार किमी. शेष रह गया था। गाड़ी से हमारी यात्रा से निश्चित ही हमें राहत मिली थी। रास्ता घुमावदार था। सड़क भी कच्ची थी। हवा में थोड़ी ठंडक थी। सामान्य गति से पहुँचते हुए हम दिन के करीब एक बजे चंदनबाड़ी पहुँच चुके थे।

□

अध्याय-12

अविस्मरणीय नीली झील

ये क्या कि रोज वहीं चाँदनी का बिस्तर हो,
कभी तो धूप की चादर बिछा के सो लेते।

—बशीर बद्र

चंदनबाड़ी में अच्छे और साफ-सुथरे भंडारे के कई स्टॉल लगे हुए थे। चंदनबाड़ी छोटी जगह थी। यहाँ समतल भाग अपेक्षाकृत कम था। फलतः यहीं रुकने की कोई व्यवस्था नहीं थी। दो-चार भंडारों के अतिरिक्त बी.एस.एफ. का एक मेडिकल कैंप लगा हुआ था। रास्ते में ही छोटा सा एक बैरियर था। यहाँ सी.आर.पी.एफ. के जवान बैठे थे। वे लोगों से उनका रजिस्ट्रेशन लेकर उसकी जाँच कर रहे थे। यहाँ काफी भीड़ थी। पहलगाम मार्ग से पैदल यात्रा का पहला दिन था। ऐसे में सी.आर.पी.एफ. के जवानों का भी यही प्रयास था कि अधिक संख्या में लोग अमरनाथजी की यात्रा के लिए निकल पड़े।

हम लोगों ने चंदनबाड़ी में हल्का आहार लिया। चंदनबाड़ी में काशी विश्वनाथ बनारस का एक स्टॉल लगा था। बनारस के सभी मित्र उस स्टॉल को देखकर गद्गद हुए। वहाँ पान की व्यवस्था की। हम लोगों ने पान खाया। पान को बनारस का सांस्कृतिक प्रतीक कह सकते हैं।

थोड़ी दूर चलने के बाद आगे डॉक्टर बैठे थे। वहाँ मर्ज बताने पर तुरंत ही दवा मिल रही थी। कोई सर दर्द का, कोई उल्टी का, कोई साँस की समस्या की दवा ले रहा था। सी.आर.पी.एफ. के जवानों को अपना रजिस्ट्रेशन दिखाने के बाद हम अमरनाथ-यात्रा की शुरुआत कर चुके थे।

पहलगाम मार्ग से चंदनबाड़ी के बाद पहला पड़ाव आता है—पिस्सूटॉप।

चंदनबाड़ी से पिस्सूटॉप का मार्ग तीन किमी. का है। यह मार्ग पहाड़ियों में सर्पाकार और घुमावदार है। पहाड़ों में पथरीला रास्ता है। इसी में गोल-गोल घूमना पड़ता है। पिस्सूटॉप की ऊँचाई 11,500 फीट है। ऐसे में अमरनाथ-यात्रा का आरंभ ही अपेक्षाकृत कठिन है। थोड़ी दूर चलने के बाद ही हमें ऐसा दृश्य दिखा कि हम रास्ते की समस्याओं को थोड़ी देर के लिए भूल गए। पहाड़ियों से एक पतली जलधारा बह रही थी। इस पतली जलधारा का उद्‍गम बर्फ से जमे एक ग्लेशियर से हो रहा था। बर्फ का यह ग्लेशियर बहुत बड़ा था। इस पर पैरों के निशान भी थे। यह देखकर ज्ञात हो रहा था कि बर्फ का ग्लेशियर काफी कठोर है। ग्लेशियर के नीचे से नदी को बहते देखना सभी के लिए अचंभा भरा था, इसलिए वहाँ से गुजरते सभी यात्रियों का ध्यान वहीं पर केंद्रित हो जा रहा था। हम सभी मित्रों के हाथ में छड़ी थी। अमरनाथ-यात्रा में पैदल चलने के लिए छड़ी अत्यंत अनिवार्य है। छड़ी से संतुलन स्थापित होता है और चढ़ाई पर चलने के लिए कम बल लगाना होता है। हम सभी मित्रों ने एक विंड चिटर पहन रखा था। सभी के पाँवों में अच्छी ग्रिप के जूते थे। सामान्य जूते फिसलन वाले होते हैं। उसे पहनकर यहाँ चलना अत्यंत जोखिम का काम होता था। हम सभी लोग धीरे-धीरे बढ़ रहे थे। मन में

चंदनबाड़ी से शेषनाग के बीच का मार्ग सुंदर प्राकृतिक दृश्यों से भरपूर है

श्रद्धा, आस्था, विश्वास, संकल्प के साथ अकल्पनीय आनंद की अनुभूति भी थी।

हवा में ठंडक थी और हल्की धूप भी खिली हुई थी। मौसम सुहावना था। रास्ते कच्चे थे और पीछे से भी लोग लगातार आ रहे थे। ऐसे में धीरे-धीरे चलना हमारी मजबूरी थी। इसी रास्ते से घोड़ेवाले भी चल रहे थे। सँकरे रास्ते में दोनों का साथ-साथ चलना कठिन हो रहा था। घोड़े ज्यादा वेग में थे। इसलिए लोग अपनी सुरक्षा हेतु घोड़ेवाले को तुरंत जगह दे दिया करते थे। हम सभी बड़ी धीमी गति से आगे बढ़ रहे थे।

सामने पहाड़ी थी और पहाड़ी में आगे का मार्ग भी दिखाई दे रहा था। सभी मार्गों में भीड़ दिखाई दे रही थी। थोड़ी दूर और ऊँचाई पर चल रही भीड़ को देखकर घबराहट हो रही थी। एक बार ऐसा लग रहा था कि इस कठिन रास्ते की यात्रा कैसे पूरी होगी? हम लोगों ने जैसे ही रुककर पीछे की ओर देखा, तो थोड़े आश्वस्त हुए। हमसे बिल्कुल नीचे, जहाँ से पिस्सूटॉप की चढ़ाई शुरू होती है, धीरे-धीरे लोगों का हुजूम आगे बढ़ रहा था।

आज अमरनाथ-यात्रा का पहला दिन था। इसी कारण आज बहुत भीड़ थी। घड़ी चार बजा रही थी। अब तक पिस्सूटॉप का सर्पाकार घुमावदार मार्ग समाप्त हो चला था। अब हम पिस्सूटॉप से जोगीपाल की ओर चल रहे थे। जोगीपाल का रास्ता बिल्कुल भिन्न था। न इसमें घुमावदार मोड़ थे और न ही कोई चढ़ाई थी। हम धीरे-धीरे इस मार्ग में पैदल बढ़ रहे थे।

पहाड़ का दृश्य भी अब बदल चुका था। आरंभ में ऐसा प्रतीत हो रहा था कि हम पहाड़ में चढ़ाई कर रहे हैं, लेकिन अब ऐसा लगने लगा था कि हम पहाड़ के साथ-साथ चहलकदमी कर रहे हैं। यह मार्ग पिछले मार्ग की तरह कच्चा और कटीला भी नहीं था। अब पहाड़ों में हमें हरियाली भी दिखाई दे रही थी। इन मार्गों में पैदल चलने से हमारी साँस भी नहीं फूल रही थी। जब कभी थकान होती, पसीना चलता, हम थोड़ी देर रुककर इंतजार कर लेते और फिर तरोताजा होकर आगे बढ़ जाते। रास्ते में चलने और पहाड़ों को निहारने का काम एक साथ हो रहा था। माहौल में भक्ति की उष्मा का भी संचार हो चला था। कुछ युवक-युवतियाँ नारे लगा रहे थे—'करेंगे पार, बम-बम भोले'।

यात्रा में पैदल चलनेवाले लोगों में सभी आयु-श्रेणी के लोग शामिल थे। पंद्रह साल के बच्चों के साथ-साथ साठ साल के लोग भी दिखाई दे रहे थे। इन यात्रियों में परिवारवालों की भारी तादाद थी। इनका आयु-वर्ग चालीस से पचास था। अधिकांश लोगों के साथ बच्चे भी थे। इन्हें देखकर ऐसा आभास हो जा रहा

था कि ये सभी अच्छें परिवार से ताल्लुक रखते हैं, भाषा और पहनावे से भी वे अधिकांश उत्तर भारतीय लग रहे थे। इनमें दिल्ली से आने वालों की संख्या अधिक थी। इन यात्रियों में से कुछ से मैंने बात की थी। बातचीत में उन्होंने स्वयं बताया कि दिल्ली से हमारे साथ बहुत से लोग आए हैं। इस भीड़ को देखकर मैंने इनका जीवन-स्तर जानने का प्रयास किया। ये लोग मध्यमवर्गीय मालूम पड़ रहे थे। इसी बीच शाम ढलने लगी थी, लेकिन चारों ओर अभी भी उजाला फैला हुआ था। अपने घोंसले की ओर लौटते पक्षियों का झुंड और उनका सामूहिक संगीत प्रत्येक दिशा में दिखाई और सुनाई नहीं दे रहा था।

हम धीरे-धीरे आगे बढ़ रहे थे। हम जहाँ कहीं भी आराम के लिए थोड़ी देर रुकते, आर्मी के जवान हमसे शीघ्र ही आगे बढ़ने का आग्रह करने लगते। उनकी आवाज में आज्ञा से ज्यादा विनम्रता का भाव था। दरअसल, शेषनाग से पहले कहीं भी यात्रियों के रुकने का कैंप नहीं था।

जोगीपाल से शेषनाग पाँच किमी. की दूरी पर था। पहाड़ में पाँच किमी. का सफर आसान नहीं होता है। ऐसे में सभी ने चलना जारी रखा। अमरनाथ-यात्रा के पैदल मार्ग में प्रत्येक स्थान पर रुकने की व्यवस्था नहीं की जाती है। चंदनबाड़ी के पश्चात् पहला यात्री पड़ाव शेषनाग था। एक नियत स्थान पर ही यात्रियों के टैंट लगाने के पीछे दो-तीन कारण थे। पहला, पहाड़ के इस दुर्गम स्थल पर कहीं भी यात्रियों के ठहराने की सुचारू-व्यवस्था संभव नहीं थी। दूसरा, एक खास स्थान पर टैंट लगाने से वहाँ यात्रियों के रहने के साथ-साथ खान-पान, विश्राम और शौचालयों की व्यवस्था संभव थी। तीसरा, रात में ठंड के प्रकोप को देखते हुए एक स्थान में रजाइयों और कंबल की व्यवस्था करना कहीं अधिक सुविधाजनक था। यह सुरक्षा की दृष्टि से भी आवश्यक था।

जैसे-जैसे शाम ढलती जा रही थी, वैसे-वैसे प्रकृति का नजारा भी बदलता जा रहा थी। शुरुआत में पिस्सूटॉप में टेढ़े-मेढ़े रास्ते थे। पिस्सूटॉप से जोगीपाल के रास्ते में पहाड़ हरे-भरे थे। पहाड़ों में हरियाली थी। ये पहाड़ काफी दूर तक फैले थे। पहाड़ों में घने पेड़ भी दिखाई दे रहे थे। कहीं-कहीं अच्छी घास भी दिखाई दे रही थी। एकाध स्थान पर, हम लोगों ने लोगों को बकरियाँ और भेड़ चराते हुए भी देखा। इससे यही प्रतीत हो रहा था कि इन पहाड़ियों में कुछ स्थानीय लोग निवास भी करते हैं, अन्यथा यहाँ आकर भेड़-बकरियों को चराने का कोई कारण नहीं था।

शाम होने के साथ-साथ आकाश और प्रकृति का रंग भी निरंतर बदल रहा था। जैसे प्रकृति अपने प्रेमी को रिझाने के लिए अलग-अलग श्रृंगार कर रही हो।

यात्रा के आरंभ में चटकीली धूप थी। आसमान नीला दिखाई दे रहा था। जैसे-जैसे धूप कम हो रही थी, वैसे-वैसे पहाड़ भी धुँधले दिखाई देने लगे थे। पहाड़ों की हरियाली भी अब दूर से भूरे रंग की दिखाई दे रही थी। पहाड़ों के बीच में कहीं-कहीं लंबी बर्फ भी जमी हुई थी। ये बर्फ पहले की तरह अभी भी इस धुँधली होती शाम में चमक रही थी।

पहले ही दिन हिमालय के इतने रूपों को देखकर सभी अभिभूत थे। हमारा शरीर पूरी तरह थक चुका था। हम नागकोठी से शेषनाग की ओर बढ़ रहे थे। शरीर आराम की माँग कर रहा था। शाम के साढ़े सात बज रहे थे। रोशनी कुछ कम होने लगी थी। लेकिन हम अँधेरा होने से पहले किसी भी हाल में शेषनाग तक पहुँचना चाह रहे थे। इसलिए हमने चलना जारी रखा। इतनी थकान के बाद भी शरीर कैसे चल रहा है ? हम सुबह पहलगाम से लगातार चल ही रहे थे। कौन सी आंतरिक ऊर्जा कौर प्रेरणा काम कर रही थी, यह हम स्वयं नहीं समझ पा रहे थे। अचानक मुझे रहस्यदर्शी गुरजिएफ का खयाल आया।

गुरजिएफ यूरोप का धर्मगुरु था, जो अपनी विचित्र साधना-पद्धति के लिए समूचे विश्व में विख्यात था। गुरजिएफ छिपी हुई ऊर्जा की अकसर बात करता था। उसका मानना था कि मनुष्य अपनी ऊर्जा का एक छोटा सा हिस्सा ही इस्तेमाल करता है। उसकी यह भी मान्यता है कि शरीर में विद्यमान हमारी दो-तिहाई ऊर्जा का इस्तेमाल नहीं हो पाता है, क्योंकि हम सभी इस ऊर्जा से अनभिज्ञ होते हैं। गुरुजिएफ उदाहरण के द्वारा इस मान्यता का सरलीकरण करता है। वह कहता है कि अगर आप के घर में अचानक आग लग जाए तो आप भूख-प्यास सबकुछ भूलकर आग बुझाने में लग जाते हैं। यह छिपी हुई ऊर्जा आपातकालीन परिस्थितियों में सक्रिय हो उठती है। आज हमारी यही सोई हुई ऊर्जा काम कर रही थी, अन्यथा मन और शरीर दोनों बगावत कर रहे थे।

शेषनाग के रास्ते में थके होने के बाद भी हमारा चलना जारी था। आज गुरजिएफ के छिपी हुई ऊर्जा के सिद्धांत की पुष्टि हो रही थी। हम धीरे-धीरे आगे बढ़ रहे थे। लेकिन बाईं ओर ऐसा अद्‌भुत दृश्य दिखाई पड़ा कि हम सभी अवाक् रह गए।

पहाड़ से दाईं ओर एक बहुत बड़ी झील थी। झील का रंग नीला था। झील अत्यंत शांत थी। इस झील को देखते ही मन में विचारों का चलना भी एकदम शांत होता जा रहा था। इस समय आकाश भी नीला था। शाम का अँधियारा होना शुरू हो चुका था। इस समय झील में आकाश और अँधेरेपन का प्रतिबिंब भी बन रहा

था। सौंदर्य के इस अद्‌भुत समागम से ऐसा वातावरण निर्मित हो रहा था कि उधर से गुजरनेवाले प्रत्येक व्यक्ति की चाल धीमी होती जा रही थी। सभी यात्रियों की निगाहें झील की ओर थीं। कुछ मेरे जैसे यात्री भी थे, जो झील का सौंदर्य देखने के लिए किनारे ही बैठ गए थे। यद्यपि शेषनाग से पहले मेरे मन में भी चिंता के प्रश्न थे। मसलन, अँधेरे से पहले कैसे कैंप पहुँचेंगे। कैंप में ठहरने की जगह मिलेगी या नहीं? शेषनाग की यात्रा के दौरान हम पाँचों मित्र आपस में बिछुड़ भी गए थे। एक प्रश्न मन में यह भी घुमड़ रहा था कि क्या हम लोगों का आपस में मिलना हो पाएगा?

शेषनाग झील की शांति और सौंदर्य का रसपान करने के बाद हम धीरे-धीरे आगे बढ़ने लगे। पैर अत्यंत थक चुके थे, लेकिन मनोबल बना हुआ था।

शेषनाग झील से करीब एक किमी. आगे हम टैंट वाले स्थल तक पहुँच गए। इस समय तक अंधकार हो चुका था। सभी लोग अपने टैंट टॉर्च की रोशनी से प्रकाश का काम ले रहे थे। अंधकार में चारों तरफ टॉर्च की रोशनी से एक अलग ही अनुभूति हो रही थी। टैंट स्थल के पीछे अभी भी एक लंबी कतार में टॉर्च की रोशनी दिखाई पड़ रही थी, अर्थात् अभी भी बहुत से लोग शेषनाग झील के रास्ते में थे।

□

अध्याय-13

लजीज पकवान

लोग हर मोड़ पे रुक-रुक के सँभलते क्यूँ हैं?
इतना डरते हैं तो फिर घर से निकलते क्यूँ हैं?

—राहत इंदौरी

प्रातः हम लोग करीब साढ़े पाँच बजे सोकर उठे। रात को गहरी नींद आई। थकान और नींद की गहराई के मध्य सीधा संबंध होता है, इसका गणित समझ आया। यात्रा की तैयारी के लिए टैंट से बाहर निकला तो बाहर एक अलग ही उत्साहजनक चहल-पहल दिखाई दे रही थी। कुछ लोग नहा रहे थे। कुछ के हाथ में शौच-क्रिया के लिए पानी की बोतल थी। कुछ पास के ही भंडारे में नाश्ते का आनंद उठा रहे थे। कुछ लोगों ने अपनी यात्रा शुरू भी कर दी थी। वातावरण आध्यात्मिक उत्साह, उमंग और तरंग से आवेशित था। यह आध्यात्मिक आभामंडल समूची अमरनाथ-यात्रा के दौरान अनुभव होता है। करीब एक घंटे के बाद हम सभी मित्र भी अपनी आगे की यात्रा के लिए तैयार थे। बस पेट-पूजा करना शेष था। हम धीरे-धीरे भंडारे की दिशा में आगे बढ़ने लगे।

भंडारा-स्थल में भी थोड़ी भीड़ थी और चहल-पहल भी। भंडारे में गरम और सुस्वाद नाश्ते का प्रबंध था। कहीं पूरी और आलू की सब्जी का प्रबंध था, तो कहीं पराँठे-आचार और दही का प्रबंध था। कहीं दलिया उपलब्ध था। मीठे में कहीं खीर उपलब्ध थी, तो कहीं हलुआ, ये सभी नाश्ते अत्यंत स्वादिष्ट थे। नाश्ते में ताजापन था और इन्हें खिलाने वालों की आँखों में सेवा और प्रेम का मिश्रित भाव भी। हमने थोड़ा-थोड़ा सबकुछ खाया। पेट हल्का ही रखा। पैदल यात्रा में भरपेट खाकर आप सहजता और सुगमता से चल नहीं सकते हैं। ऐसे में अल्पाहार ही श्रेयस्कर था।

नाश्ते के दौरान मैंने एक घोड़ेवाले से पूछा, आप भी नाश्ता कर लो। मुसकराकर उसने उत्तर दिया—''नहीं साहबजी, हम उधर खाता है।'' कुरेदने पर उसने उत्तर दिया कि हम सभी घोड़ेवालों का, पिट्ठू ढोनेवाले का और टैंट वालों के खाने का अलग प्रबंध होता है। ऐसा कोई सख्त नियम नहीं रहा होगा, लेकिन यात्रिओं की सुविधा और भंडारे के आयोजन की सीमा को देखते हुए ऐसी परंपरा बन गई है कि अमरनाथ-यात्रियों के भोजन की अलग व्यवस्था रहती है। स्थानीय कश्मीरी लोगों का सहयोग सराहनीय था। वे दिल के अच्छे थे और प्रत्येक स्तर पर यात्रा आयोजन में उनका सहयोग साफ-साफ दिखाई दे रहा था।

हम आगे की यात्रा के लिए करीब आठ बजे निकल पड़े। हमारी आज की यात्रा का लक्ष्य था—पंचतरिणी। पंचतरिणी में यात्रियों के ठहरने के लिए कैंप की व्यवस्था थी। शेषनाग से पंचतरिणी के मध्य वावबल, एमजीटॉप, खीवल का पड़ाव था। शेषनाग से पंचतरिणी बारह किमी. की यात्रा थी। यह यात्रा भौगोलिक दृष्टि से रोचक थी। एमजीटॉप तक भीषण चढ़ाई थी और फिर पंचतरिणी तक ढालनुमा भू-भाग था।

एमजीटॉप की ऊँचाई करीब 14,800 फीट है, करीब-करीब माउंट एवरेस्ट की चोटी की ऊँचाई का आधा। यात्रा के आरंभ में मौसम सुहावना था। हल्की ठंड थी। थोड़ी-थोड़ी धूप खिली हुई थी। यात्रा आनंदपूर्ण थी। आज हिमालय की अलग ही छटा दिखाई दे रही थी। हिमालय की बर्फ से ढकी चोटियाँ, जो दूर से दिखाई दे रही थीं, अब हमारे काफी करीब थीं। बर्फ से ढके इन पहाड़ों की शृंखला और उसकी प्राकृतिक सुंदरता देखकर पैर ठिठक रहे थे। ऐसे स्थानों पर रुककर हम समय-समय पर कैमरे से इन दृश्यों को कैद कर रहे थे।

मन में तत्काल यह विचार आ रहा था कि क्या हवा की ठंडक, यात्रियों का सामूहिक आनंद-भाव, मन का उल्लास, हिमालय की शांति और चारों तरफ हिमालय की शृंखलाओं का अलौकिक सौंदर्य कैमरे में कैद हो सकता है? शायद नहीं। इन पहाड़ों में हरियाली भी थी, जो इसका सौंदर्य और भी बढ़ा रहे थे। इन पहाड़ों में कहीं-कहीं भेड़ चरती दिखाई दे रही थीं, जिसका अर्थ था—यहाँ कुछ लोग निवास कर रहे हैं। यह भी हो सकता है कि अमरनाथ यात्रियों को सेवा प्रदान करनेवाले स्थानीय लोगों ने इन भेड़ों को पाल रखा होगा। क्या सत्य और तथ्य है? यह प्रमाणित नहीं हो सका। प्रकृति से मंत्रमुग्ध हम सभी लोग धीरे-धीरे आगे बढ़ रहे थे। हिमालय का दृश्य बदल रहा था—कहीं ऊँचे पहाड़ से पतली झरने की धार दिखाई दे रही थी। कहीं-कहीं पत्थरों को चीरती पतली धारा भी दिखाई

हिमालय के सौंदर्य की अद्‌भुत छटा

दे रही थी। सबकुछ अलौकिक था। अब रास्ता भी अपेक्षाकृत चौड़ा था और इन पर चलना पहले से सुविधाजनक था। यात्रियों की एक बड़ी कतार दिख रही थी। आगे भी, पीछे भी।

बाबव तक की यात्रा अब तक सबसे सुहावना सफर था। प्रकृति की छटा, हमारी शारीरिक स्फूर्ति, मन की प्रफुल्लता और रास्ते में अमरनाथ यात्रियों को देखकर एक जोश का संचार, यह सब सम्मिलित रूप से यात्रा को रोमांचित बना रहा था। बीच-बीच में मौसम अँगड़ाई ले रहा था। कभी धूप, कभी छाँव, लेकिन धूप ज्यादा दिखाई दे रही थी। हम पहले से अधिक ऊँचाई में थे, फलतः ठंडक कुछ अधिक थी। लगातार पैदल चलने के कारण हमें गरमी मिल रही थी। इसी दौरान हम जब कभी विश्राम के लिए पाँच-दस मिनट रुके रहे थे तो हमारा शरीर अंदर तक ठंडा होता जा रहा था। ऐसे में हम लगातार आगे बढ़े जा रहे थे। कल से आज की स्थिति थोड़ी भिन्न थी। कल लगातार पैदल यात्रा से अंदरूनी वस्त्रों में पसीना आ रहा था, लेकिन आज ऐसा नहीं था। काफी गरमाहट के बाद भी शरीर में पसीना नहीं आ रहा था। इससे हम सभी अपने शरीर के तापमान को एक समान बनाए रखने में सफल सिद्ध रहे थे। शरीर का एक समान तापमान बनाए रखना

शारीरिक स्वास्थ्य की दृष्टि से उपयोगी, अनिवार्य एवं महत्त्वपूर्ण था। रास्ते में हम लगातार अमरनाथ-यात्रा का रूट मैप देखते चल रहे थे। हमारी विशेष उत्सुकता और अकुलाहट एमजीटॉप को लेकर थी।

एमजीटॉप समूचे अमरनाथ-यात्रा का सबसे ऊँचा बिंदु था। इसकी ऊँचाई 14,800 फीट (4,511 मीटर) थी। एमजीटॉप पर पहुँचकर ऐसा महसूस हुआ कि हम लोगों ने कोई बहुत बड़ा युद्ध जीत लिया हो। चेहरे पर एक सहज स्वाभाविक संतुष्टि और गौरव का मान था। अमरनाथ-यात्रा आरंभ करने से पूर्व हम लोगों ने भय और चिंता के इतने वक्तव्य सुन रखे थे कि हमें अपनी यात्रा के संदर्भ में भी संशय और असुरक्षा थी। एमजीटॉप पर पहुँचकर ऐसा लगा कि यात्रा की सुनी-सुनाई बाधा हमारा कल्पित भय था। अकसर चिंता और भय हमारा काल्पनिक सृजन होता है। ईश्वरीय कृपा से हमने आधी यात्रा पूरी कर ली थी।

एमजीटॉप पर बी.एस.एफ. के तंबू लगे हुए थे। इन तंबुओं को देखकर ऐसा लग रहा था कि यहाँ बी.एस.एफ. के जवान अपेक्षाकृत अधिक संख्या में रह रहे हैं। यहाँ हमने पहली बार तिरंगा फहराते देखा, जो हवा में झूमता मालूम पड़ रहा था। अमरनाथ की दो दिन की यात्रा में कभी राष्ट्रवाद संबंधी कोई विचार नहीं आया। आज तिरंगे को देखकर अच्छा लगा, लेकिन अमरनाथ की आध्यात्मिक यात्रा में तिरंगे का औचित्य समझ में नहीं आया।

यह तिरंगा इस दुर्गम स्थान पर राष्ट्रवाद का कोई सरकारी विज्ञापन था? शायद नहीं। यह निश्चित रूप से बी.एस.एफ. के जवानों की टोली का कोई प्रोटोकोल रहा होगा या फिर जवानों को प्रोत्साहित करने के लिए सेना की कवायद। खैर, कारण जो भी रहा हो, तिरंगे को देखकर आनंद की अनुभूति हुई।

बी.एस.एफ. के इस कैंप में अनिवार्य दवाएँ उपलब्ध थीं। यात्रियों के पीने के लिए गरम पानी की भी व्यवस्था थी। हिमालय की इस ऊँचाई पर पानी गरम करना और इसे गरम रखना बड़ा मुश्किल कार्य रहा होगा, लेकिन सेना के जवानों के सामूहिक प्रयास से यहाँ गरम पानी की सुविधा अनवरत उपलब्ध थी। हम लोगों ने थोड़ा गरम पानी पिया, इसे बोतल में भरा और यात्रा में आगे निकल पड़े। एमजीटॉप में ऑक्सीजन की कमी एक सामान्य समस्या है। हम सौभाग्यशाली थे कि हमारे समूह में से किसी भी सदस्य को ऐसी समस्या नहीं हुई।

एमजीटॉप से रविवल होते हुए हमें पोषपत्री पहुँचना था। एमजीटॉप से पोषपत्री की दूरी करीब डेढ़ किमी. की थी। यह मार्ग ढलान का था। हम खुश थे। इसी बीच आकाश में सूरज छिपने लगा और आकाश बादलों से आच्छादित हो गया।

देखते-देखते काले मेघ बारिश करने लगे। हम सभी लोगों ने शीघ्रतापूर्वक पीठ पर टँगे अपने पिट्‌ठू से रेनकोट निकालकर पहन लिया। अमरनाथ-यात्रा में रेनकोट सर्वाधिक उपयोगी वस्त्र है। मौसम पल में कब बदल जाए, कोई नहीं जान सकता है। रेनकोट बारिश से बचाने के साथ-साथ शरीर को गरम भी रखता है।

बारिश लगातार हो रही थी। बारिश से बचने के लिए कोई स्थान नहीं था। ऐसे में सभी यात्री धीरे-धीरे आगे बढ़ रहे थे। अमरनाथ-यात्रा की यह अद्‌भुत विशेषता है कि एक-दूसरे यात्री को देखकर सभी की हिम्मत बढ़ती है। मार्ग में थोड़ा कीचड़ हो गया था। फलतः चलने में दिक्कत हो रही थी। बार-बार पैर कीचड़ में फँस रहा था। इसके साथ-साथ जूते में कीचड़ की वजह से जूता और पैर दोनों भारी हो गए थे। पैर भी निरंतर फिसल रहे थे। ऐसे में हम सभी धीरे-धीरे पैर जमाकर आगे बढ़ रहे थे। हम सावधानीपूर्वक पहले पैर को जमाते और फिर बड़ी सजगता से अगला कदम रखते, लेकिन फिर भी हम कई बार फिसलकर गिरने से बच गए। इसी दौरान कई लोग फिसलकर गिर रहे थे। उन्हें गिरते देखकर कोई हँस नहीं रहा था, उलटे शीघ्र ही उनकी सहायता के लिए कोई-न-कोई हाथ बढ़ा रहा था।

बारिश लगातार हो रही थी। इस कठिनाई में भी हम सभी लोग आगे बढ़ रहे थे। मैं भी करीब आधे घंटे के बाद पोषपत्री पहुँच गया। पोषपत्री में भंडारे की व्यवस्था थी। यह भंडारा एक बड़े पंडाल में आयोजित था। इसकी व्यवस्था में भव्यता थी। भंडारे के अंदर एल.सी.डी. लगा हुआ था। वो भी दो-तीन। इसमें अमरनाथ-यात्रा के मार्ग के संबंध में जानकारी दी जा रही थी। चित्रों के साथ यह जानकारी मनभावन थी। बीच-बीच में कोई गीत बज उठता। कभी पंडाल के भीतर लोगों का दृश्य भी मॉनीटर पर उपलब्ध था। इस दुर्गम पहाड़ पर नई टेक्नोलॉजी के प्रयोग को देखकर मन अभिभूत था। मन में यह भी प्रश्न बार-बार उठ रहा था कि यह भंडारा किसने लगाया है ? उत्तर भी तुरंत मिल गया। पोषपत्री का भंडारा दिल्ली की किसी संस्था ने लगाया था। पंडाल में ही दिल्ली की इस संस्था का बैनर लगा था। मुख्य पंडाल से, थोड़ी दूर अलग हटकर एक छोटे से पंडाल में एक काउंटर लगा था, जो लाउडस्पीकर से उन लोगों का नाम पुकार रहा था, जो अपने परिवार या मित्रमंडली से बिछड़ गए थे। यहाँ काफी भीड़ थी। इसी स्थल पर बिछुड़नेवालों का अपने समूह से दुबारा मिलन भी हो रहा था। इस दौरान लाउडस्पीकर से निरंतर बिछुड़े लोगों के नाम की घोषणा हो रही थी। इसी घोषणा में उनके शहर का भी नाम लिया जा रहा था। मैं इस भीड़ में भी सजगता से लाउडस्पीकर की आवाज को सुन रहा था। इसकी घोषणा से सहज ही यह ज्ञात हो रहा था कि अमरनाथ-यात्रा

एक मिनी भारत का प्रतिनिधित्व कर रही है।

उत्तर भारत में जम्मू, पंजाब, हरियाणा, दिल्ली, उत्तर प्रदेश, मध्य प्रदेश, छत्तीसगढ़ से लेकर दक्षिण में कर्नाटक के लोग अमरनाथ-यात्रा कर रहे थे। भारत के पूर्व में बिहार, झारखंड, पश्चिम बंगाल के साथ-साथ पश्चिम में महाराष्ट्र और गुजरात के लोग बाबा बर्फानी का दर्शन करने यहाँ पहुँचे हुए थे। लाउडस्पीकर में होनेवाली घोषणाओं ने सहज यह सूचना दे दी कि भारत की एकता वस्तुतः सांस्कृतिक और आध्यात्मिक है।

पोषपत्री का भंडारा भी उल्लेखनीय था। करीब 12,500 फीट की ऊँचाई में स्थित होने के बाद भी पोषपत्री का भंडारा किसी महानगर के बेमिसाल रेस्टोरेंट को टक्कर दे रहा था। इस भंडारा में विविधता भरे भोजन की सुलभता थी। मिष्टान्न में रसमलाई, रसगुल्ला, जलेबी, हलवा, खीर, लड्डू उपलब्ध थे। दक्षिण भारतीय व्यंजन डोसा, इडली, गुजरात का ढोकला, हैदराबाद का बिरयानी, पंजाब-हरियाणा का कढ़ी-राजमा, कश्मीरी पुलाव, बंगाली रसगुल्ला, राजस्थानी मिक्स्ड दाल यहाँ सभी कुछ उपलब्ध था। हिमालय के इस दुर्गम और निर्जन इलाके में सुस्वाद भोजनों की लंबी फेहरिस्त से आनंद आ रहा था, लेकिन साथ-ही-साथ मन यह भी सोच रहा था कि इन व्यंजनों की व्यवस्था में कितनी अड़चन आई होगी!

संसाधनों की उपलब्धता के साथ-साथ यहाँ तक इनकी समुचित व्यवस्था करना सचमुच एक कष्टकारी कार्य रहा होगा, मन यह सोचकर अभिभूत था और आयोजकों को धन्यवाद तथा आशीर्वाद दे रहा था।

पोषपत्री से पंचतरिणी का मार्ग करीब साढ़े छह किमी. का था। पोषपत्री में हल्के रिफ्रेशमेंट के पश्चात् हम लोग पंचतरिणी की ओर निकल पड़े, जहाँ आज हमें रात गुजारनी थी। बारिश पहले कम हुई, धीरे-धीरे यह बंद हो गई, लेकिन मार्ग के फिसलन के कारण चलना मुश्किल हो रहा था। बस गनीमत थी कि राह ढलान भरी थी और शाम तक पंचतरिणी पहुँचने के लिए हमारे पास पर्याप्त समय था।

हम जैसे-जैसे पंचतरिणी की ओर आगे बढ़ रहे थे, वैसे-वैसे हिमालय का दृश्य निरंतर परिवर्तित हो रहा था। पहाड़ों के साथ-साथ अब हमें थोड़ा-थोड़ा सा मैदानी भू-भाग दिखाई देने लगा था। पंचतरिणी पहुँचकर हिमालय का समूचा दृश्य ही बदल गया था।

पंचतरिणी समतल भू-भाग था। इसके चारों ओर हिमालय का अलौकिक सौंदर्य था। मैदानी भाग से पहाड़ दूर प्रतीत हो रहे थे। पंचतरिणी में दूर-दूर तक टैंट लगे थे। इनकी संख्या बहुत अधिक थी। फलतः पंचतरिणी एक अस्थायी नगर

प्रतीत हो रहा था। चारों ओर रंग-बिरंगे टैंट लगे हुए थे। टैंट के बाहर भी एक उल्लास भरा वातावरण था। पंचतरिणी पहुँचते-पहुँचते मौसम साफ हो चुका था। बारिश रुक गई थी और धूप खिल गई थी। आकाश नीला दिखाई दे रहा था और शाम के करीब साढ़े पाँच बज रहे थे। हम सभी प्रफुल्लित थे। पंचतरिणी समय पर पहुँचना हमारी प्रफुल्लता का मुख्य कारण था।

पंचतरिणी में टैंट से दूर एक नदी बह रही थी। इस नदी का पौराणिक महत्त्व है। कहा जाता है कि इस नदी का प्रारंभ भगवान् शिवजी के जटा खोलने से हुआ। इस नदी का रंग उन चश्मों से थोड़ा भिन्न था, जिन्हें हम रास्ते में छोड़कर आए थे। यहाँ की प्राकृतिक शांति में हेलीकॉप्टर की आवाज अपने कर्कश स्वर से पूरी हिमालय घाटी को गुंजार रही थी।

पंचतरिणी तक हेलीकॉप्टर की भी व्यवस्था आरंभ की गई है। पहलगाम से पंचतरिणी तक हेलीकॉप्टर का किराया प्रति व्यक्ति लगभग सात हजार रुपए निर्धारित है। आकाश में निरंतर हेलीकॉप्टर दिखाई दे रहे थे। दो हेलीकॉप्टर नीचे उतरते तो दूसरी ओर अन्य दो हेलीकॉप्टर पंचतरिणी से पहलगाम की ओर प्रस्थान कर रहे थे। हेलीकॉप्टर उन यात्रियों के लिए एक अच्छी सुविधा कही जा सकती है, जो शारीरिक रूप से अक्षम, धन की दृष्टि से सक्षम और अमरनाथ-यात्रा के लिए कृत संकल्प हैं। सामर्थ्यवान के लिए पहलगाम से पंचतरिणी की यात्रा एक सुविधाजनक विकल्प कहा जा सकता है। हेलीकॉप्टर का तेज स्वर समूचे हिमालय की शांति को भंग करता मालूम पड़ रहा था। इसके अतिरिक्त इन हेलीकॉप्टर से पर्यावरण को भी निश्चित ही नुकसान हो रहा होगा। यद्यपि अभी इसकी कोई समीक्षा नहीं हुई है।

दो-तीन वर्ष पहले तक अमरनाथ की पवित्र गुफा तक हेलीकॉप्टर की व्यवस्था की गई थी, लेकिन हेलीकॉप्टर के प्रभावस्वरूप बर्फ का शिवलिंग शीघ्र ही पिघल गया था। फलत: पर्यावरणवादियों और श्रद्धालुओं ने इस हेलीकॉप्टर व्यवस्था का मुखर विरोध किया था। फलत: आगे चलकर इसे बंद कर दिया गया था। पंचतरिणी तक हेलीकॉप्टर की सुविधा का मूल्यांकन किसी भी पर्यावरणीय क्षति से पूर्व ही कर लिया जाना चाहिए, यही बुद्धिमानी है। हेलीकॉप्टर का प्रसंग यही छोड़ते हैं।

पंचतरिणी में पहुँचकर सबसे पहले हम लोगों ने टैंट की व्यवस्था की। टैंट के लिए शेषनाग की तरह यहाँ भी पहले परची लेना अनिवार्य था। उसके पश्चात् ही टैंट का आवंटन होता था। एक स्थानीय कश्मीरी ने हमें हमारा टैंट दिखा दिया। टैंट साफ-सुथरा था। टैंट में ही एक ओर मोटी रजाई की व्यवस्था थी। इस टैंट तक पहुँचने से पहले हम लोगों ने कई ऐसे टैंट देखे, जिसमें फोल्डिंग कोट की व्यवस्था

थी। ऐसे टैंट का भाड़ा अपेक्षाकृत अधिक था, लेकिन ऐसे टैंट उपलब्ध नहीं थे। फलतः हम जमीन पर बिस्तर लगे टैंट में रहने को खुशी-खुशी राजी हो गए।

टैंट में जाकर हम लोगों ने पहले अपने सामान को एक स्थान पर व्यवस्थित किया। सभी लोगों ने टैंट में ही अपने जूते उतारे। हम सभी लोगों के जूते कीचड़ से सने हुए थे। सुबह के बाद पहली बार हम लोगों ने मोजा भी खोला और आराम से रजाई के अंदर घुस गए। आज हम सभी प्रसन्न एवं संतुष्ट थे। इसके दो कारण थे— पहली बात, हमने कल की तुलना में आज यात्रा कम की। कल हम करीब 22-25 किमी. पैदल चले थे। आज मात्र 12 किमी. चले थे। दूसरी बात, आज हम समय पर पंचतरिणी पहुँच गए थे। यह हमें मानसिक संतुष्टि प्रदान कर रही थी, तभी पाँच अन्य लोगों का समूह भी टैंट में रहने आ गया। इस समूह में एक प्रौढ़ व्यक्ति था। तीन लड़कियाँ थीं और एक लड़का। थोड़ी देर बाद वार्त्तालाप से यह ज्ञात हुआ कि वे उ.प्र. के निवासी हैं और मेरठ स्थित शास्त्री नगर में उनका निवास-स्थल है। तीनों लड़कियाँ आपस में बहनें थीं और एकमात्र लड़का उनका भाई था। थोड़ी देर में वार्त्तालाप के पश्चात् वे भी सहज हो गए। उन्होंने वार्त्तालाप के दौरान बताया कि वे तीसरी बार अमरनाथ-यात्रा के लिए आए हुए हैं। तीनों

पंचतरिणी में अस्थायी तंबुओं की एक झलक

लड़कियाँ बीस से पच्चीस साल की थीं। उनका हौसला देखकर हम सभी अचंभित हुए और थोड़ा मायूस हुए। मायूसी का कारण यह था कि हम अमरनाथ-यात्रा के कारण स्वयं को हिम्मती, ऊर्जावान और धर्म के प्रति सजग मान रहे थे। लेकिन हमारी यह मान्यता किसी वस्तुनिष्ठ विश्लेषण का परिणाम नहीं थी, इसकी कलई फौरन ही खुल चुकी थी।

टैंट में थोड़ा आराम करने के पश्चात् हम भंडारे की ओर गए। वहाँ पहले चाय पी और उसके बाद चावल, दाल और सब्जी खाई। पंचतरिणी में दो-तीन भंडारों की व्यवस्था थी। वह भी टैंट के विपरीत दिशा में। इस भंडारे का स्तर पोषपत्री जैसा विविधतापूर्ण और स्वादिष्ट नहीं था, फिर भी शरीर को तृप्त करने के लिए यह व्यवस्था पर्याप्त थी।

हल्का खाना खाने के बाद हम लोग टहलते रहे। वातावरण में एक चहल-पहल थी। सभी यात्री प्रसन्नचित्त थे। टैंट में रुकनेवाले यात्रियों की तादाद बढ़ती जा रही थी। शाम को प्रकृति का नजारा भी सर्वथा भिन्न था। पंचतरिणी के चारों ओर का पहाड़ शाम में और भी अच्छा लग रहा था। टैंट के पास ही एस.टी.डी. फोन की व्यवस्था थी। वहाँ काफी भीड़ थी। सभी लोग अपने परिवारजनों से वार्त्तालाप के लिए उत्सुक थे। फोन के लिए छोटी सी लाइन भी लगी थी। मुझे भी अपनी पत्नी और बच्चे की याद आ रही थी। इस स्मरण में उदासी लेशमात्र भी नहीं थी। यही खयाल आ रहा था कि हिमालय की इस पवित्रता, शांति और सौंदर्य का रसपान अगर हम सभी परिवारजन करते, तो कितना अच्छा होता! यह एक खयाली पुलाव ही था, फलतः मैं इस विचार कि आरंभिक बिंदु से ही उदासीन और तटस्थ हो गया। धीरे-धीरे अँधेरा होने लगा था। घूमने के दौरान, हम लोगों ने आगे की यात्रा के लिए काफी जानकारी इकट्ठी कर ली थी। हम सभी टैंट में आ गए। कल जल्दी ही यात्रा आरंभ करनी है, इस संकल्प के साथ सभी सो गए।

□

अध्याय–14

निर्विचार का अविस्मरणीय आनंद

न पल बिछुड़े पिया हमसे न हम बिछड़े पियारे से,
उन्हीं से नेह लागी है हमको बेकरारी क्या?

—*कबीर*

पंचतरिणी की अगली सुबह में एक अलग ही नई उमंग थी। आकाश साफ था। वातावरण में ठंडक थी। हमारे दाईं ओर के पहाड़ों की चोटी पर ताजा बर्फ चमक रही थी, यह बर्फ कल शाम तक दिखाई नहीं दे रही थी। सुबह से ही वातावरण में एक हलचल थी। सभी लोग अमरनाथ हेतु अतिशीघ्र अपनी यात्रा आरंभ करना चाह रहे थे। हम सभी शीघ्र ही तैयार थे, परंतु हमारे निकलने से पहले कई लोगों की यात्रा आरंभ हो चुकी थी।

पंचतरिणी से अमरनाथ गुफा की यात्रा एक बार फिर पहाड़ी की चढ़ाई थी। हम मैदान से ऊपर पहाड़ की ओर धीरे-धीरे आगे बढ़ रहे थे। यह पहाड़ी-मार्ग अत्यंत सँकरा था। आने-जानेवालों की दो पंक्तियाँ थीं। एक हम थे, जो अमरनाथ गुफा की ओर आगे बढ़ रहे थे, लेकिन अमरनाथ गुफा से लौटनेवाले लोग भी थे। इन्हें देखकर मैं यही सोचने लगा कि इन्होंने रात कहाँ बिताई होगी?

अमरनाथ गुफा से संगम के बीच एक स्थान पर टैंट की सीमित व्यवस्था उपलब्ध थी, यहाँ लोग रात व्यतीत कर सकते थे। पहाड़ी का मार्ग दुर्गम था। घोड़े पर यात्रा करनेवाले यात्री भी उसी राह से गुजर रहे थे। ऐसे में पैदल यात्रियों को चलने में अत्यंत कठिनाई हो रही थी। अमरनाथ-यात्रा के आरंभ हुए आज तीन दिन पूरे हो चुके थे। कश्मीर वर्ष भर शांत रहा। मौसम भी अनुकूल था। इस पृष्ठभूमि में अमरनाथ-यात्रा में प्रतिदिन भीड़ बढ़ती जा रही थी। संगम से पूर्व पैदल यात्री बहुत

धीमी गति से सरक रहे थे। हमारे आगे-पीछे दोनों ओर लंबी कतार थी। धीमी गति से चलने के कारण शरीर को आराम महसूस हो रहा था, लेकिन मन आतुर था।

ऐसा लग रहा था कि यथाशीघ्र गुफा पहुँचकर दिव्य शिवलिंग का दर्शन हो जाए। इसी बीच कुछ यात्री अपनी स्वाभाविक पोजीशन को छोड़कर पंक्ति से बाहर निकलकर ओवरटेक कर रहे थे। कुछ यात्री उन्हें गुस्से से मना कर रहे थे। ऐसी स्थिति में, नोक-झोंक का वातावरण निर्मित हो जा रहा था। ओवरटेक करनेवाले व्यक्ति को सभी भला-बुरा कह रहे थे, स्वर कभी धीमा था कभी तीव्र। ओवरटेक को रोकने के लिए कोई उत्तेजित और आक्रामक अभिव्यक्ति दे रहा था। तो कोई फुसफुसाकर ही अपनी खीझ को स्वर दे रहा था। इसी आपाधापी के बीच पंक्ति चलायमान थी।

हम ऊँचे-ऊँचे पहाड़ों पर चल रहे थे। रास्ता पगडंडी वाला था। इस सँकरे रास्ते पर नीचे गिरने का भय था। इस संभावना के बाद भी घोड़ेवाले बिना किसी भय के अपेक्षाकृत तेजी से आगे बढ़े जा रहे थे। वो भी किनारे-किनारे उन्हें देखकर हम भयातुर हुए जा रहे थे। घोड़े पर बैठे सहयात्रियों की भी भयवश घिग्घी बँधी हुई थी। पीठ पर अपना बैग लिये हम सभी निरंतर आगे की ओर बढ़ रहे थे। अत्यंत

अमरनाथ गुफा से पूर्व ग्लेशियर पर आराम करते श्रद्धालु

धीमी गति से आगे बढ़ते-बढ़ते हम संगम पहुँच गए।

संगम पहलगाम से और बालटाल से आनेवाले मार्ग का एक मिलन-बिंदु था। संगम से आगे की यात्रा के लिए भीड़ काफी बढ़ गई थी। बालटाल से संगम के अतिरिक्त एक और रास्ता था, जो आगे चलकर मुख्य रास्ता से जाकर मिल जा रहा था। यह रास्ता और भी खतरनाक था, लेकिन बड़ी संख्या में लोग उस रास्ते से भी अमरनाथ गुफा की ओर आ रहे थे। हमें दूर से ऐसे यात्री बहुत छोटे-छोटे दिखाई दे रहे थे। दूर स्थित सभी यात्री बालटाल के खतरनाक रास्ते से आगे बढ़ रहे थे, बहुत ऊँचे पहाड़ की पृष्ठभूमि में ऐसे यात्री बहुत छोटे-छोटे दिखाई दे रहे थे। संगम से आगे बढ़ते समय हमारी रफ्तार और भी धीमी हो गई थी। हमारी पंक्ति अब स्थिर ज्यादा रहती और गतिशील कम थी।

हमारे मार्ग के चारों ओर पहाड़ियों का अलग ही दृश्य था। दोनों ओर ऊँची-ऊँची पहाड़ियाँ थीं। हम जिस ओर देखते, चारों ओर पहाड़ियों में श्रद्धालुओं की लंबी कतार दिखाई दे रही थी। हिमालय के इस दुर्गम मार्ग पर इस अपार भीड़ को देखना एक सुखद आश्चर्य का क्षण था। यह भीड़ एक ओर धर्म के प्रति लोगों के लगाव को दरशा रही थी तो दूसरी ओर यह इनसान की हिम्मत की कहानी बयान कर रही थी।

धीरे-धीरे हम संगम से आगे बढ़ रहे थे। अब मार्ग में पहाड़ की कठिन चढ़ाई कम थी, मार्ग भी सँकरा नहीं था। हमारे समक्ष बर्फ से ढका हुआ एक चौड़ा भू-भाग प्रकट हुआ। हमारे दाईं ओर थोड़ी दूरी पर पहाड़ थे। इन्हीं पहाड़ों के तलहट में बर्फ जमी हुई थी। यह बर्फ दूर-दूर तक फैली थी। बर्फ में भारी भीड़ थी। कुछ यात्री यहाँ खेल की मुद्रा में आनंदलीन थे। कुछ आराम की मुद्रा में सुस्ता रहे थे। पिट्‍ठूवाले भी बड़ी संख्या में विद्यमान थे। वहाँ पर मुझे एक-दो दुकान भी दिखाई दी।

बर्फ वाले रास्ते पर जम्मू-कश्मीर पुलिस और सेना के जवान खड़े थे। बर्फ के इस रास्ते के अतिरिक्त अपेक्षाकृत थोड़ी ऊँचाई में पहाड़ में भी एक सँकरा रास्ता था। इस सँकरे रास्ते में एक लंबी कतार थी। ऊँचाई में स्थित होने के फलस्वरूप यह कतार साफ-साफ दिखाई दे रही थी। यह कतार दो-तीन किमी. लंबी थी। इसी सीधी पंक्ति के माध्यम से अमरनाथ-गुफा तक जाने का मार्ग था। कतार बहुत धीरे-धीरे आगे बढ़ रही थी। भीड़ भी बहुत अधिक थी।

हम पहलगाम से पैदल यात्रा कर रहे थे, परंतु बालटाल के मार्ग से यात्रा करनेवाले लोग भी इसी राह में मिलकर कतार में शामिल होते जा रहे थे। इसके

अतिरिक्त अमरनाथ गुफा से बाबा बर्फानी के दर्शन कर लौटनेवाले यात्री भी इसी मार्ग से लौट रहे थे। ऐसे में चारों ओर भीड़ का मंजर था।

हिमालय की ऊँची पहाड़ियाँ आज भी उतनी ही मौन दिखाई दे रही थीं, लेकिन भीड़ के कारण आज कुछ अव्यवस्थित मंजर था। हमारे समक्ष भी दो भागों का विकल्प था। पहाड़ स्थित सँकरा मार्ग ही सीधा अमरनाथ की गुफा तक पहुँचा करता था। इस सीधे रास्ते के अतिरिक्त थोड़ी दूर स्थित बर्फ पर चलने का रास्ता भी था, जो आगे चलकर इसी मार्ग में मिल जाया करता था।

हम लोगों ने बर्फ के मार्ग से गुफा तक पहुँचने का मन बनाया। कौन सा मार्ग हमें सुगमतापूर्वक अमरनाथ-गुफा तक पहुँचाएगा? इस संबंध में एक पिचहत्तर वर्षीय यात्री ने हमारा मार्गदर्शन किया। पाँचवीं बार अमरनाथ-गुफा स्थित शिवलिंग के दर्शन कर लौटनेवाले अत्यधिक उत्साही श्रद्धालु ने हमें यही बताया कि बर्फ पर चलकर आगे बढ़ने का मार्ग अच्छा और उपयोगी विकल्प सिद्ध होगा। उन्होंने यह भी बताया कि अगर पहाड़ी वाले लंबी कतार से गुफा तक जाएँगे, तो शायद शाम तक बाबा बर्फानी के दर्शन नहीं कर पाएँगे। कारण—यह कतार अत्यधिक भीड़ के कारण बहुत ही धीमी गति से आगे बढ़ रही थी।

बर्फ पर चलने में कठिनाई हो रही थी। बर्फ में पैर फिसल रहे थे। यह रास्ता अपेक्षाकृत चौड़ा था, लेकिन समतल नहीं था। हम सभी इसी मार्ग से आगे बढ़ रहे थे। हमें छड़ी से चलने में बहुत सहायता मिल रही थी। पहले, हम बर्फ पर छड़ी रखते, थोड़ा पैर जमाते और फिर आगे बढ़ते। ऐसे ही, धीरे-धीरे हम करीब एक किमी. चल चुके होंगे। जूतों के फलस्वरूप बर्फ गंदी हो रही थी। सफेद बर्फ जूतों से थोड़ा मटमैली हो चली थी। हमारे दाईं ओर पहाड़ियों में बर्फ चमक रही थी। सूर्य की किरण इस बर्फ पर पड़ रही थी। फलतः यह चमक रही थी। बर्फ के रंग से ऐसा आभास हो रहा था कि बर्फ अधिक पुरानी नहीं है। संभवतः यह बर्फ भी कल रात को गिरी होगी।

आधा-पौन घंटा चलने के बाद हम ऐसी जगह पहुँच गए थे, जहाँ से हमें अमरनाथ गुफा साफ-साफ दिखाई दे रही थी। अमरनाथ गुफा के दर्शन स्वयं में एक नए आनंद की अनुभूति करा रहा था। यह गुफा बहुत चौड़े पहाड़ के मध्य बनी थी। गुफा अत्यंत विशाल थी। ऐसा लग रहा था कि यह गुफा आकाश में लटकी हुई है। अकस्मात् गुफा को देखकर हमारे कदम तेजी से आगे बढ़ने लगे। ऐसी आतुरता हो रही थी कि अति शीघ्र गुफा पहुँच जाऊँ। ऐसा नहीं था कि यह आतुरता केवल मेरी व्यक्तिगत अनुभूति थी। मेरी तरह एक बड़ा समूह भी, जो

अमरनाथ-गुफा का एक विहंगम दृश्य

निरंतर अमरनाथ गुफा को अन्यमनस्क भाव से निहारे जा रहा था। हम अब उत्साह के अतिरेक में थे। शीघ्र ही इस उन्माद पर कुठाराघात हुआ।

अमरनाथ गुफा में बाबा बर्फानी के दर्शन कर लौटनेवालों की संख्या भी बहुत थी। ऐसे में भीड़ का सरकना अत्यंत कठिन हो चुका था। हमारे साथ बर्फ वाले रास्ते पर कई सहयात्री एक भंडारे के पीछे के मार्ग से मुख्य रास्ते पर पहुँचने की कोशिश कर रहे थे, लेकिन उन्हें पुलिस वाले वापस भेज रहे थे।

जम्मू-कश्मीर पुलिस के जवान सेना के जवानों के साथ बड़ी सतर्क मुद्रा में खड़े थे। ऐसी विषम परिस्थिति में हम सभी लोग वहीं पर खड़े हो गए। हम सभी यात्रा के नाजुक और निर्णायक मोड़ पर पहुँचकर किंकर्तव्यविमूढ़ थे। आगे जाने

प्राकृतिक रूप से बना बाबा बर्फानी का शिवलिंग

अमरनाथ यात्रा के मार्ग पर श्रद्धालु

अमरनाथ यात्रा के दौरान दुर्गम और खतरनाक रास्तों से गुजरते तीर्थयात्री

खच्चरों पर सवार तीर्थयात्री

दर्शनों को आतुर पंक्तिबद्ध तीर्थयात्री

तीर्थयात्रियों के विश्राम हेतु बने शिविर

तीर्थयात्रियों की सहायता को तत्पर भारतीय सेना के जवान

तीर्थयात्रियों की सुरक्षा में सतत सक्रिय भारतीय सेना के जवान

तीर्थयात्रियों के भोजन हेतु लंगर व्यवस्था

अमरनाथ पर्वत शृंखला का अवर्णनीय दृश्य

'छड़ी मुबारक' ले जाते साधु-संत

अमरनाथ यात्रा के प्रति असीम आस्था और श्रद्धा के आगे आयु भी बंधन नहीं

की पाबंदी थी। पहाड़ की लंबी पंक्ति में यात्रा करने का अर्थ था—हम करीब एक-दो किमी. पीछे जाएँ और फिर वहाँ से अपनी यात्रा शुरू करें। इस प्रक्रिया में कम-से-कम एक से दो घंटे लग जाते हैं। हमें समय के प्रबंधन का भी खयाल रखना था। अगर हम पीछे लौटकर उसी कतार से अमरनाथ के दर्शन करते, तो इसमें काफी विलंब होता। यह संभव था कि हम शाम तक बाबा बर्फानी के दर्शन भी कर लेते, लेकिन इस स्थिति में हमें आज रात पुनः यही टैंट में गुजारनी पड़ती। हम इसके लिए मानसिक रूप से तैयार नहीं थे। हमने निर्णय लिया कि यहाँ पर रुककर थोड़ी प्रतीक्षा की जाए। हमें किसी नए समाधान की आशा थी।

इसी बीच हम कई लोगों को वापस लौटते देख रहे थे, जो बर्फ के चौड़े मार्ग से आगे की ओर बढ़ना चाह रहे थे। दरअसल वहाँ पर जम्मू-कश्मीर पुलिस के कई सिपाहियों की ड्यूटी लगी हुई थी। उनका सहयोग भारतीय सेना के जवान कर रहे थे। वे सभी तीर्थयात्रियों को वापस लौटा रहे थे। इसका मुख्य कारण यह था कि गुफा की ओर जानेवाले मार्ग में अत्यधिक भीड़ थी। मुख्य मार्ग से गुफा की ओर जानेवालों की कतार इतनी लंबी थी कि उसे ही नियंत्रित करना मुश्किल मालूम पड़ रहा था। ऐसे में अगर बर्फ वाले मार्ग से यात्रियों को आगे बढ़ने दिया जाता, तो मुख्य मार्ग पर यात्रियों की अत्यधिक भीड़ से भगदड़ मचने की संभावना भी निर्मित हो सकती थी।

क्या किया जाए ? हमें कुछ भी सूझ नहीं रहा था। थोड़ी हताशा का वातावरण निर्मित हो गया था। दस मिनट के पश्चात् ही हम सभी के चेहरे खिल उठे। सेना और पुलिस के जवानों की स्वीकृति के बाद अब बर्फ के चौड़े मार्ग से भी यात्रियों को आगे बढ़ने दिया जा रहा था। इस अवसर का लाभ उठाने के लिए हम तेजी से आगे बढ़ने लगे। इसी क्रम में चार-पाँच मिनट की यात्रा के पश्चात् ही अब हम गुफा की ओर जानेवाले मुख्य मार्ग में शामिल हो गए थे।

मुख्य मार्ग में कदम रखते प्रतीत हुआ कि हम एक नए आनंदलोक में प्रवेश कर रहे हैं। मुख्य मार्ग में थोड़ी दूर चलने के बाद हमें गुफा साफ-साफ दिखाई दे रही थी। गुफा पहाड़ों के बीच में बनी हुई थी। यह गुफा अत्यंत विशाल थी। इस गुफा तक पहुँचने का मार्ग सीढ़ीनुमा था। गुफा में ऊपर की ओर लोहे के बेरीकेडिंग लगे हुए थे। श्रद्धालु इसे पकड़कर धीमी गति से आगे बढ़ रहे थे। गुफा के प्रवेश-द्वार से ठीक पहले का मार्ग बिल्कुल सीधा नहीं था। हम जहाँ खड़े थे, वहाँ से बहुत स्पष्ट तरीके से गुफा की ओर जाते लोगों की भीड़ और उसी मार्ग से बाबा बर्फानी के दर्शन कर लौटते लोग साफ-साफ दिखाई दे रहे थे।

वातावरण में भक्ति की अद्‌भुत गरमी और ऊष्मा थी। सभी लोग बम-बम भोले का उद्‌घोष कर रहे थे। गुफा के प्रवेश द्वार से पहले कई घंटियाँ लगी हुई थीं। श्रद्धालु निरंतर घंटियाँ बजा रहे थे। इन घंटियों का स्वर समूचे वातावरण में एक अलौकिक आनंद को जन्म दे रहा था।

बम-बम भोले के अतिरिक्त 'भोले बाबा करेंगे पार, सबकी है यही पुकार' जैसे अन्य नारे भी बार-बार सुनाई दे रहे थे। इन नारों और निरंतर बजती घंटी के सम्मिश्रित प्रभाव से वातावरण में एक आध्यात्मिक ऊर्जा का वर्तुल बन रहा था। इसी ऊर्जाक्षेत्र के प्रभावस्वरूप सभी भक्तगण अब तेजी से अमरनाथ गुफा की ओर बढ़ना चाह रहे थे। मैं भी। यद्यपि अत्यधिक भीड़ के कारण ऐसा संभव नहीं हो पा रहा था। सभी श्रद्धालु अत्यंत धीमी गति से आगे गुफा की ओर बढ़ रहे थे। इन यात्रियों में मुझे साठ-सत्तर साल के बूढ़े भी दिखाई दे रहे थे और चार वर्ष का एक मासूम बच्चा भी। यह बालक अपने पापा की गोद में बैठकर थोड़ी दूर चलता, लेकिन तुरंत ही गोद से नीचे उतरकर पैदल चलने की जिद करने लगता। इस लंबी कतार में महिलाओं की उपस्थिति एक सुखद आश्चर्य थी। उनके चेहरे पर थकान का कोई चिह्न नहीं दिख रहा था। महिला सशक्तीकरण के इस युग में महिलाओं को शारीरिक स्तर पर इतनी संकल्पवान पाकर वाकई अच्छी अनुभूति हो रही थी। आध्यात्मिक स्तर पर लिंग का विभाजन स्वीकार्य नहीं हो सकता है, परंतु महिलाओं की इस हिम्मत, साहस, धैर्य और संकल्प को देखकर निश्चित ही मन में एक सुखद प्रतीति हो रही थी।

हिमालय की गोद में समूचा वातावरण शिवभक्ति एवं आनंद से आवेशित था। पंचतरिणी की तरह अब निरंतर उड़ रहे हेलीकॉप्टर के शोर का भी व्यवधान नहीं था। सीढ़ीनुमा मार्ग से आगे जाकर जूते-चप्पल उतारने का एक स्थल था। यहाँ जूते-चप्पल उतारकर ही यात्रियों को आगे बढ़ने दिया जा रहा था। अपने पीछे बैग को हम करीब तीन किमी. पहले ही उतार चुके थे। हम लोगों ने एक टैंट वाले के पास अपना बैग रखा था। उसी टैंटवाले से हमने प्रसाद भी खरीदा था। टैंट वालों से हमने यह आश्वासन लिया था कि अगर दर्शन में विलंब होता है तो आज रात्रि हम सभी यहीं पर रुकेंगे, अन्यथा दर्शन सही समय पर संपन्न होने की दशा में हम बालटाल के पहाड़ी मार्ग से बालटाल कैंप की ओर कूच कर जाएँगे।

जूता उतारनेवाले स्थान से मुश्किल से पाँच मिनट सीढ़ियोंवाले मार्ग से आगे बढ़ने के पश्चात् हम अब गुफा के मुख्य द्वार में खड़े थे। गुफा से पीछे की ओर मुड़कर देखने पर एक नवीन दृश्य दिखाई दे रहा था।

हमारे पीछे एक लंबी कतार थी। बर्फवाले स्थल पर भी अच्छी खासी भीड़ थी। हम ऊँचाई पर थे। फलत: बहुत दूर से चली आ रही लंबी कतार हमें साफ-साफ दिखाई दे रही थी। इसके अतिरिक्त इस ऊँचाई से बालटाल की भूरे रंग की पहाड़ियाँ और इसके विपरीत दिशा में बर्फ से ढकी हुई पहाड़ियों का दृश्य एक अलग ही उत्तेजना और रोमांच को जन्म दे रहा था।

मंदिरों की घंटियों का सामूहिक स्वर तेज होता जा रहा था। इस सामूहिक स्वर में एक लय थी। एक अद्‌भुत संगीत था। हम बहुत धीरे-धीरे सरक रहे थे। थोड़ी देर के पश्चात् हम बाबा बर्फानी के सामने खड़े थे। बर्फ के द्वारा निर्मित इस शिवलिंग की ऊँचाई करीब पंद्रह फीट थी। शिवलिंग अत्यंत उज्ज्वल और प्रकाशमान था। मैं अभिभूत, आश्चर्यचकित और आह्लादित था। शिवलिंग के दर्शन करते ही न जाने क्या हुआ, मैं फूट-फूटकर रोने लगा। यह अजीब अनुभूति थी। मन बिल्कुल शांत था। विचारों से बिल्कुल खाली। न कोई अतीत की बातें, न कोई भविष्य का खयाली पुलाव। यह आध्यात्मिक संभोग की दिव्य अनुभूति थी। ऐसा प्रतीत हुआ मानो समय बिल्कुल ठहर गया है। शरीर की थकान शिवलिंग के दर्शन से कहाँ छूमंतर हो गई थी, मैं स्वयं भी नहीं समझ पा रहा था। घंटियों की आवाज अभी भी निरंतर सुनाई दे रही थी।

शिवलिंग के आस-पास एक अद्‌भुत ऊर्जा का वर्तुल था। सभी दर्शनार्थी शांत थे। सभी की निगाहें शिवलिंग पर केंद्रित थीं। अधिकांश दर्शनार्थियों की आँखें नम थीं। कोई जोर-जोर से रो रहा था। कोई धीरे-धीरे से। कुछ दर्शनार्थी मौन थे। उनकी आँखों में भी एक अद्‌भुत संतुष्टि का भाव दिखाई दे रहा था।

इस गुफा की लंबाई 19 मीटर और चौड़ाई 16 मीटर है। यह गुफा 150 मीटर में फैली है और यह 11 मीटर ऊँची है।

'भोले शंकर की जय', 'बम-बम भोले बाबा की जय' जैसे नारे अभी भी सुनाई दे रहे थे। इन नारों का स्वर शिवलिंग के दर्शन की मस्ती में धीमा पड़ गया था। शिवलिंग के सामने भी एक लोहे की बैरीकेडिंग थी। उसके आस-पास पुलिस और सेना के जवान खड़े थे। वे भी चुपचाप खड़े थे और इशारे से आगे बढ़ने के लिए यात्रियों से आग्रह कर रहे थे। हम लोगों ने प्रसाद का एक पैकेट लिया था, उसमें लाल रंग की पतली चमकदार चुनरी भी थी, सभी लोग इसे शिवलिंग के सामने वाले बैरीकेडिंग में बाँध रहे थे। यात्री शिवलिंग से थोड़ी दूर आगे बैठे एक पंडित को प्रसाद का पैकेट दे रहे थे, वह एक पवित्र-स्थान पर इसका स्पर्श कराकर वापस यात्रियों को लौटा रहे थे।

शिवलिंग के आस-पास बर्फ की छोटी-छोटी कई आकृतियाँ थीं। ये गणेश, पार्वती और कार्तिकेय की हिम-आकृतियाँ थीं, अर्थात् शिवलिंग के आस-पास भगवान् शिव के समूचे परिवार का वास था। यह एक धार्मिक मान्यता है। विगत वर्षों के यात्रियों के अनुमान से ज्ञात हुआ है कि हिम से निर्मित भगवान् लंबे समय के पश्चात् इतनी स्पष्टता से दिखाई दे रहे थे। बाबा बर्फानी के दर्शन के पश्चात् हम धीरे-धीरे उस पवित्र गुफा से बाहर आ गए। हमारे पीछे खड़ी कतार के दबाव के फलस्वरूप अनिच्छा के पश्चात् भी हम आगे बढ़ने को बाध्य हो रहे थे। अन्यथा मन कह रहा था कि हम यहीं ठहर जाएँ। हो सकता है, यह भी एक वासना हो, लेकिन इस समय इच्छा कुछ ऐसी ही हो रही थी।

□

अध्याय–15

वो शाम मस्तानी

घर आई असाढ़ी संध्या
डूब गया दिन ढलकर
बंधनहीन वृष्टि की धारा
झर-झर झरती गल कर।

—रविंद्रनाथ टैगोर

बाबा बर्फानी के दर्शन के पश्चात् हम लोग सीढ़ियों से नीचे उतरने लगे। यह वही सीढ़ी थी, जिससे हम लोग ऊपर की ओर गए थे। माहौल में एक गरिमापूर्ण मौन था। कोई किसी से कुछ नहीं बोल रहा था। धीरे-धीरे सीढ़ियों से उतरते हुए हम पूर्णतया नीचे उतर आए। थोड़ी दूर लगातार चलने के पश्चात् वहाँ अब हमें दो रास्ते दिखाई दे रहे थे। एक रास्ता संगम की ओर जा रहा था। इस रास्ते में आगे ही एक मोड़ आता है, जहाँ से बालटाल की पहाड़ियों तक का रास्ता जुड़ा हुआ था। दूसरा रास्ता सीधे बालटाल की ओर जा रहा था।

यह रास्ता अत्यधिक ऊँचाई पर स्थित था। पहाड़ों के ऊपर बना यह रास्ता अत्यंत सँकरा भी था। इस रास्ते में चलना अत्यंत जोखिम भरा था। अगर इस रास्ते में चलते-चलते कोई किनारे की ओर गिरता, ऐसे में मौत सुनिश्चित थी। इस रास्ते से हम धीरे-धीरे बालटाल की ओर आगे बढ़ने लगे। आश्चर्य यह था कि बालटाल से भी लोग इसी रास्ते से अमरनाथ गुफा की ओर आ रहे थे।

यद्यपि यह रास्ता अत्यधिक कठिन था, लेकिन बाबा बर्फानी के दर्शन के पश्चात् हम आध्यात्मिक ऊर्जा से इतना सराबोर थे कि हमारे कदम स्वत: ही तेजी से आगे बढ़ रहे थे। हमें रात में अँधेरा होने से पहले बालटाल के बेस-कैंप में पहुँचना

था। बालटाल भी अमरनाथ गुफा का एक अन्य आरंभिक पड़ाव है। पहलगाम की तरह हम धीरे-धीरे आगे बढ़ रहे थे। ऊबड़-खाबड़ मार्ग पर चलना कठिन था। सामने से आनेवाले यात्रियों की भी भारी भीड़ थी। इसी मार्ग से घोड़ेवाले भी चल रहे थे। ऐसे में कई बार एक दिशा से आनेवाले यात्रियों को रुकना पड़ता, तो ही दूसरी दिशा के लोग आगे बढ़ पा रहे थे। जल्दी सबको थी, जैसे हमें बालटाल पहुँचने की शीघ्रता थी, ठीक उसी प्रकार सामने से आनेवाले यात्रियों को अमरनाथ गुफा पहुँचने की आतुरता थी। कई क्षण ऐसे भी आए, जब दोनों दिशा से आनेवाले यात्रियों के मध्य आपस में इस बात पर विवाद हो जाता कि कौन रुकेगा और पहले कौन आगे बढ़ेगा?

ऐसी स्थिति में कोई समझदार व्यक्ति आगे बढ़कर निर्णय लेता। अमूमन सभी उसकी आज्ञा मान रहे थे। इसके अतिरिक्त प्रत्येक पाँच सौ मीटर पर बी.एस.एफ. का एक जवान ड्यूटी में लगा था। वह न केवल हमें राह बताता, बल्कि लोगों की मदद भी कर रहा था। भीड़ में ऐसे कई व्यक्ति शामिल थे, जो बड़ी मुश्किल से चल पा रहे थे। बी.एस.एफ. के जवान महिलाओं और बच्चों की भी मदद कर रहे थे। कभी हाथ पकड़कर आगे बढ़ाने में, कभी रास्ता बताने में और कभी उनका हौसला बढ़ाने में।

बालटाल के इस मार्ग में इतनी चढ़ाई थी कि हमारा चलना मुश्किल हो रहा था। तीव्र चढ़ाई और ऊबड़-खाबड़ होने के साथ-साथ यह रास्ता अत्यंत सँकरा था। थोड़ी फिसलन भी थी। ऐसे में परेशानी स्वाभाविक थी, फिर भी तमाम बाधाओं के बाद भी सभी श्रद्धालु चलायमान थे। मेरे मस्तिष्क में भी बार-बार महेंद्र कपूर का गीत गूँज रहा था। 'जीवन चलने का नाम, चलते रहो सुबह-शाम कि रस्ता कट जाएगा, मितवा...' शोर फिल्म का यह गीत मुझे आगे बढ़ते रहने का साहस और संकल्प प्रदान कर रहा था।

अमरनाथ गुफा से बालटाल का मार्ग करीब चौदह किमी. है। प्रत्येक एक-दो किमी. के पश्चात् रास्ते का उतार-चढ़ाव बदलता जा रहा था। रास्ते पर चलते-चलते सामने हिमालय का दृश्य भी निरंतर परिवर्तित हो रहा था। शाम होनेवाली थी। सूर्यास्त हो चला था। आकाश में हल्का धुँधलका छाया था। प्रतिक्षण परिवर्तित इस प्रकाश में इस हिमालय की पहाड़ियों के सौंदर्य का नया आभामंडल हमारे समक्ष प्रस्तुत था।

बालटाल के रास्ते में एक-दो स्थान पर झगड़े का भी माहौल निर्मित हो गया था। अमरनाथ-यात्रा से वापस बालटाल की दिशा में जानेवाले लोग बिना किसी

कतार में चलनेवाले लोगों की परवाह किए बगैर धक्का-मुक्की के साथ लोगों को ओवरटेक करके आगे बढ़े जा रहे थे। ऐसे अशिष्ट यात्रियों को अन्य श्रद्धालुओं की सुविधा-असुविधा की तनिक भी चिंता नहीं थी। इन्हीं यात्रियों के कारण इस सँकरे मार्ग पर चलना कठिन हो रहा था। मेरे जैसे अन्य यात्रियों के विनम्र हस्तक्षेप के पश्चात् यह झगड़ा शांत हुआ। यह मुझे बार-बार बड़ा अजीब लग रहा था। हिमालय के इस विराट् सौंदर्य और बाबा बर्फानी के अलौकिक दर्शन के पश्चात् भी लोग अपनी क्षुद्रता से बाज नहीं आ रहे हैं। यह सोचकर मन बड़ा व्यथित हुआ। यहाँ इस प्रसंग के उल्लेख का कारण भी यही है।

खैर, थोड़ी दूर आगे चलकर ही मन का गियर बदला। पैदल चलनेवाले आठ-दस बच्चों के नारे समूची घाटी में प्रतिध्वनि के साथ गूँज रहे थे। उनका नारा था—'एक दो तीन चार, बाबा की जय-जयकार', 'चार तीन दो एक, शंकर है सबका रक्षक'। इन बच्चों की पैदल चाल में इतनी ऊर्जा व जीवंतता थी कि यह दल अन्य सभी यात्रियों का ध्यान अपनी ओर आकृष्ट कर रहा था।

शाम का अंधकार गहराता जा रहा था। अब लोग अपने-अपने टॉर्च जलाकर इसकी रोशनी की सहायता से आगे बढ़ रहे थे। टॉर्च की रोशनी से सामने दो-चार कदम ही स्पष्ट दिखाई दे रहे थे। इतनी रोशनी पैदल चलने के लिए पर्याप्त थी। तिब्बत के धर्मगुरु दलाई लामा के 'स्टेप-आउट थ्योरी' का यहाँ व्यावहारिक क्रियान्वयन हो रहा था। दलाई लामा की मान्यता है कि अगर बहुत लंबी यात्रा करनी है तो दूर मंजिल पर अपना ध्यान केंद्रित करने के बजाय बस सामने के दो-तीन कदम पर ही ध्यान केंद्रित रखने से हम स्वतः ही दूर मंजिल तक पहुँच जाते हैं। हम लोगों के साथ ऐसा ही हुआ। थोड़ी परेशानी और थकान के पश्चात् हम करीब साढ़े नौ बजे रात को बालटाल पहुँच गए। बालटाल के एक स्टॉल में कैलाश खेर का गीत बज रहा था—'बम लहरी'।

इस स्टॉल में रुककर लोग दूध पी रहे थे। भूखे हम भी थे। फलतः यहीं रुककर हम लोगों ने भी दूध पिया। यहाँ बहुत लोग कैलाश खेर के गीत पर नृत्य कर रहे थे। इस स्वतः स्फूर्त नृत्य ने हमारी सारी थकान हर ली। हम करीब पंद्रह-बीस मिनट वहीं पर रुके रहे। फिर तरोताजा होने के बाद बेस कैंप की ओर आगे बढ़ने लगे।

बेस कैंप अभी भी एक-दो किमी. दूर था। हम करीब आधे घंटे में बेस कैंप पहुँच गए। कैंप के आरंभ में बहुत दूर तक खाने-पीने के स्टॉल लगे हुए थे। वहाँ तेज रोशनी का भी प्रबंध था। वहाँ बिजली की सुविधा नहीं थी। बड़े-बड़े जेनरेटर चल रहे थे। हम रात्रि विश्राम के लिए जगह की तलाश में धीरे-धीरे आगे बढ़

रहे थे। पंजाब और हरियाणा के कई स्टॉल लगे हुए थे। यहाँ भोजन का प्रबंध था और टैंट के पीछे ही लोगों के कंबल और सोने का प्रबंध था। हम ऐसे स्टॉलों को देखकर आगे बढ़ रहे थे, क्योंकि हम टैंट वाली व्यवस्था ढूँढ़ रहे थे। इस तलाश में हम करीब एक किमी. चल चुके थे। कई टैंट भी रास्ते में दिखाई दे रहे थे, लेकिन ये खाली नहीं थे। बालटाल कैंप के अंतिम छोर पर हमें अंततः एक टैंट मिल गया एक हजार रुपए में। इस टैंट में पहले से ही दो लोग रह रहे थे। हम पाँच लोगों के लिए यहाँ पर्याप्त स्थान था। हम लोगों ने यहीं रुकने का निश्चय कर लिया। टैंट में सामान रखने के बाद हम लोग पास के एक स्टॉल में गए और खाना खाया। हम सभी अत्यंत थके हुए थे। खाना खाकर हम टैंट में जैसे ही लेटे, तुरंत ही निद्रा देवी ने हमें अपने आगोश में ले लिया। जीवन कितना विरोधाभासी है। अच्छी नींद भी थकान से संबंधित है।

□

अध्याय-16

तेल-मालिश का सुख

बालटाल में हम लोग जब सुबह सोकर उठे, तो ऐसा लगा कि हम एक नई दुनिया में आ गए हैं। टैंट से बाहर प्रकृति की एक नई छटा थी। चारों तरफ लंबी-लंबी पर्वत-शृंखलाएँ। ये पर्वत-शृंखलाएँ करीब-करीब टैंट के चारों ओर फैली हुई थीं। पर्वत की कुछ चोटियाँ बर्फ से ढकी थीं। इनमें सूर्य की किरण सीधे पड़ रही थीं। इसके फलस्वरूप ये बर्फ की चोटियाँ सोने जैसी चमक रही थीं। इस अद्‌भुत दृश्य का वर्णन सोने जैसी एक धातु से करना थोड़ा अशोभनीय लग सकता है, पर यह मजबूरी है। बाजारवाद और भौतिकता के विचारों से हमारा आधुनिक मस्तिष्क बहुत अधिक प्रभावित हुआ है। हम प्राकृतिक सौंदर्य के अनुभव का वर्णन करने में अकसर अक्षम ही सिद्ध होते हैं। प्रचुर भौतिकता के युग में अनुभवों को व्यक्त करने की यह शाब्दिक दरिद्रता अत्यंत चिंताजनक है।

खैर, विषयांतर छोड़ पुनः बालटाल की मस्ती में लौटते हैं। टैंट के चारों ओर जीवन अपनी गति से आरंभ हो चुका था। कहीं शौच क्रियावालों की कतार थी। कहीं स्नान के लिए लोग पंक्तिबद्ध खड़े थे। कुछ लोग अपनी यात्रा आरंभ कर रहे थे। आश्चर्यजनक रूप से हमारे आस-पास के सभी लोग जा चुके थे। बिल्कुल भोर में ही। खाली टैंट यह कहानी बयाँ कर रहे थे। कुछ लोग लंगर वाले टैंट की ओर जा रहे थे।

आज हम लोग बिल्कुल बेफिक्र थे। अमरनाथजी के दर्शन हो चुके थे। मन भी बहुत शांत था। शरीर में अवश्य थोड़ा दर्द था। हम लोगों का गंतव्य आज सोनमर्ग था। सोनमर्ग के लिए कितने बजे निकलना है, कब पहुँचना है, आज ऐसी कोई हड़बड़ी नहीं थी। मैं बाहर खड़ा होकर प्रकृति निहार रहा था। तभी मेरे सामने से एक तेल-मालिश वाला निकला। तेल-मालिश वाले की पहचान थी—उसके द्वारा

टाँगा गया एक लकड़ी का सामान, जिसमें तीन-चार किस्म के तेल रखे हुए थे। तेल की यह शीशी पारदर्शी थी। ऐसे तेलवाले को मैंने उड़ीसा स्थित पुरी के समुद्र-तट पर देखा था और उसकी तेल-मालिश का भी लुत्फ उठाया था। मैंने तेलवाले को देखकर अचानक ही पूछा, ''क्यों भाई, मेरी मालिश करेगा, क्या?'' मेरे स्वर में विनम्रता कम थी, आदेशात्मक लहजा अधिक।

''हाँ, साबजी, क्यों नहीं करूँगा।'' उसने मुसकराकर जबाव दिया। यद्यपि यह मुसकराहट व्यावसायिक थी।

''कितने में, यह तो बता?''

''अरे साहबजी, ऐसे ही करा लो। पैसे कौन माँग रहा है?''

ऐसा समर्पण भी एक व्यावसायिक हथकंडा होता है, जिसमें सौदा पटाने के लिए सामनेवाले को खुश करने की तरकीब काम करती है। यह सामान्य बुद्धि का सीधा गणित होता है। अगर आप तेल लगवाएँगे, तो उसे पैसे देंगे ही। बशर्ते आप बहुत अधिक बेशर्म नहीं हों तो।

''पचास रुपए दूँगा।'' मैंने कहा।

''अरे साबजी, थोड़ा और बढ़ा लो।'' अब तक उसके टोन से यह समझ आ गया था कि वह पंजाब या हरियाणा का रहनेवाला है। उसके टोन में पंजाबी टच था।

वह अंदर आ गया। मैंने भी अपने टैंट में अंत:वस्त्र के अतिरिक्त सभी कपड़े उतारे और उसने भी उतनी ही चुस्ती और फुरती से अपना काम आरंभ कर दिया।

''क्या नाम है?'' मैंने उससे पूछा।

''साब, मंगू सिंह जी।''

वह हर वाक्य के अंत में जी लगाना नहीं भूलता था। 'जी' शब्द का अत्यधिक प्रयोग भी हमारे सामंती समाज का एक नमूना है।

''कहाँ के रहनेवाले हो?''

''जी पंजाब के मोंगा गाँव के।''

''इतनी दूर से, यहाँ धंधे के लिए!'' मैं थोड़ा आश्चर्यचकित था।

''क्या करूँ, साबजी। पापी पेट का सवाल है।''

यह उत्तर सुनकर मैं थोड़ी देर चुप हो गया। यद्यपि मेरे मन में यह जिज्ञासा अवश्य थी कि तेल-मालिश वाला किस जाति का है?

इस दौरान उसका एक दूसरा साथी भी हमारे टैंट में आकर मेरे अन्य साथियों से पूछने लगा, ''साबजी, आप भी तेल लगवा लो। शरीर का सारा दर्द ठीक हो जाएगा।''

उसका प्रस्ताव सुनकर मेरे दो साथियों ने कोई प्रतिक्रिया नहीं की। मेरे एक अन्य मित्र तुरंत ही तेल-मालिश के लिए राजी हो गए।

''क्या पैसा लोगे?'' उन्होंने नए तेलवाले से पूछा।

''अरे साबजी, जो इनको दोगे, वहीं मुझे भी दे देना।''

मेरे मित्र ने भी अब तेलवाले से संवाद आरंभ किया। वह तेल मालिश वाला भी पंजाब के मोंगा गाँव का रहनेवाला था। उसकी बातों से यह भी पता चला कि दोनों एक ही गाँव के रहनेवाले हैं और दूर के रिश्ते में भाई-भाई लगते हैं।

पहले तेल मालिश वाले का नाम मंगू सिंह था और दूसरे का नाम जोखन सिंह था। दोनों दलित जाति के थे। उनके पास कृषि के लिए कोई जमीन नहीं थी। दोनों गाँव में छोटे-मोटे काम किया करते थे, लेकिन उनके पास आजीविका का कोई स्थायी साधन नहीं था। एक बार वे केदारनाथ दर्शन के लिए गए हुए थे। वहाँ उन्होंने कुछ मालिशवालों को देखा। मालिश वाले काफी व्यस्त थे और तेल लगवाने वालों की एक भारी भीड़ थी।

केदारनाथ के दर्शन के पश्चात् वे दोनों अपने गाँव लौट गए और वहाँ उन्होंने तेल-मालिश का काम शुरू किया। गाँव में यह काम घाटे का सौदा साबित हुआ, क्योंकि तेल-मालिश अभी भी गाँव की जीवन-शैली का एक अनिवार्य अंग है। गाँव में अधिकांश लोग अभी भी नहाने से पहले आमतौर पर तेल-मालिश करते हैं। इसके बाद उन दोनों ने लुधियाना और अमृतसर में तेल-मालिश का काम किया। वहाँ उनका काम अच्छा चल पड़ा। इस दौरान वे दोनों तेल-मालिश में निपुण होते चले गए। अगले वर्ष वे दोनों तैयारी से केदारनाथ और बदरीनाथ गए। वहाँ उन्होंने खूब पैसे कमाए। उसके बाद उन्होंने अमरनाथ-यात्रा में तेल-मालिश का काम शुरू कर दिया। अमरनाथ-यात्रा केवल तीस-चालीस दिन तक चलती है, फलतः अमरनाथ-यात्रा की समाप्ति के पश्चात् वे केदारनाथ-बदरीनाथ चले जाते हैं।

तीर्थयात्रा के इन दो-चार महीनों में वे इतना पैसा कमा लेते हैं कि साल भर अन्य कोई काम नहीं करते हैं। उन्होंने अपने गाँव में कृषि योग्य जमीन भी खरीद ली है। इस भूमि पर वे गाँव में अन्य मजदूरों की सहायता से काम कराते हैं। ये दोनों भाई नवंबर-दिसंबर के जाड़े में जम्मू स्थित वैष्णो देवी में तेल-मालिश का काम करते हैं। मैंने पूछा, ''एक सीजन में लाखों कमा लेते होगे।''

उन्होंने कोई जबाव नहीं दिया। उनकी मुसकराहट बता रही थी कि मेरा अनुमान गलत नहीं था।

तीस मिनट की मालिश के पश्चात् मैं एकदम तरोताजा महसूस कर रहा था।

मेरी थकान मिटती देखकर मेरे अन्य मित्र भी मालिश के लिए राजी हो गए थे, जिन्होंने बड़ी बेरुखी से पहले तेल-मालिश के लिए इनकार कर दिया था।

तेल-मालिश का यह कार्यक्रम करीब डेढ़ घंटे तक चला। अब तक सुबह के नौ बज चुके थे। हम लोगों ने स्नान किया। हम सभी बैग उठाकर लंगर वाली दिशा में चल पड़े। वहाँ एक टैंट में मुफ्त दवाई का भी वितरण हो रहा था। हम लोगों ने कुछ उपयोगी दवाइयाँ एकत्र कीं। सोनमर्ग के लिए वाहन कहाँ से मिलता है ? यह पूछते-पूछते पैदल ही हम उस दिशा में चल पड़े।

□

अध्याय-17

जन्नत है भाई

महल से झोंपड़ी तक एकदम घुटती उदासी है,
किसी का पेट खाली है, किसी की रूह प्यासी है।

—अदम गोंडवी

दो-चार दिनों की पैदल यात्रा के पश्चात् इस शरीर को मालिश से इतना आराम मिल रहा था कि अलौकिक आनंद की अनुभूति हो रही थी। प्रीतमजी ने तुरंत बोला, ''सभी लोग अपने-अपने पैर छूकर उसे धन्यवाद दीजिए। हम इन्हीं पैरों की बदौलत अमरनाथ-यात्रा का लुत्फ उठा सके।'' बात बिल्कुल सही थी। फलतः हम सभी इससे सहमत हुए। हम लोगों ने अंतर्मन से अपने शरीर का धन्यवाद दिया। यह सच है कि शरीर ही हमें अंदर और बाहर के जगत् की यात्रा कराता है। सांसारिक सुख हो या फिर आध्यात्मिक आनंद, हम सभी सुख शरीर के माध्यम से ही इसे भोगते हैं, लेकिन शरीर के प्रति साधारणतया हमारा स्वस्थ और सकारात्मक दृष्टिकोण नहीं होता है। तथाकथित आध्यात्मिक साधक भी शरीर की निंदा करते हैं और सांसारिक इसकी उपेक्षा या फिर भयंकर दुरुपयोग।

सोनमर्ग बालटाल से दूर है, सबसे पहले हम स्टैंड गए। यह प्राइवेट स्टैंड था। यहाँ हमें प्राइवेट बस मिली और हम करीब एक घंटे में सोनमर्ग पहुँच गए। बालटाल से सोनमर्ग का रास्ता करीब-करीब सीधा था। रास्ते में कश्मीर के सौंदर्य को निहारते-निहारते हम कब सोनमर्ग पहुँच गए, यह समझ ही नहीं आया। सोनमर्ग में बस वालों को हम लोगों ने एक ऐसे स्थान पर रुकवा दिया, जहाँ सड़क के दूसरी ओर आठ-दस टैंट दिखाई दे रहे थे। हम सभी सड़क से पार होकर टैंट की ओर चल पड़े।

टैंट की लोकेशन शानदार थी। टैंट वाले स्थल से बाईं ओर दूर-दूर तक ऊँचे पहाड़ों की शृंखला दिख रही थी। टैंट का स्थल एक बड़े समतल भू-भाग पर स्थित था। यहाँ पास से ही एक नदी बह रही थी। टैंटों के अतिरिक्त यहाँ पर निर्माण-कार्य भी चल रहा था। करीब दस-पंद्रह मजदूर काम पर लगे हुए थे। हम टैंट देख रहे थे। ये सभी टैंट नए थे। कुछ रंग-बिरंगे भी थे, इनके अंदर दो चारपाई बिछी थीं। ये टैंट बिल्कुल बंद हो सकते थे। इसके बाद इनमें ठंड लगने की संभावना नहीं थी। अंदर बिजली के बल्ब भी लगे हुए थे। हमें यह जगह बहुत पसंद आई और हम तुरंत इसमें रहने के लिए राजी हो गए। इसका किराया था तीन सौ रुपया। टैंट में सामान रखने के पश्चात् हम लोग बड़ी उत्सुकता से आस-पास घूमने लगे। ऐसा लग रहा था, हम स्वर्ग में आ गए हैं।

हवा में थोड़ी ठंडक थी और धूप भी खिली हुई थी। हमारे दोनों ओर पहाड़ थे। सड़क के दूसरी ओर पहाड़ीनुमा एक समतल मैदान था, जो अत्यंत हरा-भरा था। इन मैदानों के पीछे लंबी पर्वत-शृंखला थी। इस प्राकृतिक सौंदर्य से अभिभूत होकर सर्वोत्तमजी अचानक बोल उठे—"अरे भाई, यह तो साक्षात् जन्नत है।"

हम जहाँ रुके हुए थे, वह कोई घनी बस्ती नहीं थी। हमारे पीछे बाजार, होटल और आर्मी कैंप वाला स्थान छोड़ दिया था। इस स्थान से हमारे टैंट वाले स्थान की दूरी करीब एक किमी. थी। यहाँ कोई आबादी नहीं थी। इसके आगे की ओर एक डेढ़ किमी. पर एक कतार से दो-तीन होटल थे। इस स्थान की शांति और सौंदर्य दोनों ही हमें रोमांचित कर रहे थे। हम सभी मित्र वहाँ चुपचाप बैठ गए। कोई किसी से बोल नहीं रहा था। शायद बोलकर कोई इस अनुपम शांति को भंग नहीं करना चाहता था। हम बहुत देर तक ऐसे ही मौन में बैठे रहे।

हमारे दो मित्र सड़क पार स्थित बर्फ के ग्लेशियर का भ्रमण करना चाहते थे। वे उस दिशा में निकल पड़े। उनके जाने के पश्चात् बाकी लोग अपने टैंट में जाकर कंबल ओढ़कर सो गए। हमारा शरीर भी आराम चाह रहा था। दोपहर में हम करीब दो घंटे सोते रहे। सोकर उठने के पश्चात् अब हम बहुत तरोताजा महसूस कर रहे थे। पिछले एक सप्ताह में पहली बार हमें दोपहर में सोने का सौभाग्य मिला। यात्रा के आनंद, रोमांच और विस्मय में शरीर और मन दोनों की थकान का लेशमात्र भी पता नहीं चलता था। अमरनाथ-यात्रा में बाबा बर्फानी के दर्शन के पश्चात् शरीर को कुछ अतिरिक्त आराम की आवश्यकता थी। यह आराम आज संभव हो गया।

सोकर उठने के पश्चात् हम लोगों को थोड़ी भूख महसूस हुई। हम आगे की ओर निकल पड़े। जहाँ दो-तीन खूबसूरत होटल दिखाई दे रहे थे। हम अब

एक लंबे और सीधे रास्ते में चल रहे थे। यह रास्ता एक हाईवे था, जो सीधे लेह तक जाता था। करीब एक किमी. की यात्रा के पश्चात् हम लोग होटल तक पहुँच गए। वहाँ खाने के लिए कुछ भी नहीं था, क्योंकि अब दोपहर के तीन बज गए थे। वहाँ छोटी-छोटी दुकानें भी थीं। इन दुकानों में कश्मीरी फल बिक रहे थे, जैसे—आलूबुखारा, चेरी। ड्राई-फ्रूट भी दुकानों में सजे थे। वहीं पर जैकेट और गरम कपड़ों की भी एक-दो दुकानें थीं। हमने थोड़ी देर तक विंडो शॉपिंग की, फिर पुनः पीछे टैंट की ओर लौटने लगे।

रास्ते में हमें छोटी-छोटी दुकान दिखाई दीं। हम वहाँ रुक गए। हमने चाय पी और तुरंत ही मैगी का ऑर्डर दे दिया। मैगी एक ऐसा जंक-फूड है, जिसके बारे में शोध अकसर सिद्ध करते हैं कि यह स्वास्थ्य के लिए हानिकारक है; लेकिन यह सर्वसुलभ होने के कारण अत्यंत उपयोगी सिद्ध हो जाता है। अभी भी कुछ ऐसी ही परिस्थिति थी।

चाय पीते-पीते मैंने वहाँ बैठे बूढ़े लोगों से बात शुरू कर दी। मैंने पूछा, "बाबा, मैंने यहाँ एक भी प्राथमिक विद्यालय या प्राथमिक स्वास्थ्य केंद्र नहीं देखा है। क्या यहाँ वाकई ऐसी स्थिति है या फिर मैं इसे नहीं देख पा रहा हूँ।" इस प्रश्न से वह बूढ़ा व्यक्ति, जो उस छोटे होटल का मालिक था, ने अपनी पीड़ा व्यक्त करनी शुरू कर दी। वह कहने लगे, "यहाँ किसी की सरकार बने, इन इलाकों के विकास की कोई परवाह नहीं करता है। विकास के नाम पर जो भी फंड आते हैं, वे बस श्रीनगर के लिए होते हैं। वहाँ भी बहुत भ्रष्टाचार है।" अपनी बातों को समाप्त हुए उन्होंने कहा, "सारे राजनीतिज्ञ चोर हैं।" राजनीतिज्ञों के चरित्र के संदर्भ में ऐसा सारगर्भित वक्तव्य सुनकर मैं अत्यंत चौंक गया। उत्तर प्रदेश में अपने आस-पास ऐसी राजनीतिक टिप्पणी मैंने पहले भी सुनी थी, लेकिन कश्मीर के इस स्वर्ग में यह वक्तव्य सुनकर मैं थोड़ा हैरान हुआ। इसके दो कारण थे—

बीमारू राज्यों के अतिरिक्त अन्य प्रदेशों में राजनीति की दिशा प्रतिक्रियावादी नहीं है। यह विकासमूलक है। दूसरा, फंडिंग से संबंधित था। कश्मीर को भारत सरकार से इतने फंड मिलते हैं, लेकिन ये फंड श्रीनगर तक ही केंद्रित होते हैं। श्रीनगर से दूर अन्य दर्शनीय स्थानों में भी इसका उपयोग न किया जाना मुझे हैरान कर रहा था। हम थोड़ी देर तक आपस में बात करते रहे। आम कश्मीरी बहुत आत्मीय होते हैं—सरल, सहज और स्पष्ट।

वहाँ से हम टैंट की ओर जाने लगे। मौसम में तेजी से परिवर्तन हो रहा था। कभी तेज धूप, कभी सूरज बादलों में छिप जाता। काले बादल से पहाड़ों, हरे घास

के मैदानों और समूचे दृश्य की आभा बदल रही थी।

हम टैंट वाले स्थल में कुरसी निकालकर धूप में बैठ गए। हम सभी मौन थे। सभी प्रकृति की सुंदरता को चुपचाप पी रहे थे। तभी सी.आर.पी.एफ. के तीन जवान आकर हमारे साथ बैठ गए। टैंट के सामने वाले लेह राजमार्ग के दूसरी ओर जो पहाड़ीनुमा मैदान था, वहाँ हम दो-तीन जवानों को सुबह से तैनात देख रहे थे। उनके हाथों में बंदूक थी। उनकी दृष्टि लेह राजमार्ग की ओर थी। स्वाभाविक रूप से चौकसी के दौरान वे लगातार हमें देख भी रहे होंगे। इन जवानों से जैसे ही वार्त्तालाप शुरू हुई, तेज बारिश शुरू हो गई। वार्त्तालाप की शुरुआत परिचय से हुई। आप कौन हैं, कहाँ रहते हैं और क्या करते हैं ? उन तीनों जवानों में एक अधिकारी था। वह राँची (झारखंड) का रहनेवाला था। अन्य दो सिपाही बिहार राज्य के निवासी थे। एक बक्सर का और दूसरा पटना के पास बिहटा का रहनेवाला था। मेरी जन्मस्थली राँची है और मेरे मित्र सर्वोत्तमजी पटना के मूल निवासी थे। फलतः वार्त्तालाप में तुरंत ही आत्मीयता का रंग घुल गया। सुदूर स्थानों में अगर कोई अप्रत्याशित रूप से अपने राज्य में रहनेवाले व्यक्ति से मिलता है तो निश्चित ही एक विशेष आनंद की अनुभूति होती है। आत्मीयता का यह स्पर्श उन्हें भी हुआ और हमें भी। ऐसा उनकी शारीरिक भाषा से लगा।

बातचीत बिहार की राजनीति में लालू यादव के मूल्यांकन से आरंभ हुई और उन जवानों की दिनचर्या पर आकर समाप्त हुई। बारिश तेज हो रही थी। ऐसे में शाब्दिक मन-बहलाव दोनों लोगों की थोड़ी मजबूरी थी। अपनी बातचीत के अंत में उन्होंने हमें बताया कि यहाँ एक-एक व्यक्ति पर नजर रखना ही उनकी ड्यूटी है। बाद में वे यह भी बताने लगे कि हेडक्वार्टर से उन्हें सूचना मिली है कि एक वैन में पाँच आतंकवादी अमरनाथ-यात्रा को बाधित करने के लिए अवसर की तलाश में घूम रहे हैं। उन्होंने अंत में हमारा नाम, पता और फोन नंबर लिया। जाते-जाते उन्होंने टैंट वालों को आदेश भी दिया कि इन्हें थोड़ी भी परेशानी नहीं होनी चाहिए। टैंट का किराया प्रति टैंट उन्होंने 50 रुपए कम कर दिया। बारिश बंद हो गई थी। हमने उन्हें विदा दी।

हमारे दो मित्र सामने पहाड़ स्थित ग्लेशियर से घूमकर लौट चुके थे। वे बुरी तरह भीगे हुए थे। कश्मीर की पहाड़ी वादियों में कब बारिश आ जाए, कोई नहीं जानता। ऐसे में रेनकोट साथ रखना सदैव अनिवार्य हो जाता है। शाम ढल चुकी थी और आकाश में अँधियारे का आगमन हो चुका था। प्रकृति एक बार फिर से नई लगने लगी थी। हम लोग अपने टैंट में चले गए। भीगकर आए मित्रों ने फौरन ही

कपड़े बदलने आरंभ कर दिए। हम भी आराम की मुद्रा में थे। थोड़ी ही देर बाद प्रीतम ने अपने मोबाइल पर महावीर स्वामी पर ओशो का एक प्रवचन चला दिया।

ओशो एक साधक के प्रश्न का उत्तर दे रहे थे। साधक का प्रश्न था, "आप किताबी ज्ञान के विरोध में इतना कुछ बोलते हैं, लेकिन स्वयं इतना पढ़ते क्यों हैं ?" वातावरण में गहन शांति थी। हम सभी मौन थे। ऐसे में ओशो की आवाज का जादू और भी अनूठा मालूम पड़ रहा था। इस प्रवचन की समाप्ति के पश्चात् सभी को भूख सताने लगी थी। हम तीन मित्र होटल की दिशा में चलने लगे। प्रीतम और विरेंद्रजी, जो ग्लेशियर घूमकर आए थे, काफी थकान महसूस कर रहे थे। फलतः उन्होंने खाना पैक कराकर लाने का आग्रह किया। हम भी तुरंत राजी हो गए।

हम तीनों मित्र बाजार वाली दिशा में पैदल चल पड़े। रास्ते में अँधेरा था। थोड़ी कीचड़ थी, जिसके कारण चलने में थोड़ी असुविधा हो रही थी। बीच-बीच में तेज रफ्तार से गाड़ियाँ लेह राजमार्ग की दोनों दिशाओं में आ-जा रही थीं। मुख्य बाजार में खाने के तीन-चार होटल थे। उनमें से एक होटल में खाने के लिए हम लोग अंदर घुस गए। यह एक वैष्णवी होटल था। होटल रंगीन बल्बों से सजा था। उस होटल में खाने के साथ-साथ ऊपर एक-दो कमरे भी थे। यहाँ यात्रीगण के ठहरने की व्यवस्था थी। होटल वाले हिंदू थे और उनसे बातचीत से पता चला कि वे जम्मू के रहनेवाले हैं। बातचीत के क्रम में ही उन्होंने यह बताया कि जाड़े के दिनों में यहाँ बहुत बर्फ गिरती है। फलतः बर्फबारी के दिनों में वे दुकान बंद कर जम्मू चले आते हैं, अर्थात् यहाँ सुरक्षा की समस्या नहीं होगी। कश्मीर के बाहर से आए पर्यटकों को अकसर ऐसा लगता है कि कश्मीर में जनजीवन बहुत असुरक्षित है। निश्चित ही आतंकवाद के दिनों में बहुत हद तक यह बात सत्य भी रही होगी, लेकिन इन दिनों कश्मीर में शांति थी और कम जनसंख्या वाले इन इलाकों में भी चोरी जैसे अपराध की संभावना नहीं थी। हम जैसे मैदानी भाग में रहनेवाले लोगों के लिए किसी आश्चर्य से कम नहीं था। हमारे यहाँ खाली घरों में चोर एक रात में अपने हाथ की सफाई दिखा देते हैं।

होटल का खाना स्वादिष्ट था और अपेक्षाकृत सस्ता भी। प्रीतम के लिए हम लोग आलू का पराँठा पैक कराकर टैंट की ओर लौट पड़े। राष्ट्रीय राजमार्ग में आने-जानेवाली गाड़ियों के अतिरिक्त रास्ते में कोई चहल-पहल नहीं थी। अगर हम उत्तर प्रदेश में होते तो इस निर्जन पथ में चलने में हमें थोड़ा भय सताता; लेकिन रात की इस नीरव शांति में ऐसा कुछ भी नहीं था। हम बड़ी मस्ती में अपने गंतव्य की ओर बढ़ रहे थे। लौटकर टैंट में हम शीघ्र ही निद्रा देवी के आलिंगन में समा गए।

अगली सुबह हम तीन मित्र सामने पहाड़ स्थित ग्लेशियर का आनंद लेने निकल पड़े। बाकी दो मित्रों ने ग्लेशियर का आनंद कल उठा ही लिया था। पहाड़ सामने दिखाई दे रहे थे। सड़क के दूसरी ओर हरे-भरे मैदान थे। दूर-दूर तक कहीं कोई इमारत या बस्ती नहीं दिखाई दे रही थी। हम किसी भी जगह से ग्लेशियर के लिए अपनी यात्रा आरंभ कर सकते थे, लेकिन हम लोग पहले होटल की दिशा में गए। वहाँ जाकर हम लोगों ने सबसे निकट रास्ते के बारे में जानकारी प्राप्त की। होटल के सामने से एक सड़क का रास्ता भी था। यह रास्ता हमें टैंटवाले स्थल से दिखाई नहीं दे रहा था। सोनमर्ग का समूचा भौगोलिक क्षेत्र असमतल है। ऐसे में एक किमी. आगे का रास्ता कैसा होगा, यह अनुमान लगाना भी कठिन होता है। यही असमतल भू-भाग और दूर-दूर तक फैले हरे मैदान एक अद्भुत सौंदर्य को जन्म देते रहे थे। उस सड़क के साथ-साथ हम ग्लेशियर की दिशा में चल पड़े। रास्ते में हमें घोड़ेवाले मिले, जो तीन सौ रुपए में ग्लेशियर तक की यात्रा कराने के लिए तैयार थे, लेकिन हम अपनी स्वतंत्रता से घूमना चाहते थे। फलत: हम लोगों ने पैदल चलने का निर्णय लिया। यह सीधी सड़क आगे जाकर थोड़े घुमावदार रास्ते में परिवर्तित हो गई। रास्ते में प्रकृति का दृश्य बदलता जा रहा है। यह अत्यंत मनमोहक था। थोड़ी दूर आगे चलकर हमें एक छोटी सी बस मिली, जो हमारे सामने पैदल चलने-वाले दो-चार लोगों के लिए रुक गई। वे कश्मीरी थे। उनकी वेशभूषा यह बता रही थी। बस रुकने के बाद थोड़ी झिझक के पश्चात् हम लोग भी बैठ गए।

बस खचाखच भरी हुई थी। बस में बड़ी आत्मीय एवं उत्साहवर्धक वातावरण था। सभी लोग कश्मीरी भाषा में बात कर रहे थे। बस में युवा कन्याएँ भी बहुत संख्या में थीं। उनके चेहरों की खुशी से ऐसा लग रहा था कि वे भी पर्यटक हैं, परंतु कश्मीर के ही स्थानीय निवासी हैं। उस बस में सवार अधिकांश महिलाओं एवं लड़कियों का अपना सिर स्कार्फ या टोपी से ढका हुआ था। उनके कपड़ों में कढ़ाई का काम बहुत अधिक था, जो कश्मीर की विशेष शैली है। कपड़े उनके चमकदार थे। वे क्या बोल रहे थे, हमें थोड़ा भी समझ नहीं आ रहा था। उनकी भाषा से ऐसा लग रहा था कि हम किसी दूर देश में आ गए हैं। दक्षिण भारतीय चैनलों की उपलब्धता के कारण उनकी भाषाओं को न समझने के पश्चात् भी इन भाषाओं से एक परिचय का बोध होता है, परंतु कश्मीर की भाषा सर्वथा भिन्न है। बस में बैठकर हम स्वयं को सांस्कृतिक रूप से अलग-थलग महसूस कर रहे थे। यद्यपि बस में यात्रा करनेवाले कश्मीरियों में हम लोगों के प्रति अजनबीपन का भाव नहीं था। कश्मीर के अधिकांश भागों में आम व्यक्तियों के व्यवहार में एक आत्मीयता

का स्पर्श अनुभव होता है। थोड़ी ही देर में हम ग्लेशियर के पास पहुँच गए। हमने बस वाले से किराए के लिए पूछा, लेकिन उन्होंने पैसे लेने से साफ-साफ इनकार कर दिया। ड्राइवर के चेहरे पर मुसकान थी। वही दिलकश मुसकान, जो अधिकांश व्यक्तियों के चेहरे से नदारद होती जा रही है।

हम उस पहाड़ के काफी नजदीक पहुँच गए थे, जो दूर से हमें अपनी ओर आकर्षित कर रहा था। पहाड़ का अधिकांश भाग बर्फ से आच्छादित था। हम पैदल ही पहाड़ की दिशा में आगे बढ़ने लगे। हमारे आगे-आगे बसवाले सहयात्री चल रहे थे, लेकिन उनके बीच के आपसी परिचय का एक महीन धागा आबद्ध था। थोड़ी दूर चलने के पश्चात् हमें लकड़ी की स्लेज वाले लड़के मिलने लगे। वे बर्फ में आनंद-क्रीड़ा कराने के लिए हमारे पीछे-पीछे लग गए। हम लोगों ने एक-दो लड़कों से पहले उनका रेट पूछा, उन्होंने पहले तीन सौ रुपए बताया। हमें यह रेट अधिक लगा। हम आगे बढ़ गए। अंत में मुमताज नाम के एक लड़के के साथ बात पक्की हुई। वह डेढ़ सौ रुपए में हमें घुमाने के लिए राजी हो गया, लेकिन इसके लिए हमें सौदेबाजी करनी पड़ी। पर्यटक-स्थल में सौदेबाजी अनिवार्य हो जाती है। पर्यटक-स्थल में किसी भी चीज का रेट निश्चित नहीं होता है, यह पर्यटकों की जेब, उनके सौदेबाजी की क्षमता एवं परिस्थिति की माँग के अनुरूप तय होता है।

मुमताज करीब अठारह साल का युवा था। वह अत्यंत निर्दोष और मासूम दिख रहा था। हम शीघ्र ही उससे घुल-मिल गए। हमारे बीच अनौपचारिक वार्त्तालाप आरंभ हो गया था। मुमताज ने बताया, वह हिंदी फिल्में बहुत देखता है। उसे अमिताभ बच्चन और सलमान खान प्रिय थे। उसका घर सोनमर्ग से थोड़ी दूर था। यहाँ वह कमाने आया करता था। उसने हमें बर्फ में उस लकड़ी की गाड़ी में बैठाकर दो बार घुमाया। पहले वह ऊँचाई पर लकड़ी का स्लेज ले जाता, पहले हमें बैठाता और फिर पीछे स्वयं बैठता। हम पैर आगे की ओर फैलाकर बैठते। तत्पश्चात् यह गाड़ी ढलान की ओर तेजी से नीचे की ओर चलती। यह अनुभव आनंददायी था। लेकिन न चाहकर भी मुझे मनाली का रोहतांग याद आ रहा था।

मनाली के ग्लेशियरों में बर्फ के अनुसार आनंद के बहुत साधन पर्यटकों के लिए उपलब्ध हैं। बर्फ से चलनेवाली गाड़ी स्कीइंग, मोटर बाइक जैसे नाना प्रकार के साधन उपलब्ध रहते हैं। मनाली में स्थानीय लोग अपनी मनमर्जी से रेट लेते हैं। पर्यटक भी खुशी-खुशी पैसा खर्च करता है। पर्यटन मनाली में अत्यंत विकसित है। यहाँ सोनमर्ग के अविस्मरणीय प्राकृतिक सौंदर्य में पर्यटन की अविकसित दशा और पर्यटकों की अनुपस्थिति को देखकर मेरा मन खिन्न हो रहा था। कश्मीर में

अपार सौंदर्य है, लेकिन सुरक्षा कारणों से पर्यटकों के कश्मीर से मुँह मोड़ लेने के कारण स्थानीय कश्मीरी स्वर्ग में रहकर भी गरीबी का जीवन जीने को अभिशप्त हैं। कैसा दु:खद विरोधाभास है यह।

ग्लेशियर का आनंद उठाने के पश्चात् हम मुमताज के साथ पास ही एक छोटे से होटल में आ गए। यह होटल मुमताज के भाई का था। इस होटल को एक छोटा सा खोखा कहना ज्यादा ठीक होगा। उत्तर भारत में खोखा उसे कहते हैं, जहाँ अस्थायी रूप से कुछ सामान रखे जाते हैं। आवश्यकता पड़ने पर इसे एक स्थान से दूसरे स्थान पर स्थानांतरित भी किया जा सकता है। हमने वहाँ कॉफी पी। साथ में मैगी भी खाई। आज यही हमारा नाश्ता था। मैगी एक चीनी व्यंजन है। यह जंक-फूड है। इसे स्वास्थ्य की दृष्टि से हानिकारक माना जाता है। घोर राष्ट्रवादी इसे सांस्कृतिक साम्राज्यवाद का औजार भी माना करते हैं। स्वास्थ्य और वैचारिक आग्रहों एवं पूर्वग्रहों को छोड़ दिया जाए तो मैगी ऐसा व्यंजन है, जो सर्वत्र सहजता से उपलब्ध हो जाता है। स्वाभाविक रूप से यह टूरिस्ट स्थलों में अत्यधिक लोकप्रिय नाश्ता सिद्ध हो जाता है।

इस नाश्ते के पश्चात् हम वापस अपने टैंट की ओर लौटने लगे। यह रास्ता बहुत खूबसूरत था। जाते वक्त हम बस से आए थे। बस के कारण हम शीघ्र वहाँ पहुँच गए थे, लेकिन इस रास्ते का लुत्फ नहीं उठा सके थे। अब हम बड़े आनंदपूर्वक प्रकृति का रसास्वादन करते अपने गंतव्य की ओर जा रहे थे। रास्ते में हम कभी फोटोग्राफी के लिए रुक जाते, तो कभी सुंदर दृश्य देखकर वहीं मौन बैठ जाते। इस प्रक्रिया में हमें करीब एक से दो घंटे लग गए। ग्यारह बजे हम अपने टैंट में पहुँच गए थे। वहाँ अब आगे क्या किया जाए, इसे लेकर हम अनिर्णय की स्थिति में थे। सोनमर्ग की शांति, खुला आकाश, चारों ओर फैली पर्वत-श्रेणियाँ और ठंडी हवा को अलविदा कहने का मन नहीं हो रहा था। दूसरी ओर, कुछ मित्रों का यह आग्रह था कि हमें अब गुलमर्ग के लिए प्रस्थान किया जाए। अंतत: हम लोगों ने यही निर्णय लिया कि अब गुलमर्ग घूमने का आनंद उठाया जाए। फलत: हम टैंट से बाहर आकर उस सीधी सड़क में आ गए, जो एक ओर बालटाल जाती थी तो दूसरी ओर यह लेह की ओर जाती थी। यह लेह राजमार्ग था, जो श्रीनगर का मुख्य मार्ग है।

□

अध्याय-18

आप इंडिया से आए हैं।

हिंदू या मुसलिम के अहसासात को मत छेड़िए
अपनी कुरसी के लिए जज्बात मत छेड़िए।

—अदम गोंडवी

सड़क पर हमें एक प्राइवेट बस मिल गई। इसमें ज्यादा भीड़ नहीं थी। हर सीट पर कोई न कोई यात्री बैठा था। फलत: हम सभी अलग-अलग सीट पर बैठ गए। मैं बस के ड्राइवर के साथ उसके आगेवाली कैबिन में बैठ गया। वहाँ पहले से एक सज्जन विराजमान थे। वे पैर फैलाकर बड़े आराम से फैले थे। वे लंबे-चौड़े थे। उनका रंग गोरा था। वे पठानी स्टाइल का कुरता-पाजामा पहने हुए थे। उनका जूता स्पोर्ट्स वाला था। उनका व्यक्तित्व प्रभावशाली था। उनसे वार्त्तालाप आरंभ हो गया। मुझसे पहले वे कश्मीरी भाषा में ड्राइवर से संवाद में लीन थे। मैंने उनसे हिंदी में संवाद आरंभ किया। अनौपचारिक ढंग से आरंभ हुए संवाद ने स्वत: एक गंभीरता का रूप ले लिया। उस व्यक्ति से कश्मीर, कश्मीर की राजनीति, कश्मीरियों का भारत सरकार के प्रति दृष्टिकोण के संबंध में संवाद आरंभ हो गया। वे सज्जन बारामूला में नवोदय विद्यालय के प्रधानाचार्य थे। उनका नाम अब्दुल गनी था। उनके प्रत्येक उत्तर में बौद्धिकता की अंतर्दृष्टि थी। मैं उनसे करीब रुक-रुककर आधा घंटा बात करता रहा। उन्होंने मुझे महत्त्वपूर्ण जानकारियाँ और दृष्टिकोण प्रदान किया।

कश्मीर के संबंध में उन्होंने बताया कि प्राकृतिक सौंदर्य के साथ-साथ यहाँ बहनेवाली नदियों के कारण न केवल कश्मीर का पर्वतीय सौंदर्य अनूठा है, बल्कि यहाँ बिजली उत्पादन की अपार संभावना है। उनका यह कथन तथ्यात्मक रूप से सही है।

श्रीनगर में हमने झेलम नदी देखी, जो बहुत दूर-दूर तक फैली थी। पहलगाम में हम लोगों ने लिद्दर नदी देखी थी। सोनमर्ग में भी एक छोटी सी नदी थी और अब सोनमर्ग-श्रीनगर मार्ग पर हम अनवरत सिंधु नदी का दर्शन कर रहे थे।

अब्दुल गनी साहब ने यह बताया कि अगर इन जल-संसाधनों का दोहन किया जाए तो अकेले कश्मीर समूचे एशिया को विद्युत् उपलब्ध करा सकता है। उनकी यह धारणा मुझे अतिरंजित लगी। इसका समुचित आकलन संभव भी नहीं है, लेकिन इतना अवश्य है कि कश्मीर घाटी में अपार जल-संसाधन और इसके समुचित उपयोग की व्यापक संभावना शेष है।

अनौपचारिक संवाद अगर ईमानदारी और हार्दिकता से किया जाए, तो यह गंभीर रहस्योद्घाटन करता है। बस इसमें आपसी विश्वास महत्त्वपूर्ण भूमिका अदा करता है। गनीजी से मेरा परस्पर संवाद कुछ ऐसे ही चल रहा था। बौद्धिकता के साथ-साथ इसमें आत्मीयता का भी स्पर्श था। सफर जैसे-जैसे आगे बढ़ता गया, उनके संवादों में गहराई आती गई। उनकी मान्यता थी कि भारत की मेनस्ट्रीम मीडिया कश्मीर के संबंध में नकारात्मकता की ग्रंथी से ग्रस्त है। यहाँ कोई भी छोटी-मोटी नकारात्मक घटना होती है, तो तुरंत ही यह मीडिया की सुर्खियाँ बन जाती है। कश्मीर में हुई कोई सकारात्मक घटना मीडिया का ध्यान आकर्षित नहीं करती है। इसका प्रमुख कारण यह है कि कश्मीर के संबंध में नकारात्मक और हिंसात्मक खबर मीडिया के स्टीरियोटाइप इमेज से मेल खाती है। मीडिया सनसनी फैलाकर अपना व्यावसायिक मुनाफा कमाने में तनिक भी अपराध-बोध महसूस नहीं करता है। गनी साहब ने अपने तर्क का एक उदाहरण भी प्रस्तुत किया।

कश्मीर में अभी-अभी पंचायत चुनाव संपन्न हुए थे। इन पंचायत चुनावों में करीब 81 प्रतिशत मतदान हुआ। मतदान का यह आँकड़ा कई दृष्टि से महत्त्वपूर्ण था। सबसे पहले यह आँकड़ा कश्मीर के लोगों के लोकतांत्रिक निष्ठा को पुष्ट और प्रमाणित करता है, जिसे अकसर संशय, संदेह और अविश्वास की दृष्टि से देखा जाता है। दूसरी बात, 81 प्रतिशत मतदान का आँकड़ा कश्मीर के चरमपंथियों की अप्रत्यक्ष असफलता की कहानी भी बयान करता है। सदा से कश्मीर में चरमपंथियों का यही प्रयास रहा है कि यहाँ लोकतांत्रिक प्रक्रिया सशक्त और समृद्ध न हो सके। पंचायत चुनावों में जनता की सशक्त भागीदारी कश्मीरियों के अचेतन में दबी लोकतांत्रिक आकांक्षा को प्रतिबिंबित करती है।

उन्होंने आगे यह भी बताया कि कश्मीर में विकास के पिछड़ेपन का एक महत्त्वपूर्ण कारण भ्रष्टाचार है। कश्मीर को केंद्र से भारी अनुदान प्राप्त होता है।

यह अनुदान मुख्यत: दो विसंगतियों एवं विडंबना का शिकार हो जाता है। अनुदान का अधिकांश हिस्सा श्रीनगर एवं उसके आस-पास के विकास तक सिमटकर रह जाता है। सरकार द्वारा कश्मीर के सुदूरवर्ती इलाकों के विकास की सदैव अनदेखी की जाती है। इसके अतिरिक्त श्रीनगर में राजनीतिज्ञों और नौकरशाहों का गठजोड़ अनुदान को धीरे-धीरे डकार जाता है। फलत: केंद्रीय सहायता से आम कश्मीरी जनता का कोई भाग्योदय नहीं हो पाता है। गनीजी से लंबे वार्त्तालाप के दौरान यात्रा का अनुभव सुखद रहा।

हम करीब आधा घंटे में श्रीनगर पहुँचनेवाले थे। अब हम बस के अधिकांश लोग शांत थे। इस मौन में सन्नाटा नहीं था। स्मृतियों की एक सुखद जुगाली की प्रतिध्वनि थी। श्रीनगर पहुँचने से पहले प्रीतम ने मेरा ध्यान वहाँ स्थित घरों की ओर आकृष्ट किया। इन घरों का पैटर्न हम लोगों के लिए बिल्कुल नया था। यहाँ अपेक्षाकृत बड़े-बड़े भू-भाग पर घर बने हुए थे। इन घरों में बड़े-बड़े पत्थरों का प्रयोग था। इन घरों में लकड़ी का काम अत्यंत शानदार था। बड़ी-बड़ी खिड़कियों में लकड़ी का शानदार उपयोग था। अधिकांश घर के आगे के हिस्से की बनावट उत्कृष्ट थी। लकड़ी के बने अलग-अलग डिजाइन के इन खिड़की-दरवाजों में एक अलग ही सौंदर्य था। कश्मीर में लकड़ियाँ सस्ती और सुलभ होंगी, ऐसा इन घरों को देखकर अनुमान लगाया जा सकता था। मैदानी इलाकों में लकड़ी महँगी होती है, फलत: वहाँ लकड़ियों का प्रयोग सीमित होता है। श्रीनगर के इन घरों में लकड़ियों के बेहतरीन प्रयोग से इनका सौंदर्य छलक रहा था। अधिकांश घरों का पैटर्न ऐसा था कि इनकी छतों पर दीर्घावधि तक बर्फ न जम सके। इन घरों के रोशनदान भी गोलाकार थे। इस रास्ते से गुजरते वक्त हम इन घरों के अवलोकन में तल्लीन थे। इस दौरान श्रीनगर कब आ गया, हम समझ ही न सके।

श्रीनगर पहुँचने के बाद मैं ऑटो वाले से यह पूछना चाह रहा था कि क्या तुम यात्री-निवास चलोगे?

मेरे पूछने से पहले ही उस ऑटोवाले ने मुझसे पूछा कि क्या आप इंडिया से आए हैं? उसका यह प्रश्न सुनकर हम सभी आश्चर्यचकित थे।

□

अध्याय–19

अद्‍भुत शंकराचार्य मंदिर

हिंदू कहत है राम हमारा, मुसलमान रहमाना।
आपस में दोउ लड़े मरत हैं, भेद न कोऊ जाना॥

—कबीरदास

श्रीनगर अत्यंत विस्तृत नगर है। इसकी सीमा दूर तक फैली हुई है। मकान भी श्रीनगर में दूर तक बने हुए हैं। इन मकानों के बीच कहीं-कहीं हमें खेत के दर्शन हो रहे थे, जो अत्यंत चकित करनेवाले थे। श्रीनगर में हम पुनः लालबाग पहुँचे। अपने यात्री-निवास में। अगली सुबह हमें गुलमर्ग जाना था। श्रीनगर में एक और शाम का लुत्फ उठाने का अच्छा अवसर था। यात्री-निवास में तरोताजा होकर हम लोगों ने सामूहिक निर्णय लिया कि पहले शंकराचार्य मंदिर चला जाए। शंकराचार्य मंदिर के भ्रमण के पश्चात् हमारे पास श्रीनगर की शाम का लुत्फ उठाने का भरपूर समय था। हम शाम के धुँधलके और रंगीन रोशनी में श्रीनगर का आनंद उठाना चाहते थे।

शंकराचार्य मंदिर करीब श्रीनगर के बीचो-बीच पहाड़ में स्थित है। श्रीनगर के मध्य में एक हिंदू मंदिर का होना चकित करता है, लेकिन यह कश्मीर के धर्मनिरपेक्ष चरित्र की एक बानगी कही जा सकती है। श्रीनगर में हिंदुओं के विरुद्ध अगर सामूहिक रूप से हिंसात्मक और निंदात्मक दृष्टिकोण होते तो यह मंदिर सुरक्षित और जीवंत बने नहीं रह सकते थे। ऐसा अवश्य हो सकता है कि कश्मीर का एक छोटा सा वर्ग सांप्रदायिक मनोविज्ञान से ग्रस्त हो और इन धर्मनिरपेक्ष प्रतीकों का विरोध करता होगा। निश्चित ही इन्हें बहुसंख्यक समाज से इसका अनुमोदन और समर्थन नहीं मिल रहा होगा। कश्मीर से बाहर उत्तर भारत के अन्य राज्यों में ऐसी

मान्यता है कि समूचा कश्मीर सांप्रदायिक है। विशेष रूप से कट्टर-इसलामिक और हिंदू-विरोधी। कश्मीर घाटी से पुनुन-पंडितों के भयग्रस्त पलायन से उनकी यह धारणा मजबूत हुई है। इस संदर्भ में मैंने कई कश्मीरी लोगों से संवाद किया। संवादों के सार को दो-तीन निष्कर्ष के रूप में प्रस्तुत किया जा सकता है—पहला, यह पलायन एक समय विशेष की प्रतिक्रियावादी उन्माद का परिणाम था। दूसरा, यह सांप्रदायिक कोण के साथ-साथ एक आर्थिक पृष्ठभूमि एवं संदर्भ से संबंधित था। अधिकांश कश्मीरी पंडित आर्थिक रूप से संपन्न थे, फलतः सांप्रदायिक मनोविज्ञान के आवरण में आर्थिक असंतोष का भी हाथ था। तीसरा, अब कश्मीर में ऐसे हालात बन चुके हैं कि कश्मीरी पंडित पुनः वापस लौट सकते हैं, लेकिन चरमपंथी कश्मीर के धर्मनिरपेक्ष चरित्र को नष्ट करना चाहते हैं। फलतः इन प्रयासों में वे हिंसा का भी प्रयोग कर सकते हैं। इसी भय से कश्मीरी पंडितों की पुनर्वापसी संभव नहीं हो पा रही है।

पुनः शंकराचार्य मंदिर के रोमांचक अनुभव पर लौटते हैं। शंकराचार्य मंदिर एक ऊँची पहाड़ी पर स्थित था। इसमें ऊपर जाने के लिए दो-तीन रास्ते थे। मुख्य रास्ता सीढ़ियों वाला था। यह मार्ग लंबा था, लेकिन अपेक्षाकृत सरल और सपाट। इसके अतिरिक्त अन्य टेढ़े-मेढ़े रास्ते भी थे। इन पर पहाड़ पर चढ़ते हुए जाना था। ये रास्ते छोटे थे, लेकिन इनमें चढ़ाई बहुत अधिक थी। इनमें फिसलने का भी डर था और किसी स्थानीय व्यक्ति की सहायता के बिना इसमें भटकने की संभावना अधिक थी। हम लोग सीढ़ी वाले रास्ते से मंदिर तक पहुँचे। मंदिर तक करीब दो सौ सीढ़ियाँ होंगी। इन सीढ़ियों से मंदिर की ऊँचाई का अनुमान लगाया जा सकता है। करीब आधे रास्ते के पास एक सख्त चेकिंग थी। यहाँ कैमरा व अन्य सामान जमा करना मजबूरी थी।

शंकराचार्य मंदिर के मध्य में एक बड़ा शिवलिंग था। इस मंदिर की स्थापना शंकराचार्य ने कराई थी। फलतः इस मंदिर का नामकरण 'शंकराचार्य मंदिर' हो गया।

मंदिर में अत्यंत सात्त्विक ऊर्जा विद्यमान थी। सुव्यवस्थित और साफ-सुथरी। मंदिर में दो पंक्तियाँ थीं—एक पंक्ति से लोग अंदर आ रहे थे और दूसरी पंक्ति से शीघ्र ही लोग बाहर भी जा रहे थे। मंदिर में रुकने की मनाही थी। इसका कारण अत्यधिक भीड़ थी। मंदिर प्रांगण में और इस मंदिर के लिए आते वक्त मुझे यह अनुभूति हो रही थी कि यहाँ एक मिनी-भारत के अप्रत्यक्ष दर्शन हो रहे हैं। दर्शन करनेवाले श्रद्धालु दक्षिण-भारतीय थे, गुजराती थे, मराठी थे, बंगाली थे और हिंदी-भाषी भी थे। ऐसे ही स्थानों को देखकर मेरी यह धारणा दृढ हो जाती है कि भारत

की एकता मूलतः सांस्कृतिक है। धर्म, दर्शन और अध्यात्म ही विविधतामूलक भारतीय एकता को ठोस धरातल प्रदान करता है।

शंकराचार्य मंदिर अत्यंत ऊँचाई पर था। फलतः यहाँ से समूचे श्रीनगर का दृश्य दिखाई दे रहा था। श्रीनगर अत्यंत विस्तृत दिखाई दे रहा था। इसकी भौगोलिक संरचना भी अद्‌भुत थी। इसका जनसंख्या घनत्व काफी अधिक प्रतीत हो रहा था। शहर के एक ओर डल झील बहुत विस्तृत थी। डल झील और उसके चारों ओर का दृश्य अकल्पनीय रूप से सुंदर दिखाई पड़ रहा था। इसके अतिरिक्त झेलम नदी शहर के तकरीबन बीचो-बीच बह रही थी। झेलम दो-तीन अलग-अलग दिशाओं में प्रवहमान थी।

झेलम नदी और डल झील के कारण श्रीनगर का सौंदर्य अनूठा था। भारतवर्ष के अन्य किसी शहर की ऐसी भौगोलिक संरचना मैंने पहले कभी नहीं देखी थी। अत्यधिक ऊँचाई पर स्थित होने के कारण शहर का दृश्य अत्यंत मनभावन था। भीड़ एवं परिवहन वाहनों का शोर न होने के फलस्वरूप शंकराचार्य मंदिर भी शांति प्रदान कर रहा था। ऐसी कोई इच्छा नहीं हो रही थी कि उतरकर नीचे आया जाए, लेकिन शाम ढलने लगी थी, हम सभी श्रीनगर की शाम का भी लुत्फ उठाना चाहते थे। इसी चाहत के साथ-साथ हम मंदिर से नीचे की ओर उतरने लगे। पहाड़ से नीचे उतरने के क्रम में थोड़ी दूर जाने के पश्चात् हमें एक ऑटो मिल गया, जो हमें लालचौक तक छोड़ने के लिए तैयार हो गया। शंकराचार्य मंदिर के मार्ग में एक-दो किमी. रास्ता ऐसा था, जहाँ तक वाहन आ-जा सकता था। यद्यपि यह मार्ग पहाड़ पर था। यह मार्ग अत्यंत चौड़ा था और घुमावदार भी। इससे हमारा समय बच गया। ऑटो से नीचे उतरकर हम डल झील के कुछ हिस्से को भी पार कर रहे थे। एक ओर डल झील और रास्ते के दूसरी ओर आकर्षक बाजार था। थोड़ी दूर की यात्रा के पश्चात् ही दृश्य बदल गया था। अब हम लालचौक की ओर बढ़ रहे थे।

□

अध्याय-20

लालचौक और स्यादवाद

कोई हल कैसे निकलेगा
जब तक यह तरुणाई चुप है

—सलीम खाँ फरीद

आज रविवार का दिन था। लालचौक का अलग ही नजारा था। लालचौक में 'संडे मार्केट' सजा था। सड़क के एक ओर फुटपाथ पर स्थित बाजार में आवश्यकता की कई चीजें क्रय-विक्रय हो रही थीं। कपड़े, परदे, रसोई के सामान, चादर, कोट, जैकेट, स्वेटर, साज-सज्जा के सामान, जूते-चप्पल, किताब, शॉल इत्यादि। यह बाजार बहुत दूर तक फैला हुआ था। यहाँ अच्छी-खासी भीड़ थी। शीघ्र ही हम भी खरीदारों में शामिल हो गए। यह सामान अपेक्षाकृत सस्ते थे। यहाँ बारगेनिंग का खेल भी चल रहा था। किसी वस्तु का मूल्य दो सौ निर्धारित हो, फिर भी अगर अच्छा बारगेनिंग कौशल हो, तो यह आधे मूल्य में भी उपलब्ध हो जा रहा था। यहाँ से मैंने अपने बच्चे के लिए कुछ किताबें खरीदीं। शॉल और कश्मीरी स्टाईल के ऊनी कपड़ों को खरीदने के संबंध में निर्णय करना कठिन हो रहा था। यहाँ हम लोगों ने करीब एक घंटा समय बिताया। मेरे तीन अन्य मित्र, जो अभी तक अविवाहित थे, उन्हें यह नागवार गुजर रहा था। उनकी खीझ को देखते-समझते हुए हमने अपनी विंडो शॉपिंग तुरंत समाप्त कर दी। अंत में हम जम्मू-कश्मीर हैंडलूम के एक शोरूम में पहुँचे। वहाँ से हमने और प्रीतमजी ने अपनी पत्नी के लिए गरम सूट और शॉल खरीदा। इस बार हम लोगों ने फौरन ही अपना कार्य संपन्न किया, अब हम लालचौक का आनंद लेने के लिए तैयार थे।

लालचौक में आज बहुत भीड़ थी। यहाँ आनंद एवं उत्सव सरीखा वातावरण

था। बाजार में लोगों के चेहरे खिले हुए थे। यहाँ प्रत्येक उम्र के लोग दिखाई दे रहे थे। सभी स्वयं में लीन थे। कुछ खरीदारी में, कुछ विंडो शॉपिंग में, कुछ गप्पें हाँकने में तो कुछ भीड़ को देखने का सुख उठा रहे थे। यहाँ घूमते-घूमते अचानक मन में यही खयाल आ गया कि क्या यह वही लालचौक है, जहाँ पिछले वर्ष यानी 2010 में करीब तीन महीने तक अशांति रही। विगत वर्ष यहाँ कश्मीरी युवकों द्वारा भारतीय सेनाओं पर पत्थर फेंकने का एक अकस्मात् आंदोलन आरंभ हो गया था। अखबारों के प्रथम पृष्ठ में अपना मुँह ढके युवाओं की तसवीर हुआ करती थी। इस घटना में बहुत लोगों की मृत्यु हो गई थी। इस घटना के संदर्भ में मैंने कई लोगों से अनौपचारिक संवाद स्थापित किया।

इसमें मुख्य रूप से स्थानीय कश्मीरी लोग थे। कश्मीर की आम जनता जैसे ड्राइवर, दुकानवाला, चायवाला, ऑटोवाला, शिकारावाला, हाउसबोट वाला, कश्मीरी युवक, कश्मीरी छात्र, कश्मीर में कार्यरत स्थानीय सरकारी कर्मचारी इत्यादि। इसके अतिरिक्त मैंने कश्मीर में गुप्तचर संस्थानों के लोगों से, सी.आर.पी.एफ. के जवानों से तथा कश्मीर में रह रहे अन्य प्रदेशों के लोगों से लालचौक की घटना के संबंध में वार्त्ता की।

भारतीय स्वतंत्रता के पश्चात् शायद यह पहली ऐसी घटना थी, जिसमें कश्मीरी युवाओं ने सेना के विरुद्ध पत्थरबाजी की और भारतीय राज्यसत्ता को खुली चुनौती दी। गांधी के देश में पत्थरबाजी का यह आंदोलन मुझे अकसर उद्वेलित और आंदोलित किया करता था। आम भारतीयों की तरह मेरे मन में भी यह जिज्ञासा थी कि क्या यह आंदोलन स्वत:स्फूर्त था? क्या यह आंदोलन आयोजित-प्रायोजित था? अगर यह प्रायोजित था तो इसके प्रायोजक कौन थे और उनका मूल उद्देश्य क्या था?

इस घटना की मीमांसा के लिए मैंने जैन धर्म एवं दर्शन के 'स्यादवाद' सिद्धांत का उपयोग किया। स्यादवाद की मूल अवधारणा है कि पूर्ण सत्य या पूर्ण असत्य जैसी कोई धारणा नहीं होती है। प्रत्येक विचार में सत्य और असत्य दोनों सम्मिलित होते हैं। इस गंभीर दर्शन की मीमांसा के सैद्धांतिक पक्ष से बचते हुए व्यावहारिक स्तर पर हमें यह स्मरण रखना होगा कि प्रत्येक घटना के विभिन्न दृष्टिकोण हो सकते हैं। इनमें से कोई भी दृष्टिकोण सत्य को पूर्णतया प्रकट करने का सामर्थ्य नहीं रखता है, लेकिन इन दृष्टिकोणों के विवेकपूर्ण उपयोग से सत्य के काफी करीब पहुँचा जा सकता है। आइए, अब पुनः लालचौक की पत्थरबाजी की चर्चा करते हैं।

पहली वार्त्ता हाउसबोट के मालिक से हुई। हम जिस हाउसबोट पर ठहरे हुए थे, उसके मालिक से हमने इस लालचौक की घटना का जिक्र किया। उन्होंने शीघ्र

ही इसे टाल दिया और बड़ी होशियारी से कहा, ''अरे छोड़ो, हम सभी भारतीय हैं। यह मुल्क हमारा है।' हाउसबोट वाले के मुँह से राष्ट्रीय एकता की समझदारी भरी बात सुनकर मुझे ऐसा लगा कि वे बूढ़े सज्जन किसी विवादित विश्लेषण की असहमति भरी पीड़ा से बचना चाह रहे हैं; या फिर यह उनका टूरिस्टों को प्रभावित करने का एक व्यावहारिक सेंस ऑफ ह्यूमर है।

लालचौक की पत्थरवाली घटना के संदर्भ में एक सुदर्शन कश्मीरी युवक ने मुझे शाहरुख खान की सुपरहिट फिल्म 'दिल वाले दुल्हनिया ले जाएँगे' का डायलॉग सुनाया, ''बड़े शहर में ऐसी छोटी-छोटी घटनाएँ होती रहती हैं।'' इस युवक के लिए यह छोटी घटना थी, यह सुनकर मैं चकित और अचंभित हुआ। भारतीय राज्य-व्यवस्था की वैधता को सीधी चुनौती देना मेरी दृष्टि में लोकतंत्र का एक गंभीर मसला है।

इस संदर्भ में कई कश्मीरियों का यह मानना था कि शुरुआत में यह आंदोलन साधारण था। प्रकारांतर में कुछ कश्मीरी लोगों की मृत्यु के पश्चात् भारतीय सेना और स्थानीय कश्मीरी दोनों ओर से प्रतिक्रिया का अंतहीन सिलसिला आरंभ हो गया। जैसे ही कोई कश्मीरी मरता, पत्थरबाजी और तीव्र हो जाती। प्रतिक्रियास्वरूप पत्थरबाजी को देखते हुए भारतीय सेना को भी शीघ्र ही हमलावर की मुद्रा में आना पड़ता। तदोपरांत उनके गोली चलाने से अवश्य किसी कश्मीरी की मौत होती। मौत के पश्चात् प्रतिक्रिया का फिर एक नवीन तांडव शुरू हो जाता। ऐसे ही यह सिलसिला दो-तीन महीने तक चलता रहा।

लालचौक प्रकरण के संवाद के दौरान डल झील के कई हाउसबोट वालों ने बताया कि तीन महीने एकदम तबाही रही। सारा रोजगार ठप्प रहा। हमें खाने के लाले पड़ गए। इस अभिव्यक्ति से कश्मीर में पर्यटन के बलबूते जीने वाले लोगों की पीड़ा, उनकी समस्या का मुख्य कारण और इस संदर्भ में उनकी लाचारी तथा बेबसी, तीनों ही भावभंगिमा को संवेदनशीलता के साथ समझा जा सकता है।

कश्मीर में हिंसा का कोई भी कारण हो, यह आम कश्मीरियों के लिए अभिशाप ही सिद्ध होता है। कश्मीर के कई लोगों ने मुझे यह बताया कि लालचौक के हिंसक तांडव में करीब तीन सौ लोग मारे गए। अधिकांश स्थानीय कश्मीरियों की दृष्टि में इसके लिए भारतीय सेना दोषी थी। उनका तर्क भी सीधा-साफ था, क्योंकि मरनेवाले लोग सेना की गोलियों से मारे गए थे। तार्किकता सदैव सत्यता का परिपूरक नहीं होती है, नहीं हो सकती है।

मैंने श्रीनगर में अनौपचारिक रूप से सेना के कई लोगों के दिलो-दिमाग को

टटोलने और समझने का साहस किया। भारतीय सेना के कई लोगों की यही मान्यता थी कि पत्थरबाजी को रोकने के लिए सेना के पास और कोई विकल्प शेष नहीं था। अकस्मात् आरंभ हुए पत्थरों की बारिश से सेना के कई जवान भयंकर रूप से घायल हुए थे। यहाँ चोमस्की का उल्लेख सामयिक होगा। अमेरिकी विद्वान् नोम चोमस्की ने अमेरिका के अफगानिस्तान में बमबारी किए जाने के संदर्भ में बहुत रोचक टिप्पणी की थी। अगर अमेरिकी सेना अफगानिस्तान में बम गिराएगी, तो अफगानिस्तानी अमेरिकियों का फूलमाला से स्वागत नहीं करेंगे, वे भी हिंसक प्रतिक्रिया ही करेंगे। यही उदाहरण यहाँ भी लागू होता है। पत्थरबाजी के पश्चात् सेना के जवानों से सदाशयता की आशा निरर्थक थी। गुप्तचर संस्था के एक व्यक्ति ने नाम न छापने की शर्त पर बताया कि लालचौक पत्थरबाजी के पश्चात् एक सेना के जवान ने पाँच-छह लोगों को गोलियों से भून दिया था। इसके बाद स्थानीय कश्मीरियों का आंदोलन थोड़ा आवेगहीन हो गया था। इस जवान को बाद में मानव अधिकार नियमों के तहत नौकरी से निलंबित कर दिया गया था। ऐसी काररवाई मानव अधिकार के पैरोकारों, संगठनों और मीडिया के सितारों को शांत करने के लिए की गई थी। कुछ दिनों के बाद इस जवान को मानसिक समस्या से पीड़ित घोषित कर इसका निलंबन रद्द किया गया था। ऐसे लोग अंततः स्वाभाविक रूप से अपनी ड्यूटी पर लौट आते हैं। यह भी मुझे बताया गया।

भारतीय मीडिया प्रतिष्ठानों से ऐसी सूचनाएँ प्राप्त हो रही थीं कि इस आंदोलन को हुर्रियत प्रायोजित कर रहा था। टाइम्स ऑफ इंडिया ने इस संदर्भ में कुछ पुख्ता प्रमाण भी प्रस्तुत किए थे। बी.बी.सी. की हिंदी प्रसारण सेवा में भी इस संबंध में कई प्रश्न खड़े किए गए थे। हुर्रियत का एक धड़ा पाकिस्तानी एजेंडे को लागू करने का काम करता है।

लालचौक की घटना के इस विश्लेषण के संदर्भ में यह प्रश्न उभरता है कि आखिरकार इसमें युवाओं की भागीदारी क्यों हुई? कश्मीर के संदर्भ में युवाओं की स्थिति अत्यंत नाजुक है। कश्मीर में शिक्षा का प्रसार तेजी से हुआ है। बाजार कश्मीर में भी सक्रिय है। चमक-दमक, ब्रांडेड चीजों का चलन, उपभोक्तावादी लालसाएँ और वासनाएँ कश्मीरी युवाओं को भी लुभाती हैं। कश्मीर में बेरोजगारी एक गंभीर समस्या है। इन बेरोजगार युवकों को कश्मीर स्थित चरमपंथी संगठन अपने हित में इस्तेमाल करते हैं। भारत विरोधी एजेंडा कश्मीर में सेना की निरंतर मौजूदगी के फलस्वरूप उग्र कश्मीरियों को एक कट्टर विचारधारा का धरातल भी प्रदान करता है।

गुप्तचर संस्था के लोगों ने इस आंदोलन के उद्देश्य के संदर्भ में दो कारण गिनाए—पहला, चरमपंथी अकसर कश्मीर को अशांत बनाए रखना चाहते हैं। इससे उनके भारत-विरोधी एजेंडा को अंतरराष्ट्रीय सुर्खियाँ मिलती हैं। दूसरा, अधिकांश कश्मीरी घाटी में सेना की तैनाती को हृदय से स्वीकार नहीं करते हैं। वे स्पेशल आर्म्स फोर्स संबंधी अधिनियम को निरस्त कराना चाहते हैं। बहरहाल, यह कश्मीर समस्या की पेचीदगी और जटिलता का एक नवीन पक्ष है। इसका फौरन समाधान संभव भी नहीं है। आज लालचौक में शाम गुजारते वक्त यही महसूस हो रहा था कि क्या यह वही लालचौक है, जहाँ पिछले वर्ष हिंसा का अनावश्यक तांडव हुआ था। इस भीड़ भरे इलाके को देखकर कोई अनुमान भी नहीं लगा सकता था।

लालचौक में शाम गुजारने के पश्चात् हम लोगों ने रात्रि का भोजन किया, तदुपरांत हम अपने यात्री-निवास में लौट आए। अगली सुबह हमारी योजना गुलमर्ग जाने की थी।

□

अध्याय–21

जय–जय शिवशंकर

शिवेति नाम दावाग्ने महापातक पर्वताः।
भस्मी भवन्त्यनायासात सत्यं सत्यं न संशय॥

(शिवनाम रूपी दावानल से बड़े–बड़े पातकों के असंख्य पर्वत अनायास भस्म हो जाते हैं, यह सत्य है, यह सत्य है और इसमें संशय नहीं है।)

आज सुबह से ही हम उत्साह में थे। सुबह उठने के पश्चात् हम सभी नाश्ते के लिए तैयार थे। हमें तुरंत एक गाड़ी मिल गई थी। हमें पहले टनमर्ग और फिर गुलमर्ग पहुँचना था। पीछे सीट में मेरे चार मित्र बैठे थे। आगे की सीट में मेरे साथ एक कश्मीरी युवा बैठा था, जो कश्मीर में ही कमांडेंट पद पर तैनात था और टनमर्ग तक जा रहा था।

श्रीनगर से बाहर निकलते ही टाटा सूमो की रफ्तार बढ़ गई थी। मैं अब कमांडेंट युवक से वार्त्ता आरंभ कर चुका था। उस नवयुवक से मैंने पहला प्रश्न यही पूछा कि क्या कश्मीर में आजादी की माँग अभी भी उठती है। मैं आश्वस्त था कि मुझे उत्तर ना में मिलेगा, लेकिन उस युवक का उत्तर सुनकर मैं अवाक् रह गया। उसने उत्तर दिया, 'कश्मीर में आजादी अभी भी एक महत्त्वपूर्ण मुद्दा है।' यह आजादी क्यों और किससे? इस विषय पर उस युवक की राय स्पष्ट नहीं थी और न ही मुझे वह तार्किक ढंग से यह समझा सका कि क्या वाकई आजादी की अवधारणा कश्मीर के लोगों की समस्त समस्याओं को सुलझा देगी?

युवकों के संदर्भ में उसकी राय स्पष्ट और सटीक थी। उसका कहना था कि कश्मीर में युवकों की बेरोजगारी एक विकट समस्या है। कश्मीर में इन युवाओं के लिए आनुपातिक रूप से रोजगार की संख्या में वृद्धि नहीं हुई है। उसने कश्मीर के

युवकों की कमजोरी की ओर इशारा करते हुए कहा कि कश्मीरी युवक कश्मीर से बाहर रोजगार की तलाश में जाना पसंद नहीं करते हैं। मैंने पूछा, क्यों? उसका उत्तर था, कश्मीर से मोह, बाहर जाने की असुरक्षा और कश्मीर से बाहर स्वयं को न ढाल पाने की अयोग्यता। उसका यह उत्तर मुझे अच्छा लगा। फलतः मैंने अपनी बात आगे भी जारी रखी। ''क्या कश्मीर की समस्या कानून-व्यवस्था की समस्या नहीं है ?''

उसने जवाब दिया, ''कुछ हद तक।'' मैंने कश्मीर में लोगों से वार्त्तालाप के दौरान यह महसूस किया कि यहाँ अगर कश्मीर बंद करने के लिए कोई आह्वान किया जाता है, तो इसे फौरन ही समर्थन और सफलता मिल जाती है। कुछ मजबूरीवश, कुछ भयवश और कुछ वैचारिक समर्थन के कारण। इसी बीच हम टनमर्ग पहुँचे चुके थे।

टनमर्ग में हमारी टाटा सूमो थोड़ी देर के लिए रुकी। कमांडेंट युवक टनमार्ग में उतर चुका था। पीछेवाली सीट पर बैठे लोग भी टनमार्ग में उतर चुके थे और अब सूमोवाला किसी नए यात्री की तलाश में था।

मैं भी गाड़ी से उतरकर एक खोमचेवाले से बात करने लगा। उसका व्यवहार आत्मीय था। मैंने उससे कुरकुरे के दो पैकेट खरीदे।

वार्त्तालाप के दौरान वह बताने लगा, ''बाबूजी, दिन भर मेहनत करके भी सौ रुपए नहीं कमा पाता हूँ। मेरा बेटा बहुत होनहार है। उसने तीन किताबें लिखी हैं। लेकिन उसे आज तक रोजगार नहीं मिल सका है।'' वह बूढ़ा व्यक्ति बेरोजगारी के संबंध में मेरे साथ यात्रा करनेवाले कमांडेंट की धारणा को ही पुष्ट और प्रमाणित कर रहा था। थोड़ी देर बाद मैंने उससे विदा ली। अब तक सूमो वाले को गुलमर्ग जाने के लिए यात्री मिल चुके थे। हम तुरंत ही गुलमर्ग की ओर चल पड़े।

श्रीनगर से टनमर्ग का मार्ग अपेक्षाकृत समतल था, लेकिन टनमार्ग से गुलमर्ग का मार्ग थोड़ा घुमावदार और चढ़ाईवाला था। कश्मीर में घुमावदार रास्ते का सामना हम लोग पहली बार कर रहे थे। यद्यपि कश्मीर का यह घुमावदार मोड़ भी नैनीताल, मसूरी और शिमला जैसा खड़ी ढाल वाला नहीं था। हम लोग एक घंटे में गुलमर्ग पहुँच गए।

गुलमर्ग में भीड़ थी। यह भीड़ देखकर अच्छा लगा। इस भीड़ में अधिकांशतः कश्मीर के स्थानीय लोग दिखाई दे रहे थे। कई विद्यालयों के छात्र-छात्राएँ भी भ्रमण हेतु गुलमर्ग आए हुए थे। हम भी अपनी वैन से उतरकर गुलमर्ग के टूरिस्ट स्पॉट की ओर आगे बढ़ने लगे। आगे बढ़ते ही हमें घोड़ेवाले मिलने लगे। वे हमें बार-बार

अपना रेट बताकर गुलमर्ग की घाटियों में घुमाने का लालच दे रहे थे। हम लोगों ने पैदल चलना ही उचित समझा। थोड़ी ही दूर जाकर हमें पहाड़ पर लाल रंग का एक मंदिर दिखाई पड़ा। हम सीढ़ी से ऊपर की ओर चलने लगे।

गुलमर्ग में एक सुव्यवस्थित हिंदू मंदिर देखकर अच्छा लग रहा था। सीढ़ियों से ऊपर पहुँचने के पश्चात् हमने देखा कि यह एक शिव मंदिर है। लाल रंग का यह मंदिर बहुत विशाल और भव्य नहीं था, परंतु इसकी सादगी और इसके पीछे हरे घास के बैकग्राउंड ने इसके सौंदर्य में चार चाँद लगा दिए थे।

यह मंदिर छोटा था। इसमें सफाई, शांति और सुकून था। इस मंदिर का नामकरण महाराजा कर्ण सिंह की पत्नी मोहिनी देवी के नाम पर था। मंदिर के बाहर लगे शिलापट में यह जानकारी अंकित थी। मंदिर में शिव की मूर्ति और शिवलिंग के अतिरिक्त इसके चारों ओर परिक्रमा करने का भी पर्याप्त स्थान था। पहाड़ों पर स्थित इस मंदिर से दूर-दूर तक का दृश्य दिखाई पड़ रहा था। उत्तर भारत में मंदिर का ऐसा नजारा देखने को नहीं मिलता है। फलतः यह मंदिर देखकर हम सभी आह्लादित थे। बाद में पता चला कि इसी मंदिर में 'आपकी कसम' फिल्म का प्रसिद्ध गीत फिल्माया गया था, 'जय-जय शिवशंकर काँटा लगे न कंकड़ प्याला जो तेरे नाम का पिया'। हम थोड़ी देर वहीं बैठे रहे। वहाँ अच्छा लग रहा था। करीब आधे घंटे के आराम और फोटोग्राफी के पश्चात् हम लोग सीढ़ियों से नीचे उतर आए।

सीढ़ी से नीचे उतरते ही हमें पुनः घोड़ेवाले मिल गए। वे बहुत सस्ते में हमें गुलमर्ग के महत्त्वपूर्ण स्थलों को घुमाने के लिए तैयार थे। हम सभी मित्र घोड़े पर घूमने के लिए तत्पर नहीं थे, लेकिन उनकी सरलता, सादगी और बेचारगी ने हमें घोड़े पर बैठकर घूमने के लिए बाध्य कर दिया।

इस कश्मीर-यात्रा में हम पहली बार घोड़े की यात्रा कर रहे थे। घोड़े पर बैठना नए लोगों को अत्यंत असुविधाजनक होता है, परंतु घोड़े पर घूमना आनंदित भी कर रहा था। घोड़ेवाला, जो एक स्थानीय कश्मीर युवक था, हमें गुलमर्ग की सूचनाएँ भी देता जा रहा था। पहले उसने बताया, 'बाबूजी, यह जगह देख रहे हो, यहाँ मिशन-कश्मीर के गाने 'बुमरो-बुमरो' की शूटिंग हुई थी। आगे बढ़कर उसने बताया कि यहाँ 'सत्ते पे सत्ता' फिल्म की शूटिंग हुई थी। वह हमें लंबे रास्ते से ले जा रहा था। बहुत देर बाद वह टर्न हुआ। वहाँ घोड़े पर से ही एक बहुत बड़ा मैदान दिखाई पड़ रहा था। मैंने पूछा, ''यह क्या है ?''

घोड़ेवाले ने तुरंत ही उत्तर दिया, ''बाबूजी, यह एशिया का सबसे बड़ा गोल्फ कोर्स है।'' यह मैदान विशाल था, लेकिन इसमें बड़ी बेतरतीब से घास उगी हुई

थी। रख-रखाव के अभाव में यह बहुत ही अव्यवस्थित दिखाई दे रहा था। कश्मीर में पर्यटन-स्थलों के रखरखाव का अभाव एक बार फिर मन को खिन्न कर रहा था। गुलमर्ग में शीतकालीन ओलंपिक और राष्ट्रीय शीत खेल का आयोजन होता रहता है। समाचार-पत्रों में इन खेलों के फोटो देखकर यहाँ घूमने का बहुत मन हुआ करता था, लेकिन आज यहाँ इनकी यह दुर्दशा देखकर मन अत्यंत दुःखी था।

घोड़े से हम लोगों ने गोल्फ मैदान का करीब अर्धवृत्ताकार चक्कर पूरा किया। घोड़ेवाले ने हमें जहाँ उतारा, वहाँ से एक ट्रॉली वाला स्पॉट था। यहाँ लंबी कतार थी। इसमें कुछ विदेशी भी खड़े थे। कश्मीर के बारह दिनों के क्रम में पहली बार विदेशियों को देखकर अच्छा लगा। आतंकवाद के कारण विदेशियों के न आने से कश्मीर का पर्यटन और कश्मीर का आम आदमी कितनी बड़ी आर्थिक क्षति झेल रहा है? अचानक ही मेरा मन इस दिशा में चिंतनशील हो उठा। मैंने मन का गियर चेंज किया।

घोड़ेवाला बड़ा आत्मीय था। उसकी आत्मीयता से हम सभी स्पर्शित एवं स्पंदित थे, फलतः उसे हम लोगों ने घोड़े की सवारी के लिए जो पैसे तय किए थे, उससे ज्यादा ही दिए। जाते-जाते घोड़ेवाले ने बताया, ''बाबूजी सामने खिड़कियों वाली जो बिल्डिंग देख रहे हो, यहीं पर बॉबी फिल्म का मशहूर गाना 'हम तुम एक कमरे में बंद हों और चाबी खो जाए...'' फिल्माया गया था। मैं सोचने लगा कि हिंदी फिल्मों का भारत के राष्ट्रीय एकीकरण में कितना अमूल्य योगदान है। हिंदी फिल्म भी सच्चे अर्थों में भारत को एक सांस्कृतिक सूत्र में पिरोने का कार्य करती हैं।

ट्रॉली से पहाड़ की ऊपरी चोटी तक भ्रमण की व्यवस्था थी। बिजली से चलने वाली ट्रॉली ऊपर से बंद थी और इसमें आमने-सामने दो-दो लोग आसानी से बैठ सकते थे। कुछ ट्रॉली निरंतर ऊपर जा रही थीं और ऊपर से कुछ ट्रॉली नीचे की ओर आ रही थीं। मैंने हरिद्वार के मनसा देवी मंदिर में ट्रॉली का लुत्फ उठाया है। फलतः लंबी लाइन की उबाऊ प्रक्रिया से बचने के लिए ऊपर जाकर मैंने घूमने का विचार त्याग दिया। मेरी मंडली के अन्य मित्रों ने भी कुछ ऐसी ही प्रतिक्रिया दी, भले ही अलग-अलग कारणों से।

अमरनाथ की यात्रा के दौरान हम लोगों ने हिमालय के कोरे सौंदर्य का जो सुख उठाया था, उसके पश्चात् अब दूर से पहाड़ों की चोटियों को देखने का कोई रोमांच और उत्साह शेष नहीं रह गया था। दूसरी बात अमरनाथ की लंबी यात्रा के पश्चात् हम सभी मानसिक रूप से भी थक चुके थे। फलतः गुलमर्ग जैसी जगह का सौंदर्य भी हमें अंदर से पुलकित नहीं कर रहा था। फिर भी हम लोगों ने पेड़ों

की घनी गोद में बैठकर थोड़ा आराम किया, फोटोग्राफी की और धीरे-धीरे हम उसी स्टैंड की ओर निकल पड़े, जहाँ से हमें श्रीनगर के लिए गाड़ी पकड़नी थी। हम पैदल ही बस स्टैंड की ओर चल पड़े। वहाँ हमने खाना खाया, खाना अच्छा था। खाने में दाल, रोटी, चावल और सब्जी थी। इसी दौरान हम लोगों ने जोर-जोर से चीखने की आवाज सुनी। बाहर देखा, दो घोड़ेवाले लड़ रहे थे। उनकी भाव-भंगिमा में आक्रामकता का अभाव था। शायद दोनों घोड़ेवाले किसी टूरिस्ट को अपने घोड़े पर बैठाना चाहते थे। 'एक अनार दो बीमार' जैसी कुछ दशा थी। कश्मीर के बारह दिनों के प्रवास में पहली बार झगड़ा देखकर कुछ अजीब लगा, लेकिन अन्य पर्यटक-स्थलों के विपरीत कश्मीर में एक आत्मानुशासन एवं आत्मनियंत्रण था।

खाना खाने के पश्चात् हम लोग थोड़ा सुस्ताए और फिर गाड़ी पकड़कर श्रीनगर की ओर निकल पड़े। वही रास्ते, वही रफ्तार, वही मकान, वही पहाड़ों की शृंखला, सुबह जिसे हमने अपलक निहारा था, अब रोमांच पैदा नहीं कर रही थी। हम सभी की आँखों में निद्रा और आलस्य का सम्मिलित भाव था। श्रीनगर पहुँचकर हमें शाम हो गई थी। आज हम लोगों ने कमरे में ही आराम करने का निर्णय लिया। जैसे प्रत्येक रात की एक सुबह होती है, वैसे ही प्रत्येक यात्रा का एक अंत भी होता है। हम अपनी यात्रा के अंत की ओर बढ़ रहे थे। एक ओर कश्मीर को छोड़ने का मलाल था तो दूसरी ओर घर पहुँचने की आतुरता।

अगले दिन सुबह हम श्रीनगर से जम्मू के लिए चल पड़े। हम एक आठ सीटों वाली गाड़ी में बैठे थे। हम पाँच मित्रों के अतिरिक्त अन्य तीन लोगों की आवश्यकता थी। कश्मीर के इस प्राइवेट स्टैंड में गाड़ीवाला पूरी गाड़ी भरने के बाद ही जम्मू के लिए रवाना हुआ करता है। हम भी प्रतीक्षा करते रहे, लेकिन इस प्रतीक्षा में एक बेचैनी थी, उत्सुकता नहीं।

□

अध्याय–23

मन, मंदिर और बाजार

बिकाऊ-बिकाऊ, कुछ नहीं टिकाऊ
मदरसे और मंदिर भी बाजार निकले।

—डॉ. शेरजंग गर्ग

श्रीनगर से जम्मू की ओर चलने के पश्चात् अंदर तक आनंद की अनुभूति की सिहरन हो गई। मन भी कैसा विचित्र होता है। घर में रहकर यात्रा की योजना और अब यात्रा में घर की याद। कभी–कभी घर–बाहर ऐसे ही विपरीत ध्रुवों में मन झूलता रह जाता है। मन के इसी खेल में जिंदगी बीत जाती है।

श्रीनगर से बाहर निकलते ही हमें कई जगह ट्रैफिक जाम का सामना करना पड़ा। जम्मू–श्रीनगर राजमार्ग पर ट्रैफिक की भीड़ सुखद प्रतीति करा रही थी। यद्यपि हमारी गाड़ी की रफ्तार इसी भीड़ के कारण अत्यंत धीमी हो जा रही थी और हमें ट्रैफिक जाम में बार–बार रुकना पड़ रहा था। जम्मू से आनेवाले अमरनाथ यात्रियों की भीड़ स्पष्टतया दृष्टिगोचर हो रही थी। बसों में, छोटी गाड़ियों में, प्राइवेट गाड़ियों में। ऐसा लग रहा था कि सभी लोग अमरनाथ–यात्रा के लिए निकल पड़े हैं। धीमी गति की इस थकाऊ यात्रा के पश्चात्, हम रात के करीब बारह बजे जम्मू में सरस्वती निवास पहुँचे। यह हमारा सौभाग्य था कि रात के बारह बजे भी हमें सोने के लिए एक एयरकंडीशंड ड्रोरमेटी मिल गया। सुबह हम देर तक सोते रहे। अब हमारे सामने न कोई लक्ष्य था, न ही लक्ष्य पाने का तनाव और रोमांच।

जम्मू की सुबह उदास थी। यह उदासी क्या थी, क्यों थी ? मैं यह नहीं समझ पा रहा था। अमरनाथ–यात्रा के अविस्मरणीय और अलौकिक आनंद के कारण कल तक मन कितना प्रफुल्लित था और आज अचानक उदासी की मनोदशा। मैं बहुत देर तक मौन बैठा रहा।

हमारे समूह के दो मित्रों को दोपहर की ट्रेन पकड़नी थी। हम बाकी लोग उन्हें छोड़ने स्टेशन तक गए। स्टेशन में वही मंजर था। ट्रेन में बैठे यात्री, उन्हें विदा करते लोग, ट्रेन पकड़ने की जल्दबाजी, सामान बेचते वेंडर्स, स्टेशन में आराम करते लोग। हम लोगों के आधे घंटे की प्रतीक्षा के उपरांत ट्रेन चल पड़ी।

दोपहर को हम लोग क्या करें? यह समझ नहीं आ रहा था। पिछले आठ-दस दिनों में, जो उल्लास और त्वरा थी, आज वह उमंग और तरंग मद्धिम पड़ गई। विकल्पों पर विचार के उपरांत हम लोगों ने रघुनाथ मंदिर घूमने का मन बनाया।

रघुनाथ मंदिर के बाहर का बाजार बहुत विशाल था। यहाँ सभी कुछ बिक रहा था। कपड़े, खिलौने, सौंदर्य-प्रसाधन, खेल का सामान, प्रसाद, धार्मिक वस्तुएँ, लकड़ी के सामान, मोबाइल सबकुछ।

रघुनाथ मंदिर में शांति और सफाई थी। वहाँ अपेक्षाकृत भीड़ भी कम थी। इस मंदिर का मुख्य आकर्षण था—स्फटिक का शिवलिंग। यह शिवलिंग इतना दिव्य था कि निगाहें उससे हट ही नहीं रही थीं। हम बहुत देर तक वहीं खड़े होकर शिवलिंग को निहारते रहे। अंततः हमारा ध्यान भंग हुआ, उस मंदिर स्थित पुजारी के प्रलोभन भरे पूजा के प्रचार से। हम लोग चुपचाप वहाँ से निकल आए।

मेरे मन में बार-बार यही प्रश्न आ रहा था, जो अकसर धार्मिक स्थलों के भ्रमण के दौरान आता है। वही वर्षों पुराना प्रश्न। मंदिर के आस-पास बाजार क्यों पाया जाता है? मंदिर अगर अलौकिक की खोज है, ईश्वरीय ऊर्जा की अनुभूति है, तो फिर इसके आस-पास बाजार की क्या आवश्यकता व उपयोगिता हो सकती है?

मैंने मन में मंदिर और बाजार के मध्य परस्पर एक विरोधी मान्यता घर कर गई है, लेकिन मंदिर और बाजार के मध्य एक पूरकता का भी संबंध हो सकता है।

पहली बात, मंदिर में हम शांति और ईश्वर की खोज करते हैं, लेकिन भौतिकता भी हमारी एक आवश्यकता है और जीवन का एक अनिवार्य अंग भी। दूसरी बात, मंदिर में अकसर एक बहुत बड़ा वर्ग वर्ष भर आता-जाता रहता है। यह श्रद्धालु वर्ग अपने प्रियजनों के लिए कुछ स्मृति या भेंट भी ले जाना चाहता है। अधिकांश लोगों की यह स्वाभाविक चाहत होती है। फलतः वह बड़े चाव से खरीदारी करता है। इस छोटी-मोटी खरीददारी से कई लोगों की दुकानें और दुकान के सहारे कई लोगों का परिवार चलता है। जीविकोपार्जन के रूप में तीर्थ की उपयोगिता एक महत्त्वपूर्ण आयाम है, जिस ओर अकसर हमारा ध्यान नहीं जाता है। गलियों, नुक्कड़ों, बाजार और ट्रेन में अकसर ज्ञान की ऐसी बड़ी-बड़ी बातें बड़ी सहजता से सुनी जा सकती हैं, "हम क्या लेकर आए हैं, सबकुछ यहीं छोड़कर जाना है।"

तीसरा कारण कुछ अलग भी हो सकता है। अब अधिकांशत: मंदिर और भगवान् भी हमारे लालच का एक परस्पर व्यापार बन गए हैं। हम अकसर भगवान् से मंदिरों में सौदा करते देखे जा सकते हैं। भगवान्, बेटे की नौकरी लग जाए तो दोबारा आऊँगा। भगवान्, बेटी की शादी हो जाए तो मैं चढ़ावा चढ़ाऊँगी आदि-आदि। यह लालच एक सौदा है। यह हमारे सामाजिक मनोविज्ञान के असली चरित्र को उद्घाटित करता है, लेकिन हम केवल अध्यात्म की बात करते हैं। हमारा समूचा जीवन आज भी भौतिकता की कुंठित दौड़ के धरातल पर खड़ा हुआ है। यही कारण है कि बनारस में काशी-विश्वनाथ का मंदिर हो, अमृतसर में स्वर्ण-मंदिर हो, पुरी का पुरातन मंदिर हो, शिरडी के साईबाबा का मंदिर हो, हरिद्वार का मनसा मंदिर हो, देवघर का शिवमंदिर हो या फिर तिरुपति का प्रसिद्ध मंदिर, बाजार हमें बहुतायत में हर जगह दिखाई देगा।

भौतिकता हमारी नई बीमारी है और बाजारवाद हमारी नई आदत, शायद इसलिए शिवा विश्वनाथ जैसे समाज वैज्ञानिक ने शॉपिंग को राष्ट्रीय खेल का दरजा दिया है। ईमानदारी से स्वीकार करता है कि मैंने भी थोड़ी शॉपिंग की, लेकिन मन बुरी तरह थक चुका था। यह मेरे जीवन का भी विचित्र विरोधाभास है कि मैं शॉपिंग को मध्यमवर्ग का सबसे बड़ा व्यसन मानता हूँ, फिर भी किसी भी नए पर्यटन-स्थल से अपने परिवारजनों के लिए शॉपिंग करने से स्वयं को नहीं रोक पाता हूँ।

शाम को हम लोग नियत समय पर स्टेशन पहुँच गए। ट्रेन और स्टेशन पर भारी भीड़ थी। हम भाग्यशाली थे कि हमारी बोगी में भीड़ नहीं थी।

ट्रेन में बैठते ही मन घर और बच्चों के बारे में सोचकर प्रफुल्लित हो रहा था। यह अमरनाथ-यात्रा की समाप्ति की अंतिम वेला भी थी। फ्लैश बैक में अनायास मन में चित्र घूम रहे थे। रजिस्ट्रेशन की गहमागहमी, श्रीनगर में हाउसबोट का आनंद, पहलगाम की हरियाली, शेषनाग की नीली झील, पहाड़ों से बहते दूध जैसे उज्ज्वल झरने, पंचतरिणी की नदी, शिवलिंग का दिव्य दर्शन, बालटाल का खतरनाक रास्ता, सोनमर्ग का अद्भुत प्राकृतिक सौंदर्य, गुलमर्ग की मस्ती, श्रीनगर का शंकराचार्य मंदिर। सबकुछ याद आ रहा था। अतीत के आनंद और भविष्य की योजना के बीच मेरा मन झूल रहा था।

आँखों में नींद थी। मेरे बगल में बैठे सज्जन, 'जिंदगी न मिलेगी दोबारा' फिल्म देख रहे थे।

□

भाग–3

अनुभव

अध्याय–1

अजब–गजब लोग

''यह दुनिया इतनी बड़ी, रहस्यमय, रोचक है कि एक नहीं, अनेक जीवन भी इसे देखने के लिए पर्याप्त नहीं।''

—राहुल सांकृत्यायन

अमरनाथ–यात्रा के दौरान अध्यात्म, धर्म, संस्कृति, सौंदर्य और पर्यटन के साथ–साथ मनोवैज्ञानिक स्तर पर भी एक नया और रोमांचक अनुभव प्राप्त होता है। निःसंदेह, अमरनाथ–यात्रा के पीछे अधिकांश यात्रियों का धार्मिक दृष्टिकोण काम करता है। धर्म एक व्यापक अवधारणा है। फलतः धर्म के संदर्भ में लोगों की मान्यताएँ भी भिन्न–भिन्न हैं। ये मान्यताएँ सही हैं या गलत; इस निर्णय से बचते हुए अमरनाथ–यात्रा के अनुभवों से प्राप्त मान्यताओं का विवरण एवं विश्लेषण हमें एक नवीन दृष्टि प्रदान कर सकता है।

जम्मू स्थित यात्री–निवास में अमरनाथ–यात्रा के लिए रजिस्ट्रेशन की व्यवस्था थी। अमरनाथ हेतु रजिस्ट्रेशन के लिए लंबी कतार थी। इस लंबी कतार की ऊबन और थकान से बचने के लिए मैं वहाँ ड्यूटी पर तैनात सी.आर.पी.एफ. के एक जवान से संवाद करने लगा। सी.आर.पी.एफ. के जवान के लिए मेरे आदर भरे संबोधन ने सुगम माहौल निर्मित कर दिया। इसके परिणामस्वरूप, सजग और सतर्क मुद्रा से वह सिपाही एक सहज भाव–भंगिमा में आ गया था। वार्त्तालाप के दौरान वह कहने लगा, ''सर जी! यहाँ अमरनाथ–यात्रा के लिए कई बूढ़े भी आ जाते हैं। उनकी कोई मेडिकल जाँच नहीं होती है। बस धार्मिक उत्साह में वे अमरनाथ–यात्रा के लिए आ जाते हैं।'' वह जवान बड़ी बेबाकी से बता रहा था, ''कई बूढ़े यों ही आ जाते हैं। यहाँ से उनकी लाश ही जाती है।'' मैंने पूछा, ''ऐसे कितने लोग होते

हैं?'' उसने कहा, ''सर जी बहुत।''

मैं उस जवान के 'बहुत' वाली अभिव्यक्ति से संतुष्ट नहीं था। यह मुझे अतिशयोक्तिपूर्ण लग रहा था, लेकिन मैंने रास्ते में साठ वर्ष से अधिक उम्रवाले कई लोगों को यात्रा करते देखा था। उनके चेहरे में कोई चिंता की लकीरें नहीं थीं। वे प्रसन्नचित्त थे।

अमरनाथ-गुफा से पहले बर्फ का एक विशाल ग्लेशियर पड़ता है। यहाँ यात्रा आनंदमयी थी। इस ग्लेशियर से गुफा की ओर आगे जाने के लिए दो मार्ग थे। फलतः हम मार्ग को लेकर दुविधा में थे। इस संबंध में हम यह जानकारी चाहते थे कि अमरनाथ-गुफा की यात्रा के लिए कौन सा मार्ग सुगम सिद्ध होगा? कौन सा मार्ग अमरनाथ-गुफा की ओर हमें शीघ्र पहुँचाएगा? हम इस मार्गदर्शन के लिए भी व्याकुल थे। यह प्रश्न मैंने एक पिचहत्तर वर्ष के व्यक्ति से पूछा। उस व्यक्ति ने हमें मार्ग बताया। उस व्यक्ति के बाल सफेद थे। शरीर से वे बूढ़े लग रहे थे, लेकिन उनके व्यक्तित्व में ऊर्जा, उमंग और उत्साह था। चेहरे में एक आकर्षक मुसकान और संतुष्टि का भाव भी। उनके आभामंडल से प्रभावित और आकर्षित होकर मैंने उन्हें असहज करनेवाला एक प्रश्न पूछ ही लिया, ''अंकल, आपकी उम्र कितनी है?'' मुसकराकर उन्होंने उत्तर दिया, ''पिचहत्तर वर्ष।'' संवाद के क्रम में उन्होंने यह भी बताया कि मैं सात बार अमरनाथ-यात्रा कर चुका हूँ। उनका साहस, शौर्य, संकल्प, आस्था और निष्ठा देखकर हम सभी अचंभित थे। हमारे पाँच सदस्यीय दल के विकासजी को मार्ग में यात्रा के दौरान पैरों में कुछ परेशानी हो रही थी, वे बार-बार किसी मंत्र की तरह यही दुहरा रहे थे, ''इस बार आ गया, अब दोबारा अमरनाथ-यात्रा करने की गलती कभी नहीं करूँगा।'' विकासजी मात्र पैंतीस वर्ष के हैं और वह अंकल, उनका नाम भूषण राय था, पिचहत्तर वर्ष की आयु में यात्रा कर रहे थे।

दोनों की उम्र और उत्साह का फासला चौंकानेवाला था। चुटकी लेकर मैंने भी उन वृद्ध यात्री से पूछ ही लिया, ''अंकल, और कितनी बार अमरनाथ-यात्रा की योजना है?'' उन्होंने बड़े आत्मविश्वास से उत्तर दिया, ''जब तक जीवित हूँ।'' उनके उत्तर ने मुझे इस चिंतन को विवश कर दिया कि क्या वाकई शारीरिक उम्र जीवन को निर्देशित करती है या हमारी जीवन-ऊर्जा। निश्चित ही जीवन-ऊर्जा और उमंग।

जम्मू में भी वैष्णवी धाम में मैं गुजराती लोगों के एक समूह से मिला। वे हमारे ही बगल वाले कमरे में ठहरे थे। यह आठ-दस लोगों का एक समूह था। इस संबंध में यह भी एक रोचक तथ्य था कि इसमें अधिकांश लोग साठ वर्ष से

अधिक अवस्था के थे। उनकी स्फूर्ति अविश्वसनीय थी। वे बार-बार अमरनाथ-यात्रा से संबंधित वार्त्तालाप किया करते थे। उनमें अत्यधिक उत्साह था, किंचित् मात्र भी भय नहीं।

मैं बड़ी ईमानदारी से यह स्वीकार करता हूँ कि अमरनाथ-यात्रा के आरंभ में मैं भी कश्मीर में आतंकवादियों के काल्पनिक भय और अमरनाथ-यात्रा के जोखिम को लेकर सहमा हुआ था, लेकिन धीरे-धीरे मेरा भय इन बुजुर्ग नौजवानों को देखकर न जाने कहाँ विलीन हो गया, मुझे यह पता ही नहीं चला।

चंदनबाड़ी से पैदल यात्रा आरंभ करने के पश्चात् मैंने एक नव-विवाहित युगल को भी पैदल यात्रा करते देखा। इस नए विवाहित युगल के केमिस्ट्री को देखकर एक सुखद अनुभूति हुई। शीघ्र ही मेरे मन में यह खयाल घर कर गया, 'हनीमून और अमरनाथ-यात्रा का क्या मेल हो सकता है?' हनीमून संबंधी मेरा अनुमान गलत भी हो सकता था। आखिरकार यह कैसे पता चलता कि क्या वे वाकई नवविवाहित हैं? इस संबंध में कोई भी गलत अनुमान मेरे निष्कर्ष को पूर्णतया गलत सिद्ध कर सकता था। फलतः इस संकट से बचने के लिए मैंने बेशर्मी दिखाना उचित समझा।

"क्या आप लोग नवविवाहित हैं?" मैंने उनसे सीधा संवाद स्थापित किया।

नई दुलहन थोड़ा शरमाई और सकुचाई। यह प्रश्न थोड़ा अजीब तो था ही। किसी के व्यक्तिगत-जीवन संबंधी मेरी यह जिज्ञासा उसे जोड़े की निजता के अधिकार का अतिक्रमण भी थी, परंतु नवविवाहित व्यक्ति ने बड़े मुसकराकर उत्तर दिया, "जी हाँ, केवल एक महीना पहले ही हमारी शादी हुई है।"

हनीमून, हिमालय, अमरनाथ और आस्था के मध्य भला क्या संबंध हो सकता है? यह प्रश्न मुझे महीनों तक परेशान करता रहा। इसका उत्तर मुझे बुद्ध के उपदेशों पर आधारित ग्रंथ 'धम्मपद' में मिला। धम्मपद में एक कहानी का संदर्भ आता है एक विवाह-समारोह में बौद्ध भिक्षुओं को आमंत्रित करने का प्रसंग है। प्राचीन भारत में विवाह में बौद्ध भिक्षुओं को आमंत्रित करने के पीछे दो-तीन संभावित कारण हो सकते हैं—पहला कारण, तत्कालीन भारतीय समाज में बौद्ध-भिक्षुओं को अत्यधिक सम्मान था, दूसरा कारण आध्यात्मिक था। विवाह के बंधन में बँधकर भी नवयुवक एवं नवयुवती के मन में ध्यान एवं धर्म की भावना की एक सकारात्मक छाप पड़ जाए, इसका एक यह सुविचारित सामाजिक प्रयास था। इसका एक महत्त्वपूर्ण मनोवैज्ञानिक भी आयाम था। भिक्षुओं का ऊर्जामंडल नवविवाहित दंपती के जीवन को एक शुभ और सकारात्मक दिशा दे सकता था। तीसरा कारण विवाह-उत्सव को एक आध्यात्मिक स्वरूप देने से संबंधित हो सकता है।

यहाँ अमरनाथ की कठिन, दुर्गम, जोखिम और चुनौती भरी यात्रा में इस नवविवाहित युगल ने भारत की प्राचीन धार्मिक परंपराओं को एक बार पुनर्जीवित कर दिया था। मेरा यह निष्कर्ष केवल मेरा विभ्रम नहीं हो सकता है, क्योंकि मैंने जम्मू स्थित वैष्णो देवी मंदिर, मनाली स्थित हिडंबा मंदिर, महाराष्ट्र स्थित साईं मंदिर और उत्तराखंड स्थित हरिद्वार और ऋषिकेश में भी नवविवाहित युगलों को भ्रमण करते हुए अकसर देखा है।

इस यात्रा में, दूसरे दंपती की कथा भी रोचक है। मुझे दिल्ली का एक दंपती मिला। पति-पत्नी के अतिरिक्त एक दस वर्ष का लड़का और बारह वर्ष की लड़की इस परिवार के अन्य सदस्य थे। इस परिवार का दस वर्षीय लड़का अमरनाथ-यात्रा के दौरान अत्यंत आनंदित था, परंतु लड़की निरंतर रो रही थी। उस रोती लड़की को देखकर मैं थोड़ा परेशान हुआ। मुझे असहजता की अनुभूति हुई। यद्यपि यात्रा के दौरान मैं उनसे आगे निकल गया था। यह परिवार मुझे आगे मार्ग में दो बार मिला। दोनों बार उस लड़की को मैंने अनवरत रोते हुए देखा। मैं थोड़ी देर के लिए रुक गया और उनके पिता से पूछा, ''बच्ची, क्यों रो रही है ?'' पिता ने चिंतित स्वर में उत्तर दिया, ''इसके सिर में तेज दर्द हो रहा है और मेरे पास कोई दवा नहीं है ?''

हिमालय की अत्यधिक ऊँचाई में कई लोगों को सिर दर्द की ऐसी समस्या हो जाती है। मेरे पास बैग में डिस्प्रिन की गोली थी। मैंने उसे तुरंत दे दी। मेरे पास लिम्का की एक बोतल थी। यह जूठी नहीं थी। मैंने उस बच्ची को डिस्प्रिन के साथ लिम्का भी दी। वह संकोचवश इसे लेने से मना कर रही थी। मैंने मुसकराकर बोला, ''ले लो बेटी, जूठा नहीं है। मम्मी कुछ नहीं बोलेंगी।'' उस लड़की की मम्मी थोड़ी गंभीर मुद्रा में मौन थी। मैं उनकी ओर देखकर मुसकराया और उनके समक्ष खड़ा हो गया। मेरी इस नाटकीय भाव-भंगिमा से उनकी भी हँसी फूट पड़ी। उसकी मम्मी बोली, ''ले लो बेटी।'' उस लड़की ने लिम्का के साथ दवाई ली। यही परिवार मुझे दो-तीन घंटे के पश्चात् भोजपत्री के भंडारे में मिला। अब वह बच्ची मुसकरा रही थी, ''बोली थैंक्यू अंकल।'' उसके इस धन्यवाद से मैं अंदर तक स्नेह से सराबोर हो गया। कितना अच्छा अनुभव था।

एक-दूसरे के साथ थोड़ी से सकारात्मक सहयोग से हृदय कितना प्रफुल्लित हो उठता है, परंतु दैनिक जीवन में हम अत्यंत मशीनी हो जाते हैं, केवल हमारा मस्तिष्क ही हमें संचालित करता है। धीरे-धीरे हृदय की भाषा हम भूल ही जाते हैं। यह विस्मृति हमारा दुर्भाग्य है।

यात्रा के मध्यम पड़ाव पंचतरिणी में हम शाम के पाँच बजे तक पहुँच चुके

थे। पंचतरिणी अपेक्षाकृत एक बड़ा समतल भू-भाग है। यहाँ पहुँचकर सर्वप्रथम हम लोगों ने अपने लिए एक टैंट आवंटित करवाया। इसमें अपना सामान रखकर हम मौसम, सामने बहती नदी और हिमालय के पहाड़ों की नवीन छटा का आनंद लेने बाहर निकल गए। वहाँ लंगर की भी व्यवस्था थी। फलतः हल्के भोजन के पश्चात् संध्या के सात बजे हम टैंट में आकर रजाई में घुस गए।

इस टैंट में अभी तक पाँच बिस्तर खाली थे। आधे घंटे के पश्चात् इस टैंट में एक अन्य परिवार भी आया। नवागंतुकों के प्रवेश करते ही एक चुप्पी पसर गई। इस परिवार को भी निश्चित रूप से अजीब लगा होगा, उन्हें भी पाँच पुरुषों के साथ स्वयं को समायोजित करना था। मैं इसी दिशा में सोच रहा था। यह अविश्वास और संवादहीनता थोड़ी ही देर में समाप्त हो गई। दोनों समूह के मध्य सहज ही परस्पर-संवाद आरंभ हो चुका था।

परस्पर संवाद से यह ज्ञात हुआ कि यह परिवार उत्तर प्रदेश के मेरठ का रहनेवाला है। "मेरठ में कहाँ?" मैंने उनसे पूछा। मेरठ में मेरी भी रिश्तेदारी है। फलतः वहाँ अकसर आना-जाना होता है। परिवार के मुखिया ने उत्तर दिया— "शास्त्री नगर।" मैंने भी उन्हें बताया, "पल्लवपुरम् में मेरे साढ़ू भाई रहते हैं। मैं वहाँ अकसर आता-जाता रहता हूँ।" इस परिचय के पश्चात् संवाद और भी सहज, गंभीर एवं हार्दिक हो गया।

क्या यह संबंध किसी क्षेत्रीयता के कारण स्थापित हुआ था या फिर आत्मीयता, इसका मुख्य कारण था? मेरे मन में निरंतर यही प्रश्न घुमड़ रहा था, बारिश से भरे किसी बादल की तरह। मुझे ऐसा लगता है कि प्रेम, सम्मान, आत्मीयता मनुष्य की आदिम चाहत है। क्षेत्र, भाषा, प्रांत इस भावना को एक अभिव्यक्ति देते हैं, परंतु मनुष्य-मनुष्य का संबंध हार्दिक और आत्मिक ही होता है। यह एक सार्वभौमिक सत्य है।

अमरनाथ-यात्रा के दौरान मुझे कई सज्जन नंगे पाँव यात्रा करते हुए मिले। अमरनाथ का समूचा सफर अत्यंत ऊबड़-खाबड़ है। यहाँ पत्थर, नदी, बर्फ सभी कुछ मार्ग में हैं। फलतः पैरों के घायल होने की संभावना सदैव बनी रहती है। ऐसी विषम परिस्थिति में यात्रियों को नंगे पाँव चलते देखना एक अबूझ पहेली जैसा था। अध्यात्म संकल्प-शक्ति की एक साधना है। यह संकल्प मनुष्य की सोई हुई ऊर्जा को जगाने का एक उपाय हो सकता है। यह भी हो सकता है कि उस व्यक्ति ने भगवान् से कोई मन्नत माँगी हुई हो, जो पूरी हो गई हो। खैर, पैदल नंगे पाँव चलने के पीछे जो भी कारण रहे हों, यह अत्यंत अटपटा लग रहा था।

यद्यपि इलाहाबाद और हरिद्वार के महाकुंभ में मैंने हठयोगियों को भी देखा है, परंतु वह व्यक्ति कोई साधु नहीं था। वह एक सामान्य व्यक्ति था। मैंने ऐसे ही एक अन्य व्यक्ति को भी नंगे पाँव चलते देखा, जो धीरे-धीरे 'ओम' का उच्चारण कर रहा था। हमारे तार्किक मन को यह विचित्र लग सकता है, लेकिन ये सब आस्था की अलग-अलग अभिव्यक्तियाँ ही हैं, भले ही अवैज्ञानिक और रूढ़िग्रस्त।

अमरनाथ-गुफा से ठीक पहले श्रद्धालुओं की लंबी कतार थी। इस दौरान हम लोगों को एक दंपती अपने पाँच वर्ष के बच्चे के साथ मिले। वे मूलतः उत्तर प्रदेश के देवरिया जिले के रहनेवाले थे। वह बच्चा हमारे आस-पास ही खेल रहा था। हम भी उसके साथ खेलने लगे। बच्चे की चंचलता हमें चिंतामुक्त कर रही थी। थोड़ी देर पश्चात् उसकी मम्मी भी हम लोगों के पास वहाँ खड़ी हो गई। हम लोगों ने उनसे पूछा, "क्या रास्ते में बच्चे ने आपको तंग नहीं किया?" एक ही साँस में हम लोगों ने दूसरा प्रश्न भी पूछ लिया, "क्या यह बालक पैदल आया है या फिर पिट्ठू पर?" उसकी माँ का यह वाक्य सुनकर हम हैरान रह गए कि बच्चा स्वयं ही चलकर यहाँ तक आया है। अपने बच्चे के प्रति हम लोगों की उत्सुकता देखकर उस बच्चे की माँ से एक सहज संवाद आरंभ हो गया। वह स्वयं अपने बच्चे के बारे में बड़े उत्साह से विवरण देने लगी—मेरा यह बेटा पिछले वर्ष भी आया था। उसने बिल्कुल भी परेशान नहीं किया। इस बार स्वयं ही मार्च से हमें कह रहा था, 'मम्मी, अमरनाथ जाना है।' तदुपरांत उसकी माँ सच बोल रही होगी। उसे झूठ समझने का मेरे पास कोई तार्किक कारण नहीं था। मैं यह सोचने लगा कि क्या सचमुच भगवान् शंकर ही अपने भक्त को पुकारते हैं? इसका उत्तर मेरे पास नहीं था।

इसी भीड़ में मुझे भोपाल की एक महिला मिली। उसका पति भी साथ में था। वह महिला अपने ग्यारह महीने के बच्चे को लेकर आई हुई थी। आश्चर्यचकित होकर मैंने उनसे पूछा, "आपका बच्चा कहाँ है?" महिला ने उत्तर दिया, "उसे मैं नीचे टैंट वाले के पास छोड़कर आई हूँ। यह टैंट गुफा के मार्ग से करीब दो किमी. पहले स्थित था। ऐसे ही किसी टैंट के पास हम लोग अपना पर्स, मोबाइल और कैमरा छोड़कर आए थे। हमें इस बात से आशंकित थे कि अधिकांश हिंदू-मंदिरों की तरह हम लोगों को यहाँ बाबा बर्फानी के दर्शन से पहले कैमरा, पर्स उतारना पड़ेगा। हमारे बैग में ताला नहीं लगा हुआ था, लेकिन टैंट वाले, जो स्थानीय कश्मीरी हैं, उन पर कभी भी संदेह नहीं हुआ। एक चार महीने के बच्चे को महिला द्वारा किसी अजनबी के सहारे छोड़ना बहुत मुश्किल हो सकता है। यह स्थानीय कश्मीरियों का

अद्‌भुत प्रेम और स्नेह कहा जा सकता है, जो अमरनाथ-यात्रा के श्रद्धालुओं को एक शक्ति प्रदान करता है। क्या अन्य भारतीयों को यह सहसा विश्वास हो सकता है कि कश्मीरी इतने सरल, सहज और विश्वसनीय होते हैं ? आम भारतीयों को यह संदेह स्वाभाविक भी है। कश्मीरियों के संदर्भ में मैं भी संदेहग्रस्त था।

धन्यवाद अमरनाथ-यात्रा का। कश्मीरियों के संबंध में मेरी भी पूर्वग्रहयुक्त धारणा को एक नवीन अंतर्दृष्टि प्राप्त हो गई थी।

□

अध्याय-2

बुद्ध, कबीर और स्टीफन हॉकिंस का अंतर्द्वंद्व

ईश्वर को छोड़ और ईश्वर नहीं है, यह सत्य है,
और सत्य यह भी है, मन के सिवाय कोई दूसरा नवीं नहीं।
घूम रहा आदमी का मन अंधकार में,
खोजते हुए अपूर्व, स्वर्ग को, स्वर्ग जो छिपा हुआ है हममें और तुममें।

—अबुल अरा

अमरनाथ-गुफा का अनुभव समय की धूल में थोड़ा पुराना पड़ गया है। अमरनाथ-गुफा स्थित शिवलिंग, जिसे कई लोग बाबा बर्फानी भी कहते हैं, के दर्शन को एक वर्ष से भी लंबा अनुभव बीत चुका है, परंतु आज भी यह अनुभव मेरे मनोमस्तिष्क में अत्यंत सजीव और जीवंत है।

शिवलिंग के दर्शन के दौरान मैं बिल्कुल निर्विचार दशा में आविष्ट हो गया था। यह किसी सामाजिक मान्यताओं के परिणामस्वरूप नहीं था। मैं किसी धार्मिक मान्यताओं से सम्मोहित नहीं था। मेरा तार्किक मस्तिष्क सजग था और धार्मिक मान्यताओं संबंधी मेरा संदेह भी सोया नहीं था। उस दिव्य अनुभव को तार्किक दृष्टिकोण से विश्लेषित करता हूँ, तो महात्मा बुद्ध, कबीर और स्टीफन हॉकिंस की ईश्वर संबंधी मान्यताएँ मुझे राह दिखाती हैं। इन मान्यताओं की चर्चा से पूर्व, उन अलग-अलग घटनाओं और शिवलिंग के दर्शन के उपरांत हुए अनुभवों का ब्योरा इस विश्लेषण को रोचकता के साथ विस्तार देगा।

प्रसंग-1 : मेरे ही कॉलेज की एक महिला सहकर्मी जब पिछले वर्ष अमरनाथ-

यात्रा गईं, तो उन्हें उनके माता-पिता के अतिरिक्त कई लोगों ने चढ़ावा दिया कि इसे बाबा बर्फानी पर चढ़ा देना।

यहाँ पाठकों को यह जानकारी देना उचित और अनिवार्य होगा कि अधिकांश हिंदू मंदिरों की तरह अमरनाथ मंदिर में चढ़ावा चढ़ता है, जो शिवलिंग से थोड़ी दूर बैठे पंडित को दे दिया जाता है। पंडित बदले में श्रद्धालु को कुछ टोकन देता है। मसलन, एक रुपए का सिक्का, चुनरी, थोड़ा सा सूखा प्रसाद। मेरी सहकर्मी बहुत खुश थीं। उन्हें इस चढ़ावे के बदले में पंडितजी ने एक छोटी सी लाल रंग की चुनरी दी थी।

सामान्य बुद्धि का मेरा साधारण प्रश्न यह है कि क्या यह चढ़ावा पंडित के माध्यम से भगवान् तक पहुँच गया? इसका सीधा उत्तर होगा—नहीं। यह पंडित या न्यास तक पहुँचेगा या जहाँ-कहीं भी पहुँचा हो, मैडम पंडित से यह भेंट पाकर खुश हैं। पंडित झूठा हो सकता है, लेकिन मैडम की यह खुशी एक सच है। भले ही क्षणिक!

प्रसंग-2 : अमरनाथ-गुफा में प्रवेश करने से पूर्व हमें एक बूढ़े सज्जन मिले। उन्होंने अपना प्रसाद देकर हमसे यह आग्रह किया, आप इसे मंदिर में चढ़ा दीजिएगा। इस प्रसाद को लेकर हम आरंभ में दुविधाग्रस्त थे। हमारे मन में पहला विचार यही आया कि यह इनसान स्वयं क्यों नहीं जाकर चढ़ावा चढ़ा रहा है? शिष्टाचार का उल्लंघन करते हुए मैंने उनसे यह प्रश्न भी पूछा, 'आप, स्वयं क्यों नहीं चले जा रहे हैं?' इसका उत्तर उन्होंने यही दिया कि 'मेरे साथी दर्शन करके मुझसे बहुत आगे जा चुके हैं? अगर मैं स्वयं दर्शन के लिए जाऊँगा तो आने-जाने में बहुत समय लग जाएगा और मैं उनके साथ से वंचित हो जाऊँगा।'

यह उत्तर हमें तार्किक लगा, फलतः हम प्रसाद चढ़ाने के प्रस्ताव पर राजी हो गए।

इस प्रसंग से संबंधित प्रश्न यह हो सकता है कि क्या केवल प्रसाद के चढ़ावे से उन सज्जन को उस आनंद की अनुभूति हो सकती है, जैसा आनंद उस शिवलिंग के दर्शन करनेवालों ने उठाया होगा?

शिवलिंग के दर्शन करनेवालों का उत्तर होगा, 'नहीं'। हम कैसे कह सकते हैं कि प्रसाद चढ़ानेवाला एक अद्‍भुत आनंद से वंचित रह गया होगा?

प्रसंग-3 : हम अमरनाथ-गुफा के दर्शन को जा रहे थे। इसी दौरान सीढ़ी में हमने सेना के चार जवानों को एक लाश को उतारते देखा। इसे देखकर यह सहज ही अनुमान लगाया जा सकता है कि इस व्यक्ति की मृत्यु शिवलिंग के दर्शन से

पूर्व हो गई होगी। इस घटना के संदर्भ में दो संभावना उभरकर सामने आती हैं कि क्या व्यक्ति की मृत्यु इस यात्रा के कारण हुई और अगर हाँ, तो अमरनाथ-यात्रा के प्रति उनकी इतनी दीवानगी और अंधी श्रद्धा क्यों ?

दूसरी संभावना यह हो सकती है कि उस व्यक्ति की मृत्यु तृप्तिपूर्ण हुई हो, जैसी मान्यता है कि तीर्थ के दौरान हुई मृत्यु भी शुभ होती है। जम्मू में मेरे साथ ठहरे कई गुजराती वृद्ध व्यक्तियों ने भी ऐसी बात कही, यद्यपि वे स्वयं बूढ़े थे।

ईमानदारी की बात यह भी है कि उस वक्त लाश देखकर हम स्वयं भी भयभीत हो गए थे।

मृत्यु जीवन का सत्य है, लेकिन इसे कोई स्वीकार नहीं करता है।

प्रसंग-4 : अमरनाथ-गुफा की सीढ़ियों से करीब आधा किमी. पहले हमें बहुत देर तक एक ही स्थान पर खड़ा रहना पड़ा था; क्योंकि अत्यधिक भीड़ के कारण श्रद्धालुओं की पंक्ति बहुत धीरे-धीरे आगे सरक रही थी।

इसी भीड़ में मुझे देवरिया (उत्तर प्रदेश) के एक दंपती मिले। उनके साथ पाँच वर्ष का उनका बेटा भी यात्रा कर रहा था। पैदल-पैदल, वह भी मुसकराहट के साथ।

हम सभी उस छोटे बच्चे की हिम्मत देखकर अचंभित थे, लेकिन साथ-ही-साथ हमारे मन में यह भी प्रश्न आ रहा था कि इतने छोटे बच्चे को लेकर यहाँ इस दुर्गम, निर्जन और खतरनाक स्थल में आने की क्या आवश्यकता थी ?

अवसर मिलने पर बड़ी बेशर्मी से मैंने उनसे यह प्रश्न भी पूछ लिया कि इतने छोटे बच्चे को लेकर यहाँ आने की क्या आवश्यकता थी ? यद्यपि मेरा यह प्रश्न उनकी निजता का बेशर्मी से किया गया अतिक्रमण था।

उनका उत्तर रोचक था। उन्होंने बताया कि हम लोग पति-पत्नी दोनों ही अमरनाथ-यात्रा आया करते थे। जब यह छोटा था, तब भी। पहले साल को छोड़कर हमें कभी भी किसी समस्या का सामना नहीं करना पड़ा। जब मेरा बेटा तीन साल का था, तब से वह स्वयं ही हठ करता है कि इस बार अमरनाथ-यात्रा पर जरूर जाना है।

उनका उत्तर सुनकर मैं हतप्रभ था, परंतु मेरे मन में यह प्रश्न आ रहा था कि अगर इस ठंड में इनको कुछ हो गया तो… ?

आध्यात्मिकता पर ममत्व को हावी होते देखकर मेरे मन में यही प्रश्न आ रहा था कि क्या आध्यात्मिक अनुभव में इतनी ताकत हो सकती है कि वह ममता के समक्ष बौना पड़ जाए ?

इस संदर्भ में हमारा उत्तर जो भी हो, लेकिन इतना अवश्य है कि उस महिला

का व्यक्तिगत अनुभव ममत्व से ज्यादा धार्मिक सुख को वरीयता दे रहा था।

प्रसंग-5 : अमरनाथ-यात्रा के दौरान सैकड़ों लोगों से संवाद के पश्चात् यही अनुभूति हुई कि अमरनाथ में शिवलिंग के दर्शन का अत्यधिक रोमांच और कौतूहल है। उस अनुभव को मैंने कई लोगों की चर्चा में भी महसूस किया है, जो अमरनाथ-यात्रा कभी नहीं गए हैं और न ही जा सकते हैं। अगर इस शिवलिंग का दर्शन इतना दिव्य है तो स्वाभाविक रूप से शिवलिंग के पास जो पंडित बैठता है, उसे यह दिव्य अनुभूति और भी अधिक होनी चाहिए, परंतु आप अगर इन पंडितों से एकांत में बात करेंगे तो उन्हें ऐसा कतई महसूस नहीं होता है।

ईश्वरीय अनुभूति कोई तार्किक विश्लेषण की विषयवस्तु नहीं है, फिर भी इन चार-पाँच वर्णित प्रसंगों का विश्लेषण और मेरे व्यक्तिगत अनुभव के संश्लेषण द्वारा हम एक विवेकशील निष्कर्ष तक पहुँच सकते हैं। इससे पहले, अच्छा यह होगा कि ईश्वर के संबंध में हम बुद्ध, कबीर और स्टीफन हॉकिंस की मान्यताओं का विश्लेषण करते हैं।

महात्मा बुद्ध की यह बुनियादी मान्यता है कि ईश्वर जैसी कोई सत्ता नहीं होती है। बुद्ध ने ध्यान द्वारा अपनी चेतना के विकास और विस्तार के माध्यम से सत्य के साक्षात्कार की बात कही है। महात्मा बुद्ध के जीवन का अंतिम उद्देश्य यही था कि अपना दीया स्वयं बनो। महात्मा बुद्ध की मान्यता से देखा जाए तो अमरनाथ-यात्रा जैसे तीर्थ की कोई उपयोगिता सिद्ध नहीं की जा सकती है।

कबीर का दृष्टिकोण भी किसी तीर्थ और उसके अंतर्निहित लाभ को स्वीकार नहीं करता है। कबीर ने एक दोहा में कहा है—

मन मक्का दिल द्वारका, काया काशी जान।
दश द्वारै का देहरा, तामें ज्योति पिछान।।

अर्थात् मन ही मक्का एवं दिल ही द्वारका है और काया को ही काशी जानो। दस द्वारों के शरीर-मंदिर में ज्ञान प्रकाशमय एवं स्वरूप चेतन को ही सत्य समझो।

कबीर ने धार्मिक मान्यताओं को, विशेषकर धार्मिक रुढ़ियों एवं जड़ताओं पर अत्यंत गंभीर चोट की है। कबीर ने मंदिरों में मूर्ति-पूजा करनेवाले हिंदुओं और ऊँची मीनारवाली मसजिदों में अजान करनेवाले मुसलमानों की आलोचना की है। कबीर बहुत ही साफगोई और बेबाकी से ऐसी घोषणा करते हैं—

कांकर पाथर जोरि के मसजिद लई चुनाय।
ता चढ़ि मुल्ला बांग दे, बहिरा हुआ खुदाय।।

अर्थात् कंकर-पत्थरों को जोड़कर मसजिद चुनवा ली। उस पर चढ़कर मुल्ला

बाँग देता है, क्या इनका खुदा बहरा हो गया है, जो हल्ला करने पर सुनता है।

तीर्थ धार्मिक और आध्यात्मिक भ्रम व बेवकूफी है, ऐसी कबीर की मान्यता है। कबीर की दृष्टि में अमरनाथ जैसा तीर्थ निरी बेवकूफी है। कबीर एक पद भी है—

भावै जाओ बादरी भावै जावहु गया।
कहै कबीर सुनो भाई साधे सबसे बड़ी दया।
(चाहे बदरीनाथ जाओ, चाहे गया जाओ, सबसे बड़ी जीव दया है।)

बुद्ध और कबीर की तरह स्टीफन हॉकिंस जैसे प्रतिभाशाली वैज्ञानिक की ईश्वर संबंधी मान्यता इस चर्चा को एक नया आयाम दे सकती है। स्टीफन हॉकिंस अपनी पुस्तक 'द ग्रेड डिजाइन' में ईश्वर के संबंध में यह उल्लेखित करते हैं कि ईश्वर की कोई सत्ता नहीं होती है। इसी तर्क को आगे बढ़ाते हैं कि ईश्वर जैसी कोई सत्ता समूचे विश्व को संचालित नहीं कर रही है, बल्कि पृथ्वी की गुरुत्वाकर्षण शक्ति ही ब्रह्मांड की समूची व्यवस्था को संचालित कर रही है। स्टीफन हॉकिंस का तार्किक विश्लेषण वैज्ञानिक और बेजोड़ है।

अब अगर बुद्ध, कबीर और स्टीफन हॉकिंस तीनों की मान्यताओं को मैं अमरनाथ-यात्रा के अनुभव को संश्लेषित करता हूँ तो अपेक्षाकृत एक नया विचार इस संबंध में प्रकाशित होता है।

बुद्ध ध्यान की बात करते हैं। अमरनाथ-यात्रा के दौरान एक ध्यान की भाव दशा निर्मित हो जाती है। बुद्ध भी कहा करते थे कि एकांत ध्यान की भूमिका है, प्रकृति ध्यान का सहयोगी और आत्मसाक्षात्कार ध्यान की मंजिल है।

अमरनाथ-यात्रा के दौरान प्रकृति का संग इतना निर्जन है कि व्यक्ति न चाहकर भी अकेला हो ही जाता है। इंटरनेट, मोबाइल और टेलीविजन के मोहपाश से व्यक्ति स्वयं ही मुक्त हो जाता है, क्योंकि यहाँ सारी सुविधाएँ उसे उपलब्ध नहीं हो पाती हैं। यात्रा के दौरान निरंतर प्रकृति के सौंदर्य और एकांत में व्यक्ति शांत होता चला जाता है, क्योंकि व्यक्ति का अहंकार उसके दैनिक जीवन के सामान्य चक्र से क्रमशः टूटता चला जाता है। इसके परिणामस्वरूप व्यक्ति की चेतना में ऊर्ध्वगति होती है। मैंने स्वयं भी ऐसा महसूस किया है। अमरनाथ-यात्रा के दौरान महसूस हुई अवर्णनीय शांति मुझे केवल गहन ध्यान के दौरान ही प्राप्त हुई, अन्यथा नहीं।

कबीर मूर्ति-पूजा और तीर्थ को धार्मिक ढकोसला मानते हैं। सामाजिक और धार्मिक मान्यताओं से संचालित एक विशाल जनसमूह को देखकर यह बात सही भी प्रतीत होती है; लेकिन दूसरी ओर, कई संतों का इतिहास मूर्तिपूजा, मंदिर और तीर्थ का महिमामंडित भी करता है। स्वामी रामकृष्ण बंगाल के ऐसे संत रहे हैं,

जो घंटों माँ काली की प्रतिमा की पूजा किया करते थे। यद्यपि उनकी साधना में सघनता थी। माँ काली की पूजा के दौरान भाव-विभोर होकर निरंतर आँसू बहाना रामकृष्ण की एक स्वाभाविक भाव-भंगिमा थी।

श्रीरामकृष्ण के एक शिष्य ने अपने अनुभवों को लिपिबद्ध किया है—"श्रीरामकृष्ण आज संध्या आरती के बाद दक्षिणेश्वर के काली मंदिर में देवी की प्रतिमा के सम्मुख खड़े होकर दर्शन करते और चमर लेकर कुछ देर हिलते-डुलते रहे।...श्रीरामकृष्ण ने कालीमंदिर से निकलकर चबूतरे पर भूमिष्ठ हो माता को प्रणाम किया। उन्होंने देखा..." (स्रोत, श्रीरामकृष्ण वचनामृत, प्रथम भाग, रामकृष्ण मठ, नागपुर, 2009, पृष्ठ 226)

रामकृष्ण के शिष्य स्वामी विवेकानंद के जीवन में भी अमरनाथ-यात्रा का विवरण मिलता है। स्वामी विवेकानंद अमरनाथ-यात्रा से अत्यंत भावविभोर थे। सिस्टर निवेदिता ने स्वामी विवेकानंद के इन अनुभवों को कुछ ऐसे लिपिबद्ध किया हैं—

"इस विराट् गुहा के सूर्य की किरणों से रहित एक हिस्से में विशाल हिमलिंग के सम्मुख खड़े होकर उन्हें प्रतीत हुआ, मानो वे महादेव का ही साक्षात् दर्शन कर धन्य हो गए हो।...उनका मुखमंडल उस समय आरक्त हो उठा था—नेत्रों के सम्मुख मानो शिवलोक के समस्त द्वार उन्मोचित हो गए थे—उन्होंने देवाधिदेव के श्रीचरणों को स्पर्श कर लिया था।"

बाद में स्वयं विवेकानंद ने बताया कि वे मूर्च्छित न हो जाए। इस कारण उन्हें अपने आपको कठोरतापूर्वक सँभालना पड़ा था। (स्रोत, स्वामी गंभीरानंद, युगनायक विवेकानंद, रामकृष्ण मठ, नागपुर, 2005, पृष्ठ—132)

इन उदाहरणों के माध्यम से यह निष्कर्ष निकालना अतार्किक और अनुचित नहीं होगा कि कबीर जैसा संत भी सही है और रामकृष्ण जैसे भक्ति-मार्ग के साधक भी। दोनों का परिप्रेक्ष्य भिन्न है। कबीर अगर तीर्थ के विरोध द्वारा सामाजिक कुरीतियों पर निर्मम प्रहार कर रहे हैं, तो स्वामी रामकृष्ण व्यक्तिगत साधना के रूप में पुरानी धार्मिक मान्यताओं का उपयोग कर रहे हैं। मैं अपनी अमरनाथ-यात्रा के अनुभव में स्वयं को रामकृष्ण और विवेकानंद के नजदीक पाता हूँ। इसमें व्यक्तिगत साधना का अनुभव अधिक शामिल है, सामाजिक मान्यताओं का पूर्वग्रह कम।

स्टीफन हॉकिंस ने ईश्वर की अनुभूति को जिस वैज्ञानिकता की कसौटी से कसने की कोशिश की है, वह आध्यात्मिक अनुभव की दृष्टि से अत्यंत दोषपूर्ण दिखाई देती है। हॉकिंस पृथ्वी के गुरुत्वाकर्षण की शक्ति का हवाला देते हैं, लेकिन

कई बार आनंद के क्षणों में हम स्वयं को निर्भर महसूस करते हैं। ऐसा कई बार लगता है कि पृथ्वी की कशिश हम पर कोई काम नहीं कर रही है।

पश्चिम के सुविख्यात नर्तक नेजिंस्की के बारे में यह कहा जाता है कि नृत्य के दौरान उस पर यह गुरुत्वाकर्षण शक्ति काम नहीं करती थी। नेजिंस्की अपने नृत्य के दौरान हवा में बहुत ऊँचा उछल जाया करता था। उसकी यह उछाल देखकर लोग जब इसे दोहराने की बात किया करते थे, तो यह कारनामा नेजिंस्की दोबारा नहीं कर पाता था। बाद में स्वयं नेजिंस्की ने यही बात कही कि ऐसी ऊँची उछाल तभी संभव हो पाती थी, जब वह नृत्य में लीन हो जाया करता था। यही निर्विचार चित्त ध्यान कहलाता है।

अमरनाथ-यात्रा के दौरान कई बार प्रकृति के एकांत में, कभी हिमालय नित बदलते सौंदर्य की भाव-भंगिमा देखकर, कभी सामूहिक-ऊर्जा के प्रभाव में आवेशित होकर और फिर शिवलिंग के दर्शन के दौरान ऐसी ही निर्विचार ध्यान की अवस्था घटित होती है। इसके लिए कोई प्रयास नहीं करना पड़ता है।

अमरनाथ संबंधी मेरा अनुभव हॉकिंस की धारणा को नकारता है। यहाँ प्रकृति इतनी शांत, शुद्ध और संगीतमय है कि जो ईश्वर को मूर्ति और भगवान् में नहीं मानते हैं और कट्टर नास्तिक हैं, शायद वे भी हिमालय की सुंदरता को देखकर यह गीत गुनगुना सकते हैं— *'तुझमें रब दिखता है, यारा मैं क्या करूँ।'*

□

अध्याय-3

कश्मीरी भोलापन

दो और दो का जोड़ हमेशा चार कहाँ होता है,
सोच-समझ वालों को थोड़ा नादानी दे मौला।

—निदा फाजली

सामान्यत: भारत के हिंदी-पट्टी क्षेत्र में कश्मीरियों को सदैव संदेह की दृष्टि से देखा जाता है। कश्मीरी अर्थात् पाकिस्तानी समर्थक और भारत-विरोधी। कश्मीरियों के संबंध में मैं भी पूर्वग्रही था। अमरनाथ-यात्रा के दौरान ही मेरा यह दृष्टिकोण स्वत: परिवर्तित हो गया। इसका एक तार्किक कारण भी है।

अमरनाथ-यात्रा समेत मैंने अपने दस दिनों के कश्मीर भ्रमण के दौरान एक आत्मीयता महसूस की। मुझे आम कश्मीरियों की आँखों में कोई अजनबीपन नहीं दिखाई दिया। उनके व्यवहार में मैंने कभी तल्खी और उनकी जुबान में कभी कड़वाहट नहीं देखी।

यह सच है कि कुछ कश्मीरी गुमराह हो जाते हैं। पाकिस्तान उन्हें पालता-पोसता है। ऐसे कश्मीरी ही राज्य में हिंसक और आतंकवादी घटनाओं को अंजाम देते हैं, परंतु ऐसे भ्रमित कश्मीरियों की संख्या सीमित है। फलत: इन मुट्ठी भर लोगों के कारण समूचे कश्मीरियों पर आतंकवादी और देशद्रोही का लेवल लगाया जाना एक अन्याय है।

अमरनाथ की यात्रा के दौरान शेषनाग से थोड़ा पहले जब मेरे मित्र आराम कर रहे थे, मैंने कुछ कश्मीरियों को सफेद रंग की कुछ सामग्री खाते देखा। यह रोटी जैसी लग रही थी। यह रोटी से बहुत मोटी थी और बड़ी भी। मैंने उनसे पूछा, ''यह क्या है?''

उन्होंने जबाव दिया, ''यह रोटी है ?''

'रोटी!' मैं चौंक गया।

मैंने पुनः पूछा, ''किसकी रोटी ?''

''चावल की रोटी।'' उन्होंने जबाव दिया।

मैं इसके बारे में और अधिक जानकारी चाहता था। मैंने बातचीत जारी रखी

वह सहज ही मुझसे बात करता रहा। उसने मुझे बताया कि यह चावल की रोटी है और अत्यधिक ठंड में भी यह खराब नहीं होती है। इसलिए हम लोग इसे बहुत दिनों तक आसानी से इस्तेमाल कर पाते हैं। रोटी संबंधी मेरी इस जिज्ञासा को देखते हुए उन्होंने तुरंत मुझे यह रोटी खाने को दी, लेकिन आधी। इसका स्वाद सामान्य रोटी से बिल्कुल अलग था। यह कड़ी थी और इसे चबाने में मुझे अत्यंत मेहनत करनी पड़ रही थी। मेरे लिए यह रोटी खाना एक नया अनुभव था। स्वादिष्ट न होने के बाद भी इस रोटी का अनुभव रोमांचकारी था। चलते वक्त मैंने अपनी जेब से बीस रुपए निकालकर उसके हाथों में रख दिए।

''कैसी बात करते हो, साबजी। तुम हमारा मेहमान है।''

उसकी भाषा में हिंदी कम, स्थानीय कश्मीरी भाषा का पुट अधिक था।

मैंने उस व्यक्ति से कहा, ''तुम रख लो मेरी ओर से। तुम्हारी रोटी के लिए नहीं, यह बच्चों की टॉफी के लिए है।''

उसने मुझसे पैसे नहीं लिये। उसका केवल पैसा न लेना महत्त्वपूर्ण नहीं है। उसकी सरलता, सहजता और सौम्यता ने मेरे दिल को छू लिया। आत्मीयता से स्पर्शित यह एकमात्र घटना नहीं है। कश्मीरियों से संवाद के दौरान इनमें सदैव एक भोलापन दिखाई देता है।

भोलेपन के साथ-साथ कश्मीरियों में अकसर सहयोग की भावना देखी जा सकती है। ऐसी कई दिलचस्प घटनाएँ हैं। उत्तर प्रदेश के बरेली के निवासी और सेना में कार्यरत अतुल जौहरी इन दिनों नागपुर में रहते हैं। उनकी पत्नी का नाम अल्पना जौहरी है। अतुल अमरनाथ-यात्रा के दौरान वर्ष 2009 की एक घटना शेयर करते हैं।

अमरनाथ-गुफा में शिवलिंग दर्शन करने के पश्चात, जब शाम को जौहरी दंपती अपने टैंट में लौटकर आए तो अचानक अतुल जौहरी को बुखार आने लगा। उनका यह टैंट अमरनाथ-यात्रा से करीब एक-डेढ़ किलोमीटर पूर्व स्थित था। इन टैंटों में यात्री अपना सामान रखकर यहीं से प्रसाद लेते हैं, और फिर आगे दर्शन के लिए जाते हैं। इन टैंटों में एक यह भी सुविधा होती है कि अगर शिवलिंग के दर्शन के

दौरान अत्यधिक देर हो जाती है, तो फिर यात्री इसी टैंट में रात को विश्राम करते हैं। सुबह तड़के ऐसे यात्री अपनी आगे की यात्रा आरंभ करते हैं। ऐसे टैंट का किराया अमूमन चार सौ रुपया होता है, जिसमें खाना-पीना और चाय भी शामिल होती है।

अतुल जौहरी की तबीयत रात होते और अधिक खराब होती गई। उनकी पत्नी अल्पना जौहरी ने तुरंत टैंट के मालिकों को बुलाया, जो थोड़ी दूर पर ही अपने टैंट में रहा करते थे। टैंट में ठहरे यात्रियों के लिए यही खाना भी पकाते थे।

अशरफ इस टैंट का मालिक था। वह फौरन ही अपने एक अन्य साथी के साथ उनकी मदद के लिए आया। अतुल जौहरी की खराब होती तबीयत देखकर उनकी पत्नी अल्पना जौहरी घबराकर रोने लगीं। इलाका बिल्कुल निर्जन था। वहाँ परेशान करनेवाली शांति थी और मौन का सन्नाटा पसरा हुआ था।

अशरफ और उसका साथी रात भर पानी गरम कर अतुल जौहरी की पट्टी करते रहे। अंग्रेजी दवाओं से जब उन लोगों को कोई सुधार नहीं दिखा, तो उन्होंने अपनी कश्मीरी दवाई अतुल जौहरी को दी। वह भी अल्पना जौहरी की स्वीकृति के पश्चात्।

इस कश्मीरी दवा के प्रयोग के एक घंटे बाद ही अतुल जौहरी का बुखार उतरने लगा। फिर उन लोगों ने खिचड़ी बनाई। अतुल जौहरी खिचड़ी और दवा के पश्चात् आश्चर्यजनक रूप से अच्छा महसूस कर रहे थे। इसी बीच घड़ी की सुई रात का एक बजा रही थी। सुबह करीब साढ़े आठ बजे नाश्ता के पश्चात् अब जौहरी दंपती आगे की यात्रा पर निकलने के लिए तैयार थे, तो उन्होंने टैंट के चार सौ रुपए के अतिरिक्त अशरफ को दो सौ रुपया देने चाहे।

अशरफ ने इस अतिरिक्त राशि को बड़ी दृढता से लेने से इनकार कर दिया। इस इनकार में इतनी विनम्रता और आत्मीयता थी कि जौहरी दंपती कोई जबरदस्ती नहीं कर सकें, परंतु अल्पना जौहरी ने चुपके से, टैंट के बिस्तर के ऊपर एक पाँच सौ रुपया रख दिया और यात्रा के लिए आगे निकल पड़ीं। अल्पना जौहरी बताती हैं कि अगर ये लोग न होते तो जाने क्या हो जाता? यह कहानी सुनाते वक्त अल्पना की आँखों में आँसू आ गए थे और मेरा दिल भी भारी हो चला था।

इससे मिलती-जुलती घटना का वर्णन जे.पी. सिन्हा भी अपने ब्लॉग में करते हैं, जो दिल्ली के एक शिक्षक हैं। उन्होंने अपनी पत्नी के साथ अमरनाथ-यात्रा की थी वर्ष 2007 में।

उन्होंने बड़े विस्तार से अमरनाथ-गुफा से करीब एक-दो किमी. पहले स्थित टैंट की घटना का उल्लेख किया है। टैंट का यह स्थान भी वही है, जहाँ जौहरी

दंपती ने रात गुजारी थी, जिसका जिक्र अभी-अभी किया गया है।

जे.पी. सिन्हा लिखते हैं, उन्होंने एक टैंट किराए पर लिया। यह चार लोगों का टैंट था। अब्दुल, नजीर, तारिक और इस्माइल, इसके साझेदार और मालिक थे। टैंट में पहुँचने के समय तक सिंह दंपती ने अमरनाथ-गुफा का दर्शन नहीं किया था।

यह शाम की वेला थी। वे चारों अपने टैंट में चाय बना रहे थे। जे.पी. सिन्हा की पत्नी को चाय की तलब हो रही थी। फलतः वे वहाँ गईं और मजाक में पूछा, ''क्या मुझे भी चाय मिलेगी?''

टैंट वालों ने जबाव दिया—''जरूर'', लेकिन यह चाय नमक की चाय थी। यहाँ कश्मीरी गाँव में नमक की चाय पीने का रिवाज है।

सिन्हा की पत्नी ने कहा, ''मैं नमक की चाय नहीं पी पाऊँगी। क्या आप मेरे लिए चीनी की चाय बना सकते हैं?''

उन्होंने कहा, ''हम लोगों को चीनी वाली चाय बनानी आती ही नहीं है।'' उनके उत्तर में एक अफसोस का भाव था। बाद में उनकी सहायता से उन्होंने स्वयं चाय बनाई, वो भी चार कप। तीन कप चीनी की चाय उन्होंने उन लोगों को दे दी।

''भइया, लीजिए, चाय। आज चीनी की चाय का आनंद लिया।''

टैंटवाले कश्मीरियों ने वाकई इसका आनंद उठाया।

उत्तर भारत में कई स्थानों पर महिलाओं का संबोधन किसी अजनबी के लिए भइया होता है, लेकिन उन कश्मीरियों ने दिल से उन्हें बहन मानना शुरू कर दिया था।

रात तक वे अपनी अभी-अभी बनी बहन से बहुत खुश थे और अपनी जिंदगी के कई राज भी फटाफट उनसे साझा कर रहे थे। संबंधों में आत्मीयता और विश्वसनीयता विकसित होने के बाद पारदर्शिता स्वयं आ जाती है।

रात का भोजन जे.पी. सिन्हा की पत्नी ने तैयार किया और वे तीनों बहुत खुश थे कि आज भोजन पकाने से राहत मिल गई।

अगली सुबह सिन्हा दंपती शिवलिंग का दर्शन कर लौटकर वापस टैंट में लौटे। करीब दो घंटों के आराम के पश्चात् वे बालटाल चलने को तैयार हुए। वे उन कश्मीरियों के टैंट के किराए के साथ खाने और चाय के लिए भी पैसे देने लगे।

उन कश्मीरियों ने सिंह दंपती से कोई भी राशि लेने से इनकार कर दिया।

उनका जबाव था, ''जब आपने हमें भइया कहा है और हमने आपको दीदी माना है, तो दीदी (बहन) से कैसा पैसा?''

कुछ ऐसे ही रिश्तों के लिए गुलजार ने लिखा है—

कहीं तो, ये दिल, कभी मिल नहीं पाते
कहीं से निकल आए, जन्मों के नाते
घनी थी उलझन, बैरी अपना मन
अपना ही, हो के सहे दर्द पराए।

दीदी की आँखों में भी इस अपनेपन के पश्चात् आँसुओं का सैलाब था।

अपने ब्लॉग में जे.पी. सिन्हा लिखते हैं—"ऐसी मित्रता हिंदू-मुसलमान के सहअस्तित्व का एक आदर्शतम उदाहरण है। मैं भी उनके द्वारा मेरी पत्नी को बहन मानने पर भावुक हो रहा था। इस प्रकार हम लोग एक हिंदू श्रद्धालु थे, लेकिन हमें इस यात्रा के दौरान मुसलिम मित्र और रिश्तेदार भी मिल चुके थे। यह अनुभव इतना हृदयस्पर्शी था कि मैं इसे शब्दों में व्यक्त नहीं कर पा रहा हूँ।"

वे आगे लिखते हैं, "अगर राजनीतिज्ञ और धर्म के ठेकेदार अपने निहित स्वार्थों के लिए घृणा फैलाने से बाज आए, तो निश्चित रूप से हिंदू और मुसलमान भारत में भाइयों की तरह साथ-साथ रह सकते हैं।"

निश्चित ही जे.पी. सिन्हा के इस आशावाद में एक गंभीर संदेश छुपा हुआ है।

ऐसे कई दृष्टांत हैं, लेकिन इसका विस्तार बोझिलता को जन्म देगा।

बहरहाल, ऐसे कई लोग हैं, जो इन कश्मीरियों की मासूमियत को एक मजबूरी मानते हैं। मुझे इस यात्रा के दौरान दीपक मल्होत्रा भी मिले, जो अंबाला के रहनेवाले हैं। अंबाला हरियाणा में स्थित है। अंबाला प्रसिद्ध रेलवे जंक्शन और सैनिक छावनी है। उनका मानना कि कश्मीरियों का यह व्यवहार सेना के दबाव के कारण होता है। चूँकि सेना बहुत सख्त है, इसलिए ये कश्मीरी सभी श्रद्धालुओं के साथ अच्छा व्यवहार करते हैं। इस पूर्वग्रहग्रस्त मान्यता में सच्चाई का अंश कम दिखाई देता है। वे कश्मीरियों के पाकिस्तानी कनेक्शन और उनके तथाकथित षड्यंत्रों की चर्चा बड़े आत्मविश्वास से प्रस्तुत करते हैं।

हमें दीपक मल्होत्रा जैसे लोग कम मिलेंगे। यद्यपि पाकिस्तानी कनेक्शन का एक भौगोलिक और सांस्कृतिक संदर्भ अवश्य है।

यहाँ गुलमर्ग की एक घटना का विवरण रोचक होगा। मेरे एक मुसलिम मित्र हैं। उनका नाम सुलेमान है। पिछले वर्ष वे गुलमर्ग भ्रमण के लिए गए थे। उन्होंने होटल में काम करनेवाले एक चौदह वर्षीय बालक से पूछा, "अच्छा, तुम्हारा घर कहाँ है?"

उस बालक ने एक रहस्यमयी मुसकान बिखेरी और थोड़ी देर तक चुप रहा।

सुलेमान के लगातार पूछने पर उसने बताया कि मैं सीमा पार से हूँ। सीमा पार

अर्थात् पाकिस्तान। उसकी रिश्तेदारी कश्मीर में थी। वह रोजगार के लिए अकसर गरमियों में भारत आ जाया करता था।

ऐसी कई घटनाएँ कश्मीर में देखी जा सकती हैं, लेकिन इसका संबंध और सरोकार मुख्यत: सांस्कृतिक है। ऐसी घटनाएँ भारत-पाकिस्तान के राजनीतिक और राजनयिक कुटिलताओं और जटिलताओं से कोसों दूर हैं। अमरनाथ-यात्रा और कश्मीर-भ्रमण हेतु कई महिलाओं का दल भी आता-जाता रहता है। ऐसी ही एक महिला पूनम घई हैं, जो सरकारी नौकरी करती हैं, अविवाहित हैं और अकेली रहती हैं। कश्मीरियों के महिला संबंधी व्यवहार के बारे में बताते हुए वे वर्ष 2012 में डल झील के हाउसबोट का अनुभव साझा करती हैं।

वे बड़े आत्मविश्वास से बताती हैं—*"मैं शाम को हाउसबोट से एक छोटे शिकारे द्वारा मार्केटिंग के लिए जाया करती थी। उस छोटे शिकारे में केवल एक युवा रहता था। मैंने इस युवा के साथ स्वयं को कभी भी असहज महसूस नहीं किया। उसका व्यवहार अत्यंत शालीन था और वह कभी भी मेरी आँखों से आँखें भी नहीं मिलाता था।" उत्तर प्रदेश के लखनऊ में रहनेवाली डॉ. घई बताती हैं कि ऐसा वातावरण मैं लखनऊ तो क्या, दिल्ली में भी नहीं महसूस कर सकती हूँ।*

कश्मीरियों का सद्भावपूर्ण व्यवहार मेरी अमरनाथ-यात्रा की एक महत्त्वपूर्ण उपलब्धि है। इस दौरान मेरा पूर्वग्रह दूर हुआ। मेरा पूर्वग्रह मेरे बचपन में निर्मित हुआ था। अमरनाथ-यात्रा के पश्चात् मैंने यह भी महसूस किया—सच जो दिखता है या दिखाया जाता है और सच जैसा वाकई होता है—उसमें जमीन-आसमान का अंतर होता है।

□

अध्याय–4

भोले और सांस्कृतिक सद्भावना

(हिंदुस्तान के तीर्थ–केंद्र बड़ी सांत्वना देते हैं। किसी भी महान् मंदिर के एक कोने में खड़े हो जाइए, एकाध घंटे में ही आप सारे हिंदुस्तान को यहाँ पर चलते–फिरते देख सकते हैं। हम एक हैं, इतने एक हैं कि उस समय लगता है कि कोई हमें तोड़कर दो नहीं बना सकता है।)

—राम मनोहर लोहिया

अमरनाथ–यात्रा के दौरान पहलगाम में अमरनाथ–यात्रियों के लिए निर्मित बेस कैंप में लंगर के सुस्वादु भोजन का आनंद लेने के दौरान मैंने यह महसूस किया कि खाने के प्रत्येक स्टॉल पर लोगों द्वारा 'भोले–भोले' संबोधन निरंतर प्रयोग किया जा रहा है। यह संबोधन मुझे अच्छा लगा, लेकिन थोड़ा सा अजीब भी।

'भोले' संबोधन के उच्चारण में इतनी हार्दिकता थी कि वह हृदय को स्पंदित कर रहा था। मुझे यह संबोधन प्रतीत हो रहा था, क्योंकि मैंने अपने नाम के स्थान पर भोले का संबोधन पहली बार सुन रहा था। नाम का हमारे अवचेतन मन में इतना तादात्म्य है कि मन भोले संबोधन को आत्मसात् नहीं कर पा रहा था। धीरे–धीरे इस संबोधन को सुनकर मैं सहज हो गया था और अब मुझे स्वयं भोले का संबोधन करना भी अच्छा लगने लगा था। आरंभिक असहजता के पश्चात् मैं अपने मित्रों को भी भोले उच्चारित कर आनंद विभोर हो रहा था।

पहलगाम में अमरनाथ–यात्रा के आरंभ होने से पूर्व भी अधिकांश स्थानों पर अब 'भोले' का संबोधन सुनाई दे रहा था। अमरनाथ–यात्रा के दौरान भी सभी लोग आपस में भोले का ही संबोधन कर रहे थे। यात्रा के दौरान कोई यात्री परेशान

दिखाई देता तो फौरन ही यह उद्घोष सुनने को मिलता, 'जय भोले की, हिम्मत न हारो' किसी को प्यास लगती तो वह भी यही कहता, 'भोले, थोड़ा पानी पी सकता हूँ' यात्रा में किसी को कुछ कहना होता या पूछना होता तो वह भी बड़ी सहजता से भोले का ही संबोधन कर रहा था। यह एक सुखद आश्चर्य था कि 'भोले' संबोधन की मिठास ने लोगों को सांस्कृतिक रूप से एकसूत्र में बाँध दिया था।

'भोले' संबोधन की सांस्कृतिक पृष्ठभूमि एवं परिप्रेक्ष्य समझना यहाँ रोचक हो सकता है। यह भारत की सांस्कृतिक एकता के रहस्य को समझने में उपयोगी सिद्ध हो सकता है। इस संबंध में राम मनोहर लोहिया की मान्यता अत्यंत प्रासंगिक है। वे राम, कृष्ण, शिव को भारत में पूर्णता के तीन महान् स्वप्न ही मानते हैं। लोहिया शिव को असीम व्यक्तित्व का स्वामी मानते हैं, जो जीवन के विरोधाभासों को भी बड़ी सहजता से स्वीकार कर लेता है। अमरनाथ-यात्रा के दौरान मैंने यह अनुभव किया कि भोले का संबोधन इसी शिव महिमा का साक्षात् दर्शन करा रहे हैं। भोले के संबोधन ने जाति, धर्म, प्रांत और क्षेत्र आदि सभी विभिन्नताओं को पाटकर एक नई सामूहिक पहचान को जन्म दिया है। इसका अन्य दूसरा उदाहरण मैंने भारत में अन्य किसी दूसरे स्थान पर नहीं देखा था।

अमरनाथ-यात्रा के दौरान मैंने देखा कि भारत के एक बड़े भू-भाग से लोग तीर्थ करने आए हुए हैं। उत्तर भारत में जम्मू, पंजाब, हरियाणा, हिमाचल प्रदेश, उत्तर प्रदेश के श्रद्धालुओं की भारी भीड़ थी। दक्षिण भारत से कर्नाटक, आंध्र प्रदेश राज्य के लोगों की उपस्थिति देखी। यद्यपि उनकी संख्या निश्चित रूप से उत्तर भारतीयों की तुलना में कम थी। भारत के पूर्वी राज्यों में पश्चिमी बंगाल, झारखंड, उड़ीसा के राज्यों की उपस्थिति शून्य थी। पश्चिमी भारत में गुजरात, महाराष्ट्र के तीर्थयात्रियों की संख्या अपेक्षाकृत अधिक थी। मध्य भारत में मध्य प्रदेश, छत्तीसगढ़ और राजस्थान के श्रद्धालुओं की उपस्थिति उत्साहजनक थी। कौन श्रद्धालु किस राज्य से संबंधित है, इसका अनुमान उनकी भाषा एवं परस्पर संवाद से ज्ञात हो रहा था, परंतु मैं उन यात्रियों से भी परिचय स्थापित करने में कोई संकोच नहीं कर रहा था, जिन्हें देखकर यह अनुमान लगाना कठिन हो रहा था कि वे भारत में किस राज्य के रहनेवाले हैं। इसके अतिरिक्त पोषपत्री के भंडारे में अपने परिजनों को बिछड़े हुए यात्रियों को उनके और राज्य के साथ पुकारा जा रहा था। लाउडस्पीकर की सूचना संबंधी यह तेज आवाज हिमालय की शांति में दूर-दूर तक गूँज रही थी। पोषपत्री पहुँचने से दो किमी. पहले तक यह स्पष्ट सुनाई दे रही थी और पोषपत्री के दो किमी. आगे तक भी इसे आसानी से सुना जा सकता था। इस लाउडस्पीकर द्वारा

प्रसारित सूचना में राज्यों के नाम सुनकर ऐसा आभास हो रहा था कि अमरनाथ-यात्रा समूचे भारत का सांस्कृतिक प्रतिनिधित्व कर रही है।

यह एक निर्विवाद सत्य भी है कि भारत की सांस्कृतिक एकता ही उसके राष्ट्र-निर्माण की अंतर्धारा है। वर्ष 2010 के हरिद्वार में आयोजित महाकुंभ में करीब चार करोड़ लोगों ने गंगा में डुबकी लगाई। यह आँकड़ा समाचार-पत्रों द्वारा अनुमानित है। गैर-सरकारी स्तर पर श्रद्धालुओं की वास्तविक संख्या इससे भी अधिक हो सकती है।

भारत की इस अद्‌भुत सांस्कृतिक एकता की तुलना अगर भारत की राजनीतिक एकता से करें तो एक विचित्र अंतर्विरोध प्रकट होता है। भारत में एक समग्र नागरिकता की भावना का राष्ट्रीय स्तर पर घोर अभाव है। राज्यों के मध्य विवाद, राज्यों के आंतरिक विवाद, क्षेत्रीय स्तर पर राजनीतिक ध्रुवीकरण जैसी कई राजनीतिक प्रवृत्तियों से इस निष्कर्ष पर पहुँचना अतार्किक नहीं है कि भारत की एकता का राज इसकी सांस्कृतिक एकता है, जो 'भोले' संबोधन के माध्यम से अमरनाथ-यात्रा में परिलक्षित हो रही थी। यहाँ भोले का संबोधन सांस्कृतिक एकता को प्रबल बनाने के साथ-साथ सांप्रदायिक सद्‌भावना को भी समृद्ध कर रहा था।

अमरनाथ-यात्रा के दौरान कश्मीर के स्थानीय निवासियों की एक बड़ी संख्या घोड़े और खच्चर की सुविधा प्रदान करते हैं। पिट्‌ठू उन स्थानीय कश्मीरियों को कहा जाता है, जो अपनी पीठ पर अमरनाथ-यात्रियों के सामान का वजन ढोते हैं। ये पिट्‌ठूवाले यात्रियों के छोटे-छोटे बच्चों को भी ढोने का कार्य करते हैं। अमरनाथ-यात्रा का अधिकांश मार्ग सँकरा है। यहाँ जिस पर यात्री चलते हैं, उसी मार्ग पर घोड़ेवाले, खच्चरवाले और पिट्‌ठूवाले भी एक साथ चलते हैं। यात्रा आरंभ होने के दो-तीन दिनों के पश्चात् इसी सँकरे मार्ग पर सामने से पैदल यात्री, घोड़ेवाले, खच्चरवाले भी आते हैं। ऐसी स्थिति में इस मार्ग पर चलना दुष्कर हो जाता है। घोड़े और खच्चरवालों को थोड़ी शीघ्रता होती है। फलतः घोड़े और खच्चरवाले अपने सामने से लोगों को हटाने के लिए संबोधन करते हैं, 'बोले! होश!!'

स्थानीय कश्मीरी मूलतः भोले उच्चारित करते हैं, लेकिन उनकी स्थानीय कश्मीरी भाषा में मिश्रित होकर यह 'बोले' उच्चारित होता है। इस संदर्भ में भोले के शास्त्रीय उच्चारण की कला के स्थान पर यह ध्यान देना अधिक महत्त्वपूर्ण कि कैसे भोले का उच्चारण कश्मीरी और गैर-कश्मीरी भारतीयों के मध्य एक रिश्ता निर्मित करता है।

कश्मीरियों के प्रति आम भारतीयों का दृष्टिकोण अत्यंत नकारात्मक है। कुछ

अपवादों को छोड़ दिया जाए तो आम भारतीय समाचार-पत्रों एवं समाचार चैनलों के माध्यम से कश्मीरियों के बारे में यही राय बनती है कि कश्मीरी सांप्रदायिक हैं और वे पाकिस्तान से भावनात्मक रूप से जुड़े हैं। कश्मीरियों पर अकसर यही आक्षेप लगाया जाता है कि 'वे भारत की खाते हैं और पाकिस्तान की गाते हैं।' दूसरी ओर, कश्मीर के स्थानीय लोग, जिनका शेष भारत से अब तक कोई सांस्कृतिक संवाद और संबंध निर्मित नहीं हो सका है, भारतीय सेना के जवानों और उनके क्रियाकलापों से अपना भारत संबंधी मानस निर्मित करते हैं।

मैंने यह अनुभव किया कि अमरनाथ-यात्रा में एक अद्‌भुत सांस्कृतिक विशेषता अंतर्निहित है कि भोले के संबोधन से कश्मीरी और आम भारतीयों के मध्य अविश्वास की खाई थोड़ी ही सही, लेकिन कम हो रही थी। भोले का संबोधन किसी धर्म-जाति-प्रांत और क्षेत्र के संकीर्ण भावनाओं की अनेदखी एक सामूहिक संस्कृति को जन्म दे रहा है। अमरनाथ-यात्रा की यह एक अभूतपूर्व सांस्कृतिक उपलब्धि कही जा सकती है। अति शीघ्रता में इस निष्कर्ष पर पहुँचना घातक और अतार्किक होगा कि अमरनाथ-यात्रा के माध्यम से कश्मीर और शेष भारत के मध्य अविश्वास का मनोविज्ञान परिवर्तित हो जाएगा, लेकिन इतना आवश्यक है कि कश्मीर और शेष भारत के मध्य जो एक गंभीर राजनीतिक अंतर्द्वंद्व है, वह निश्चित की कश्मीरियों और शेष भारतीयों के आपसी मेल-जोल और संवाद से बेहतर हो सकता है। अमरनाथ-यात्रा इस दृष्टि से महत्त्वपूर्ण भूमिका अदा करती है और आगे भी सांस्कृतिक संबंध स्थापित करने की दृष्टि से अपनी महत्त्वपूर्ण भूमिका निभा सकती है।

भारत-विरोधी पाकिस्तान प्रायोजित आतंकवाद और कश्मीर के स्थानीय लोगों का एक अल्पसंख्यक वर्ग, जो मनोवैज्ञानिक, आर्थिक, सांस्कृतिक एवं सांप्रदायिक कारणों से इसका समर्थन करता है। अमरनाथ-यात्रा को बाधित करने का प्रयास करते हैं। वर्ष 2000 में पहलगाम में अमरनाथ कैंप में गोली चलाने की आतंकवादी घटना इसका प्रत्यक्ष प्रमाण है। वर्ष 2001 एवं 2003 में आतंकवादियों ने अमरनाथ-यात्रा के समय असुरक्षा का वातावरण बनाने में कोई कसर नहीं छोड़ी। वर्ष 2001 में 800 कैनाल भूमि अमरनाथ श्राइन बोर्ड को सौंपे जाने से समस्त जम्मू-कश्मीर में एक राजनीतिक बवंडर खड़ा हो गया था। बालटाल में भौगोलिक संरचना ऐसी है, यह भूमि अमरनाथ श्राइन बोर्ड को दिए जाने से बालटाल के आम निवासियों को कोई असुविधा नहीं थी और न ही कोई क्षति, परंतु इस मुद्दे को एक राजनीति के रूप में गरमाया गया। यद्यपि जम्मू में भी इसका विरोध इस तरह से किया गया कि जम्मू

और कश्मीर के मध्य एक क्षेत्रीय विभाजन की पृष्ठभूमि निर्मित हो गई। आर्थिक नाकेबंदी जैसी प्रतिक्रियाओं ने आग में घी का काम किया। इस समूचे घटनाक्रम में राज्य के राजनीतिक नेतृत्व ने बुद्धिमत्ता, संवेदनशीलता और राजनीतिक-कौशल का परिचय नहीं दिया। वर्ष 2010 में लालचौक के पत्थरबाजी की घटना का परिप्रेक्ष्य एवं पृष्ठभूमि यद्यपि भिन्न है, लेकिन इसके पीछे का मनोविज्ञान भी यही था कि कश्मीर एवं शेष भारत के मध्य अविश्वास, शत्रुता एवं संघर्ष का वातावरण बना रहे।

वर्ष 2011 और वर्ष 2012 की अमरनाथ-यात्रा और इसकी अभूतपूर्व सफलता कश्मीर और शेष भारत को सांस्कृतिक रूप से जोड़ने में एक मील का पत्थर सिद्ध हुई है। वर्ष 2013 की उत्तराखंड स्थित केदारनाथ त्रासदी के पश्चात् अमरनाथ-यात्रियों की संख्या में गिरावट देखी जा सकती है। इसके बावजूद वर्ष 2015 में 352741 श्रद्धालुओं ने अमरनाथ-यात्रा की। यह आँकड़ा भी उत्साहवर्धक है। साढ़े तीन लाख लोगों का कश्मीर, कश्मीरियत और हिंदुत्व से रिश्ता आज भी बरकरार है। यह राष्ट्र-निर्माण और सांस्कृतिक-एकता का अभूतपूर्व उदाहरण है। यद्यपि इस यात्रा को सांस्कृतिक एकता के सूत्र के रूप में कभी भी परिभाषित और विश्लेषित करने की कोई परिपाटी या परंपरा विकसित नहीं की जा सकती है, फिर भी···।

□

अध्याय-5
ब्रांडेड प्यास

उम्मीद वाली धूप, सनसाइन वाली आशा
रोने की वजह है कम, हँसने के बहाने ज्यादा
जिद्‌द है मुसकराएँगे, खुश रहने का है वादा
(कोका कोला का एक विज्ञापन)

कवियों के संबंध में हम लोग बचपन से यह सुनते आए हैं—"जहाँ न पहुँचे रवि, वहाँ पहुँचे कवि।" अर्थात् जहाँ सूर्य की किरणें भी नहीं पहुँचती हैं, वहाँ भी कवि की कल्पना विचरण करती है। आज यही वाक्य कोल्ड ड्रिंक के संबंध में सच मालूम पड़ने लगा है। अमरनाथ-यात्रा के दौरान हिमालय के इस दुर्गम ऊँचाई में भी अधिकांश स्थलों पर शीतल पेय से संबंधित बहुराष्ट्रीय कंपनियों के उत्पादों की उपलब्धता देखकर मुझे थोड़ा अचंभा हुआ और अत्यधिक अफसोस भी। 21वीं शताब्दी के आरंभ में अमेरिकी उत्पाद के माध्यम से एक अमेरिकी मनोविज्ञान, अमेरिकी चिंतन और अमेरिकी जीवन-शैली समूचे विश्व एवं स्वीकृत-निर्मित हुई है। इसका प्रामाणिक उदाहरण भारत के प्रत्येक प्रांत और इसके संपूर्ण समाज तथा परिवार की जीवन शैली में देखा जा सकता है।

अमरनाथ-यात्रा के आरंभ से ही मैंने अनुभव किया है कि छोटी-छोटी दुकानों में भी शीतल-पेय उपलब्ध हैं, चाहे पहलगाम हो या फिर चंदनबाड़ी। यात्रा के क्रम में मैंने देखा कि स्थानीय कश्मीरी अमरनाथ-यात्रियों के लिए पानी, नमकीन के पैकेट और बिस्कुट बेच रहे हैं। ये दुकान चलती-फिरती थीं। कहीं बैठ गए, कहीं चल दिए, कहीं रुक गए। ऐसी सभी दुकानों में पर्याप्त मात्रा में शीतल पेय उपलब्ध थे। कई दुकानों में ऐसा भी था कि पानी की बोतल बिक्री के लिए उपलब्ध

नहीं थीं, परंतु वहाँ भी बहुराष्ट्रीय कंपनियों द्वारा निर्मित शीतल पेय प्रचुर मात्रा में उपलब्ध थे। यात्रा के दौरान ही यह खयाल आने लगा कि क्या बाजारवाद अध्यात्म के सीने पर बैठने का दुस्साहस कर रहा था या किन्हीं अन्य कारणों से यहाँ शीतल पेय उपलब्ध थे?

निश्चित रूप से कोका-कोला, थम्स-अप, लिम्का, स्प्राइट जैसे शीतल पेय हमारी जीवन-शैली के अनिवार्य अंग बन चुके हैं। अमरनाथ-यात्रा के अतिरिक्त अन्य अधिकांश पर्यटन-स्थलों में भी पर्यटकों द्वारा इन शीतल पेयों का अत्यधिक इस्तेमाल किया जाता है। हिल-स्टेशनों पर भी स्टेटस के लिए सदैव चिंतित नवधनाढ्य मध्यमवर्ग द्वारा इन ब्रांडेड शीतल पेयों का उपयोग एक स्वाभाविक चलन है। यद्यपि शीतल पेय केवल नवधनाढ्य वर्ग का शगल नहीं है। मजदूर, रिक्शावाले, खोमचेवाले जैसे वंचित वर्ग भी अपनी उत्सवधर्मिता में कोका कोला जैसे उत्पादों का ही प्रयोग करना पसंद करते हैं। जैसा स्वयं कोका-कोला विज्ञापन भी प्रचारित करता है। शीतल पेय प्रत्येक वर्ग का एक स्वाभाविक चयन है।

इसके पीछे अमेरिकी लेवल का आकर्षण तो है ही, लेकिन विज्ञापन के तिलिस्म, तिकड़म और झूठ ने भी इन उत्पादों को हमारी आवश्यकता के रूप में स्वीकृति प्रदान की है। हिटलर ने अपनी आत्मकथा मीन-कैंफ में उल्लेख किया है—किसी झूठ को नौ बार जोर से बोलने पर, दसवीं बार वह स्वत: सत्य के रूप में स्थापित हो जाता है।'' इसी आलोक में विज्ञापनों के प्रभाव का आकलन किया जाए तो विज्ञापन किसी भी पहर सुबह, शाम, रात या किसी भी सार्वजनिक स्थल मंदिर, सिनेमाघर, पार्क और कभी-कभी श्मशान के आस-पास भी देखे जा सकते हैं या टी.वी. द्वारा विज्ञापनों के माध्यम से दिखाए जाते हैं। आयोजित-प्रायोजित विज्ञापन संस्कृति का यह दुष्प्रभाव हुआ है कि हम लोगों ने अवचेतन रूप से बहुराष्ट्रीय कंपनी के अधिकांश उत्पादों को एक स्वाभाविक आवश्यकता के रूप में स्वीकार कर लिया है। अमरनाथ-यात्रा में बहुराष्ट्रीय कंपनियों के इसी विज्ञापन-जाल और उपभोक्ताओं के संस्कारित-मन की स्वीकृति के परिणामस्वरूप बहुराष्ट्रीय कंपनी के शीतल पेयों की अत्यधिक बिक्री देखी जा सकती है।

चंदनबाड़ी से लेकर शेषनाग तक अधिकांश स्थलों में मैंने शीतल उत्पादों की बिक्री देखी। शेषनाग के आस-पास कामचलाऊ तरीके की छोटी-छोटी दुकान थीं, लेकिन जैसे-जैसे पहाड़ की ऊँचाई बढ़ने लगी, ऐसी दुकानें कम दिखाई दे रही थीं। आगे चलकर इन दुकानों के स्थान पर स्थानीय लोग अकेले-अकेले दिखाई देने लगे, जो बाल्टी में शीतल पेय और पानी की बोतल रखे हुए थे। पहाड़ों की

ऊँचाई में ठंडक इतनी अधिक थी कि इन बोतलबंद उत्पादों को ठंडा करने की कोई आवश्यकता नहीं थी। प्राकृतिक ठंडक से ही इनकी ठंडक बनी हुई थी। आश्चर्य का विषय यह भी था कि पीने हेतु पेयजलों की बिक्री कम थी, लेकिन कोका-कोला, लिम्का जैसे शीतल-पेय धड़ल्ले से बिक रहे थे।

शेषनाग के आगे अमरनाथ-यात्रियों का अगला पड़ाव पंचतरिणी होता है। शेषनाग से पंचतरिणी के मध्य इस अमरनाथ-यात्रा की सबसे ऊँची चोटी है—एमजीटॉप, यहाँ समुद्र-तल से ऊँचाई 14000 फीट पर थी। इतनी अधिक ऊँचाई पर अमरनाथ यात्रिओं को साँस लेने में भी तकलीफ (असहजता) अनुभव होने लगती है। मेरे आश्चर्य का कोई ठिकाना नहीं रहा, जब मैंने इतनी ऊँचाई पर भी स्थानीय लोगों को शीतल पेय बेचते और मिनी भारत का प्रतिनिधित्व करनेवाले श्रद्धालुओं की भारी भीड़ को कोका-कोला पीते देखा। यद्यपि इसका एक सहज कारण विभिन्न शीतल पेय की उपलब्धता भी हो सकती है।

असहमत और असंतुष्ट होकर भी हमें यह स्वीकार करना होगा कि बहुराष्ट्रीय कंपनियों की मार्केटिंग रणनीति अद्‌भुत है। हिमालय के इन दुर्गम स्थलों पर शीतल पेयों की उपलब्धता यही सिद्ध कर रही थी, ''जहाँ न पहुँचे कवि, वहाँ भी पहुँचे बहुराष्ट्रीय कंपनी।''

दूसरे शब्दों में कहा जाए तो सूर्य की किरणें और कवि की कल्पना से बहुराष्ट्रीय कंपनियों की उपलब्धता अपेक्षाकृत अधिक सरल और सहज है।

आश्चर्य का दूसरा कारण इन शीतल पेयों के मूल्य से संबंधित है। अमरनाथ-यात्रा के दौरान, जैसे-जैसे ऊँचाई बढ़ रही थी, ठीक वैसे ही इन शीतल पेयों का मूल्य भी बढ़ता जा रहा था। चंदनबाड़ी, जो पहलगाम मार्ग से यात्रा का आरंभिक बिंदु है, वहाँ सामान्य बाजार में 25 रुपए में बिकनेवाले शीतल पेय उत्पाद तीस रुपए में बिक रहे थे। पाँच रुपए की यह अतिरिक्त राशि अधिक नहीं थी। इन शीतल पेय उत्पादों को इस ऊँचाई पर उपलब्ध कराना कोई सरल कार्य नहीं था, परंतु ऊँचाई के साथ आगे बढ़ने पर इसका मूल्य शेयर बाजार की तरह आसमान छूने लगा। शेषनाग से पहले तक यह चालीस रुपए में बिक रहे थे। शेषनाग से पंचतरिणी मार्ग में यही उत्पाद पचास रुपए का हो गया। पंचतरिणी से अमरनाथ-गुफा के मार्ग में, विशेषकर संगम से आगे अब यह सत्तर रुपए का बिक रहा था। अमरनाथ-गुफा में इसी मार्ग से यह सौ रुपए का भी बिक रहा था।

इन शीतल पेय पदार्थों की महँगाई का असर इसके उपभोक्ताओं पर नहीं पड़ रहा था। एक बड़ा वर्ग बहुत बेफिक्री से इसका लुत्फ उठा रहा था और संकेत कर

रहा था—'यह दिल माँगे मोर।'

बहुराष्ट्रीय कंपनियों के मार्केटिंग रणनीति से अलग हटकर इस ब्रांडेड प्यास का एक सकारात्मक पहलू यह था कि इसके मुनाफे का बड़ा लाभांश स्थानीय कश्मीरियों को हो रहा था। इनकी गरीबी एवं दयनीय स्थिति को देखकर यह कहना अतिशयोक्तिपूर्ण नहीं होगा कि निश्चित ही कश्मीर एक स्वर्ग है, लेकिन अधिकांश कश्मीरी नरक में जीवनयापन कर रहे हैं। दोषी कौन? उत्तरदायित्व किसका? माफ कीजिए, यह विषयांतर हो जाएगा।

□

अध्याय-6

अमरनाथ-यात्रा का अर्थशास्त्र

हमें न इंडिया से प्यार है, न पाकिस्तान से,
हमें बस अपनी रोजी-रोटी से प्यार है।

—एक कश्मीरी, गुलमर्ग में

अमरनाथ-यात्रा के आधिकारिक एवं औपचारिक रूप से आरंभ होने के तीन दिन पूर्व ही हम जम्मू पहुँच चुके थे। अमरनाथ-यात्रा के दो आरंभिक पड़ाव हैं— 1. पहलगाम और 2. बालटाल। पहलगाम और बालटाल दोनों स्थानों पर पहुँचने के लिए जम्मू से श्रीनगर राजमार्ग से गुजरना होता है। पहलगाम के लिए श्रीनगर से पहले अनंतनाग की ओर जाना पड़ता है। यही मार्ग अनंतनाग से होकर पहलगाम तक जाता है। बालटाल का मार्ग श्रीनगर से सोनमर्ग होकर जाता है। इस प्रकार स्वाभाविक रूप से बालटाल और पहलगाम, दोनों स्थानों का मार्ग जम्मू से आरंभ होता है।

जम्मू में रेलवे स्टेशन, वैष्णवी धाम (जहाँ मैं ठहरा था), यात्री निवास स्थित अमरनाथ-यात्रा के लिए रजिस्ट्रेशन केंद्र, रघुनाथ मंदिर के निकट मार्केट जैसे प्रत्येक स्थान पर अमरनाथ-यात्रा के लिए आए श्रद्धालुओं की भारी संख्या थी। कौन श्रद्धालु अमरनाथ-यात्रा के लिए आए हुए हैं, कौन श्रद्धालु वैष्णो देवी की यात्रा के लिए और कौन श्रद्धालु दोनों यात्रा का आनंद उठाने आए हैं? यह यात्रियों के वार्त्तालाप से स्वतः ही स्पष्ट हो जा रहा था। इस दृष्टिकोण से जम्मू में अमरनाथ-यात्रियों की एक भारी भीड़ मौजूद थी।

यात्रा की सुगमता के लिए हम दो दिन पूर्व ही पहलगाम पहुँच गए थे। पहलगाम में भी अमरनाथ जाने के लिए श्रद्धालुओं की भारी भीड़ थी। अमरनाथ-यात्रा आरंभ

होने के पहले दिन पहलगाम की मुख्य सड़क अमरनाथ यात्रियों से खचाखच भरी हुई थी। इन यात्रियों की संख्या इतनी अधिक थी कि सरकारी वाहन, प्राइवेट वाहन और व्यक्तिगत वाहन भी संयुक्त रूप से यात्रियों को चंदनबाड़ी तक पहुँचाने के लिए अपर्याप्त थे। वाहनों की अनुपलब्धता के फलस्वरूप बड़ी संख्या में यात्रीगण पैदल ही पहलगाम से चंदनबाड़ी की यात्रा करने को विवश थे। चंदनबाड़ी के सड़क मार्ग में भी पैदल यात्रियों की भारी भीड़ थी।

पहलगाम के मार्ग में और चंदनबाड़ी से संगम के मार्ग में भी यात्रियों की बहुत भीड़ थी। संगम एक ऐसा स्थल है, जहाँ आकर बालटाल और पहलगाम दोनों मार्ग से आए यात्री एक ही स्थान पर मिल जाते हैं। यहाँ से सभी यात्री अमरनाथ-गुफा की यात्रा में साथ-साथ आगे बढ़ते हैं। हम पहलगाम मार्ग से अमरनाथ-गुफा की यात्रा में जानेवाले पहले पैदल जत्थे में शामिल थे। संगम से पूर्व हम लोगों ने शेषनाग और पंचतरिणी में रात्रि-विश्राम किया था। बालटाल से अमरनाथ-गुफा की दूरी केवल 14 किमी. है। फलतः संगम से जब हम अमरनाथ गुफा की ओर आगे बढ़ रहे थे, उसी मार्ग में दर्शन करके लौटनेवाले यात्रियों की भीड़ भी शामिल थी। हमारी योजना पहलगाम मार्ग से अमरनाथजी के दर्शन के पश्चात्, बालटाल मार्ग से वापस पैदल लौटने की थी। इसी प्रकार कई ऐसे श्रद्धालु भी थे, जो बालटाल मार्ग से अमरनाथजी के दर्शन कर पैदल ही पहलगाम मार्ग से वापस लौट रहे थे। फलतः संगम से अमरनाथ-गुफा के मार्ग में अत्यधिक भीड़ थी।

संगम से अमरनाथ-गुफा के मार्ग ही बालटाल का पैदल मार्ग बड़ा स्पष्ट दिखाई पड़ता है। वहा भी ऊँचे पहाड़ों में पैदल मार्ग में मुझे यात्रियों का अंतहीन मेला दिखाई दे रहा था।

ठीक ऐसे ही, बालटाल मार्ग से वापस लौटने के क्रम में मुझे संगम से अमरनाथ-गुफा के मार्ग में केवल श्रद्धालुओं की भीड़ दिखाई दे रही थी। पहाड़ों की अत्यधिक ऊँचाई के कारण मुझे अमरनाथ-मार्ग का एक विहंगम दृश्य दिखाई दे रहा था। ऐसे प्रतीत हो रहा था कि श्रद्धालुओं की भीड़ समूचे हिमालय पर नियंत्रण का प्रयास कर रही हो। चारों ओर श्रद्धालुओं की भीड़ ही दिखाई दे रही थी।

जम्मू से अमरनाथ-गुफा और अमरनाथ-गुफा से पुनः जम्मू की यात्रा के दौरान अत्यधिक भीड़ के कोलाहल एवं रोमांच ने मुझे इस चिंतन के लिए प्रेरित और प्रोत्साहित किया कि इतनी विशाल संख्या में अमरनाथ-यात्रा के लिए श्रद्धालुओं की संख्या निश्चित ही कश्मीर की अर्थव्यवस्था को एक नई समृद्धि, स्थायित्व और गतिशीलता प्रदान कर रही होगी, परंतु आँकड़ों एवं तथ्यों की अनुपलब्धता के कारण

अमरनाथ यात्रा कश्मीरी अर्थव्यवस्था को समृद्ध करती है

में कोई वैज्ञानिक निष्कर्ष तक नहीं पहुँच सका, लेकिन इस दौरान मेरी बौद्धिक खुजली जारी रही। मैं इस दिशा में चिंतन की पीड़ा से निरंतर गुजरता रहा। अंतत: इंटरनेट खँगालने के क्रम में मुझे एक ठोस निष्कर्ष और उचित मार्ग मिल ही गया।

'अमरनाथ-यात्रा के अर्थशास्त्र' को गहराई से समझने से पूर्व मेरे लिए सबसे बड़ी चुनौती अमरनाथ-यात्रियों की ठीक-ठीक संख्या ज्ञात करना था। दैनिक जागरण के इंटरनेट संस्करण से मुझे जून 2011 का एक समाचार पढ़ने को मिला। इसका शीर्षक था—'अमरनाथ-यात्रा ने पूर्व के रिकार्डों को तोड़ा, अब तक 5 लाख यात्रियों का रजिस्ट्रेशन।' इस खबर से मैं उत्साहित हुआ, लेकिन अभी भी मेरे मन में एक शंका थी। इसका निराकरण अनिवार्य था। इस खबर में रजिस्ट्रेशन से संबंधित आँकड़ा था, लेकिन अमरनाथ-यात्रियों की संख्या रजिस्ट्रेशन की संख्या से बहुत अधिक रही होगी, ऐसा मेरा अनुमान था।

मेरा यह अनुमान पहलगाम मार्ग से आरंभ होनेवाले सेना के जवानों द्वारा रजिस्ट्रेशन संबंधी कार्ड देखने के रवैये से संबंधित था। यात्रा आरंभ करने के दौरान मैंने महसूस किया कि रजिस्ट्रेशन चैकिंग करनेवाले सिपाही प्रत्येक यात्री के रजिस्ट्रेशन की जाँच नहीं कर रहे थे। सिपाहियों के इस व्यवहार को लापरवाही से

जोड़कर नहीं देखा जा सकता है। सिपाहियों की इस प्रवृत्ति के पीछे व्यावहारिक कारण उत्तरदायी थे।

पहली बात, भीड़ इतनी अधिक थी कि इसमें प्रत्येक यात्री और श्रद्धालु के रजिस्ट्रेशन कार्ड की जाँच संभव नहीं थी। दूसरा, सिपाहियों पर व्यावहारिक दबाव यह भी था कि सुचारू व्यवस्था निर्मित करने के लिए कहीं भी लंबे समय तक भीड़ इकट्ठी होने न पाए। तीसरा कारण धार्मिक था। अगर किसी के पास रजिस्ट्रेशन नहीं भी था तो सिपाही उसकी धार्मिक आस्था एवं श्रद्धा को देखते हुए उसे आगे की यात्रा के लिए इजाजत दे रहे थे। यहाँ मानवीय सहानुभूति कार्य कर रही थी। यह भीड़ आनेवाले दिनों में और भी बढ़ती गई। ऐसे में रजिस्ट्रेशन कार्ड की चैकिंग-प्रक्रिया उत्तरोत्तर कठिन ही होती जा रही होगी। ऐसा सहज ही अनुमान लगाया जा सकता है।

वर्ष 2011 के अमरनाथ-यात्रियों की कुल संख्या मुझे जम्मू एवं कश्मीर के तत्कालीन मुख्यमंत्री उमर अब्दुल्ला के उस बयान से ज्ञात हुई, जो 'दैनिक जागरण' के जम्मू संस्करण में प्रकाशित था। इस समाचार के अनुसार, वर्ष 2011 में 6.5 लाख अमरनाथ श्रद्धालुओं ने कश्मीर का भ्रमण किया। रजिस्ट्रेशन की ज्ञात संख्या और मेरे व्यावहारिक अनुमान से यह आँकड़ा अतिशयोक्तिपूर्ण एवं अतिरंजित नहीं था। अमरनाथ श्राइन बोर्ड की सूचना के अनुसार 32,000 श्रद्धालु प्रतिदिन अमरनाथजी के दर्शन कर रहे थे। अमरनाथ-यात्रा 22 दिनों तक चलती रही, फलतः इस संख्या का गुणनफल भी मुख्यमंत्री के बयान में इंगित अमरनाथ-यात्रा के श्रद्धालुओं की संख्या को न्यायसंगत ठहरा रहा था।

अब इस अनुमानित संख्या के आधार पर अमरनाथ-यात्रियों के कारण कश्मीर की अर्थव्यवस्था में दिए गए योगदान की गणना अपेक्षाकृत सरल थी। इसी क्रम में 13 अप्रैल, 2012 के इंग्लैंड की 'द संडे गार्जियन' में प्रकाशित एक अध्ययन ने मेरा काम और भी सुगम कर दिया। इस अध्ययन का शीर्षक था—'वर्ष 2011 में, अमरनाथ-यात्रियों से जम्मू-कश्मीर सरकार को 24,000 करोड़ आय।'

इसी सूचना में, आई.आई.टी. दिल्ली के प्रबंध विभाग के अध्यक्ष प्रो. एस.के. जैन के एक अध्ययन का संदर्भ उल्लेखित था। प्रो. जैन का यह आर्थिक आकलन था कि कश्मीर में करीब चार लाख यात्री अमरनाथ-यात्रा के लिए आए। इस संख्या में प्रत्येक श्रद्धालुओं ने अगर प्रति व्यक्ति 3,000 रुपए भी औसतन खर्च किया तो इस दृष्टि से कश्मीरी अर्थव्यवस्था को 12 करोड़ लाभ होने की संभावना थी। यह गणित तार्किक था, लेकिन मैं इस अध्ययन में प्रत्येक श्रद्धालु द्वारा औसतन खर्च

की राशि की गणना से असहमत था। गणना में श्रद्धालुओं द्वारा खर्च की जानेवाली राशि का औसत 3,000 से निर्धारित करना एक त्रुटिपूर्ण आकलन था।

मेरे इस विश्वास के पीछे कुछ व्यावहारिक तर्क थे और यात्रा के अनुभव भी। सबसे पहले मैंने यह अनुभव किया—अमरनाथ-यात्रा के लिए आया प्रत्येक यात्री केवल अमरनाथजी के दर्शन तक केंद्रित नहीं था। यात्रीगण जम्मू एवं कश्मीर के अन्य स्थानों में भी पर्यटन का लुत्फ उठा रहे थे। दूसरा—यात्रा के दौरान मैंने पैदल यात्रियों के साथ-साथ घोड़े पर यात्रा करनेवालों की एक बहुत बड़ी संख्या देखी। ये कुछ घोड़े लंबी दूरी के लिए निर्धारित थे, तो कुछ-कुछ छोटी दूरी तक के लिए तय किए गए थे। कुछ घोड़ेवाले यात्रियों द्वारा पूर्व नियोजित एवं पूर्व निर्धारित थे तो कुछ मजबूरी की दशा में निर्धारित किए गए थे। इन दोनों ही श्रेणियों के घोड़ेवालों का किराया 400 से 2,000 रुपए तक निर्धारित था। तीसरा, इन घोड़ेवालों के अतिरिक्त कई पिट्ठूवाले भी थे, जो यात्रियों के सामान या उनके बच्चे ढो रहे थे। ये भी अपेक्षाकृत महँगे थे। 200 से 500 रुपए तक। चौथा, अमरनाथ-गुफा की यात्रा करनेवाले श्रद्धालुओं की संख्या भी बहुत अधिक थी। पंचतरिणी में पहलगाम और बालटाल दोनों दिशा में हेलीकॉप्टर से आनेवाले यात्रियों की संख्या भी बहुत अधिक थी। पंचतरिणी हम शाम के चार बजे पहुँच गए थे। अपने संध्या-भ्रमण के दौरान प्रत्येक दो मिनट में हेलीकॉप्टरों को उतरते और पुनः उड़ान भरते देखा। ऐसी ही दशा बालटाल में भी थी। बालटाल में हेलीकॉप्टरों का लैंडिंग-स्थल हमारे टैंट से निकट था। फलतः हमारे पास वहाँ भी आते-जाते हेलीकॉप्टरों की संख्या को देखने एवं समझने का पर्याप्त समय था। बालटाल से पंचतरिणी का किराया करीब चार हजार रुपए था और पहलगाम से पंचतरिणी को हेलीकॉप्टर का किराया 6,990 रुपए। इस राशि के आधार पर प्रत्येक श्रद्धालुओं का औसत खर्च मात्र तीन हजार रुपए निर्धारित नहीं किया जा सकता है।

मेरे स्वयं के व्यक्तिगत खर्च, यात्रियों के सामूहिक अनुभव एवं पर्यटकों की सामान्य मनःस्थिति को दृष्टिगत रखते हुए प्रत्येक अमरनाथ यात्री का औसत खर्च 5,000 रुपए से कम निर्धारित किया जाना एक गणितीय भूल होगी। यद्यपि इसमें यात्रा करनेवालों में साधु-संत भी होते हैं और गरीब परिवार के श्रद्धालु भी, लेकिन विगत पाँच वर्षों में मध्यम वर्ग का रुझान बड़ी तेजी से अमरनाथ-यात्रा की ओर बढ़ा है। ऐसे यात्री महँगे ट्रैवल-टूर के पैकेज में अमरनाथजी का दर्शन करते हैं और समय, सुविधा और जोखिम को देखते हुए हेलीकॉप्टर की महँगी यात्रा का उपयोग करते हैं। पहलगाम और सोनमर्ग के होटलों की बुकिंग, इनका निर्धारित किराया

और हमारे राष्ट्रीय व्यसन शॉपिंग के खर्च को भी सम्मिलित करने से खर्च की गई औसत राशि 5,000 रुपए से भी कहीं अधिक ही होगी, कम नहीं।

अब अगर हम 6,50,000 यात्रियों का औसत खर्च पाँच हजार रुपए मानकर इसका गुणन करें, तो यह राशि होगी—रु. 3,25,00,00,000 अर्थात् सवा तीन अरब रुपए।

जम्मू एवं कश्मीर राज्य में वर्ष 2004 में कुल पर्यटन का करीब साठ प्रतिशत अमरनाथ-यात्रा से अर्जित हुआ था। फलतः यह कथन अतिशयोक्तिपूर्ण नहीं होगा कि अमरनाथ-यात्रा कश्मीरी अर्थव्यवस्था की एक जीवनरेखा है।

वर्ष 2011 के अमरनाथ-यात्रा के आर्थिक मूल्यांकन से यह धारणा और भी अधिक परिपुष्ट होती है। निश्चित रूप से अमरनाथ-यात्रा का यह अविस्मरणीय आर्थिक अध्याय जम्मू-कश्मीर की शांतिपूर्ण कानून-व्यवस्था से भी संबंधित है। सरकारी आँकड़ों के अनुसार वर्ष 2011 में जम्मू एवं कश्मीर में हिंसा संबंधी घटनाओं में 48 प्रतिशत की उल्लेखनीय गिरावट आई है।

अमरनाथ-यात्रा के इस अपेक्षाकृत नवीन आर्थिक पटकथा का रोचक पहलू यह भी है कि अमरनाथ-यात्रा में पर्यटन को दृष्टिगत रखते हुए जम्मू एवं कश्मीर के पर्यटन मंत्रालय के संपूर्ण बजट का एक अत्यंत छोटा हिस्सा ही निवेश किया जाता है। उदाहरणार्थ, जम्मू एवं कश्मीर के वर्ष 2011-12 के बजट की संपूर्ण राशि 2076.62 लाख रुपए थी। इसमें केवल 33 करोड़ अमरनाथ-यात्रा के प्रशासन एवं निर्देशन से संबंधित मद पर व्यय किया गया। ऐसे में हम आसानी से समझ सकते हैं कि अमरनाथ-यात्रा किस प्रकार जम्मू-कश्मीर की अर्थव्यवस्था के लिए एक संजीवनी बूटी है।

विगत पाँच वर्षों में अमरनाथ दर्शनार्थियों की संख्या के आधार पर निम्नलिखित सारणी के द्वारा आकलन किया जा सकता है कि किस प्रकार कश्मीरी अर्थव्यवस्था अमरनाथ-यात्रा से लाभान्वित हो रही है।

वर्ष	दर्शनार्थियों की संख्या	प्रति व्यक्ति अनुमानित खर्च	यात्रा का कश्मीरी अर्थव्यवस्था में योगदान
	(लाख में)	(रु. में)	(करोड़ रुपए में)
2011	650000	5000	32.50
2012	622000	5000	31.10

2013	350000	5000	17.50
2014	372290	5000	18.61
2015	352741	5000	17.64

आर्थिक दृष्टिकोण से, अमरनाथ-यात्रा कश्मीर के उन लाखों कश्मीरी लोगों के लिए एक वरदान है, जो कभी-कभी राज्य-प्रायोजित संरचनात्मक हिंसा से, तो कभी पाकिस्तान प्रायोजित आतंकवाद तो कभी कश्मीरी राजनीतिक नेतृत्व के भारत-विरोधी मनोविज्ञान से निर्मित प्रतिक्रिया का दंश झेल रहे हैं, जिसके लिए वे कतई जिम्मेदार नहीं हैं। हिंसा कोई भी आरंभ करे, इसके फलस्वरूप प्रतिक्रिया एवं प्रतिहिंसा का वातावरण निर्मित होता है। ऐसी विषम परिस्थिति में कश्मीर स्वत: ही अस्थिर हो जाता है। कश्मीर बंद का आह्वान एक सामान्य परिपाटी है। कश्मीर की इन घटनाओं से पर्यटन बिल्कुल ठप्प पड़ जाता है।

इसकी सबसे बड़ी क्षति उन निर्दोष कश्मीरियों को झेलनी पड़ती है, जिनका जीवनयापन पर्यटकों के कश्मीर-आगमन पर निर्भर करता है।

□

अध्याय–7

अमरनाथ : अध्यात्म और सौंदर्य

जीवन की आपाधापी में
कब वक्त मिला,
कुछ देर कभी, बैठ कहीं
ये सोच सकूँ
जो किया, कहा, माना
उसमें कितना भला था?

—हरिवंश राय 'बच्चन'

शांति और आनंद मनुष्य की शाश्वत अभिलाषा है। यही कारण है कि मानव समाज के अभ्युदय के समय से ही धर्म के कई प्रमाण देखे जा सकते हैं। इस धर्म के स्वरूप भिन्न-भिन्न हो सकते हैं, परंतु इसका परम लक्ष्य और उद्देश्य सदैव एक ही रहा है—शांति और आनंद।

युवावस्था से मेरे मन में एक स्वाभाविक जिज्ञासा थी कि आखिरकार अधिकांश ऋषि-मुनि साधना के लिए हिमालय क्यों जाते हैं ? हिमालय में साधना क्या हिमालय की शांति से संबंधित है, या फिर यह निम्न तापमान साधना की दृष्टि से उपयोगी होता है ? हिमालय का सौंदर्य क्या सत्य और शिव की प्राप्ति में सहायक सिद्ध होता है ?

इसके अतिरिक्त मेरा मन अध्यात्म और साधना के औचित्य तथा आवश्यकता के संबंध में सदैव शंकालु रहा। कई प्रश्न अकसर मुझे परेशान करते रहे, जैसे—क्या हिमालय में तप और साधना समाज से पलायन का परिचायक नहीं है ? क्या हिमालय में खोजा गया सत्य मात्र व्यक्तिगत उपलब्धि नहीं है और क्या ऐसी उपलब्धि सामाजिक-दायित्व की घोर अवमानना नहीं है ?

ये कौन चित्रकार है

ऐसे ढेरों प्रश्न थे, जिन्हें पुस्तकों में ढूँढ़ना इन गंभीर प्रश्नों एवं निर्दोष जिज्ञासाओं का घोर अपमान था, भले ही यह एक अनजाने में किया गया अपराध होता।

आश्चर्यजनक रूप से अमरनाथ की यात्रा के दौरान चार-पाँच दिन तक हिमालय की ऊँची पहाड़ियों में यात्रा करना नए रहस्य एवं रोमांच को उद्घाटित करने में सफल रहा। यहाँ स्वाभाविक रूप से हमारे मन में यह प्रश्न उभर सकता है कि पहाड़ों का सौंदर्य सहजता से हिल स्टेशनों पर भी उपलब्ध है, तो फिर अमरनाथ-यात्रा का जोखिम क्यों?

हिमालय का सौंदर्य अनुपम, अद्‌भुत और अविस्मरणीय है। हिल स्टेशनों पर यद्यपि नवधनाढ्य वर्ग इस सौंदर्य का रसपान करता है, परंतु यह अनुभव आत्मा को तृप्त नहीं करता है। हिल स्टेशन के पहाड़ भी सौंदर्य की झलक अवश्य देते हैं, लेकिन मन के भीतर और बाहर की भीड़ हमारा पीछा नहीं छोड़ती है। फलत: हम इस आनंद को आत्मसात् करने में असफल सिद्ध होते हैं। अमरनाथ-यात्रा के दौरान समाज से हमारा संपर्क टूट जाता है। मोबाइल, टेलीविजन और इंटरनेट से हमारी दिनचर्या मुक्त हो जाती है। यही नहीं, संबंधों के जाल छूट जाने से निश्चित रूप से हमारा अहंकार भी विसर्जित हो जाता है। हमारे अहंकार की धारणा मुख्य रूप

से समाज, समूह एवं संपर्कों पर निर्भर करती है। अप्रत्यक्ष रूप से अमरनाथ-यात्रा अहंकार से निरहंकार की यात्रा का एक माध्यम बन जाती है। यहाँ हम इतनी ऊँचाई और निर्जन स्थान में गति करते हैं कि भीड़ की अनुभूति और इससे संस्कारित मन को गतिमान करने का पर्याप्त अवसर प्राप्त नहीं हो पाता है।

ऐसा नहीं है कि अमरनाथ-यात्रा में आस-पास भीड़ नहीं होती है, लेकिन भीड़ सदैव अपने लक्ष्यों तक केंद्रित रहती है। मसलन उसे कितने बजे कहाँ पहुँचना है ? आज कितनी यात्रा करनी है ? आज यात्रा के दौरान मौसम कैसा रहेगा ? ऐसे प्रश्न प्रमुख हो जाते हैं और व्यर्थ की चिंता, तनाव और दबाव से मन मुक्त हो जाता है।

मन की चंचलता के संबंध में मनोवैज्ञानिक कहते हैं कि पूरे दिन में कोई दस लाख संस्कार बुद्धि पर पड़ते हैं। यही नहीं, मनुष्य के सिर के भीतर करीब सात करोड़ सेल होते हैं और एक-एक सेल अरबों संस्कार इकट्ठा कर सकता है। अमरनाथ-यात्रा के दौरान मन को अनुकूल अवसर न मिलने के फलस्वरूप यह अ-मन (No mind) की ओर स्वयं ही गति करने लगता है। अ-मन की दशा ही आनंद है।

अ-मन की दशा ही परम सत्य की अनुभूति है। इस अनुभूति में व्यक्ति की ऊर्जा प्रकृति की समस्त ऊर्जा में समाविष्ट हो जाती है। यह अनुभव बूँद के समुद्र में समाने और स्वयं समुद्र हो जाने के काव्यात्मक चित्रण से समझा जा सकता है।

बुद्ध अपनी शिक्षा में इस 'होश' की चर्चा बार-बार करते हैं। बुद्ध का कथन है—"सजगता अमरता का पथ है, असजगता मरण का पथ है। जो सजग रहते हैं, वे कभी नहीं मरते और जो सजग नहीं, वे पहले ही मर चुके हैं।"

भारतीय आध्यात्मिक परंपरा में इस अ-मन दशा की चर्चा अलग-अलग रूपों में बार-बार की गई है। भगवान् महावीर इसे 'आत्म-स्मरण' कहते हैं। बुद्ध इसके लिए 'होश' शब्द का प्रयोग करते हैं। जनक साक्षीभाव की बात करते हैं। भगवान् कृष्ण 'प्रज्ञावान' के माध्यम से इसका संकेत देते हैं।

आधुनिककाल में कृष्णमूर्ति 'चुनावरहित सजगता' और ओशो 'ध्यान और प्रेम' की साधना के माध्यम से इसी 'अ-मन' का मार्ग निर्देशित करते हैं।

होश सत्य, शिव और सौंदर्य तीनों से परस्पर संबंधित है। सत्य, शिव या सौंदर्य किसी भी दिशा में किया गया प्रयास अंततः होश के माध्यम से ही अपनी मंजिल तक पहुँच पाता है।

हिमालय का सौंदर्य, इसकी शांति, प्रतिपल परिवर्तित होता इसका आभामंडल ऐसा दिव्य अनुभव होता है कि सहसा मन ठिठक जाता है। आध्यात्मिक ऊर्जा और

चैतन्य का चरम और परम स्वरूप हिमालय के सौंदर्य में प्रस्फुटित होता है। यहाँ की ऊर्जा इतनी प्रबल एवं शुद्ध है कि कोई नास्तिक भी यहाँ ईश्वर की उपस्थिति की पदचाप सुन सकता है।

इसके अतिरिक्त हिमालय-यात्रा का रोमांच एवं खतरा भी एक खास अवेयरनेस की दृष्टि से उपयोगी सिद्ध हो जाता है। अमरनाथ की यात्रा में हिमालय की ऊँची पहाड़ियों का मार्ग अत्यंत खतरनाक होता है। यहाँ रास्ते अत्यंत ऊबड़-खाबड़ और सँकरे हैं। कभी यहाँ पत्थरों के मार्ग से पहाड़ों की चढ़ाई करनी पड़ती है, तो कभी हिमालय के ऊँचे पहाड़ों पर इतने सँकरे रास्तों से गुजरना पड़ता है कि अगर थोड़ी लापरवाही या भूल हो जाए तो हजारों फीट नीचे खाई में गिरने की आशंका बनी रहती है।

इसी दौरान मार्ग में लंबी दूरी तक बर्फ भी जमी रहती है। इस बर्फ में चलना रोमांचकारी होता है, परंतु इसमें सदैव फिसलने की आशंका भी बनी रहती है। ऊँचाई पर चलना भी सदैव अत्यंत तकलीफदेह होता है। यही नहीं, अमरनाथ-यात्रा में मौसम के फलस्वरूप भी मन सदैव भय से आक्रांत रहता है। वर्ष 1996 में अमरनाथ-यात्रा में ग्लेशियर के पिघलने से 250 श्रद्धालुओं की मौत हो गई थी। अमरनाथ-यात्रा में सदैव ऐसा ही खतरा एवं जोखिम बना रहता है।

इससे मन की चंचलता पर विराम लग जाता और हमें अनायास अमरनाथ-यात्रा में इसी शांति, जोखिम एवं होश के कारण एक साथ 'सत्यं, शिवं और सुंदरम्' का दर्शन हो जाता है।

□

भाग–4

परिशिष्ट

परिशिष्ट–1

श्री अमरनाथ की अमर कहानी

इस कथा का नाम अमर–कथा इसलिए है कि इसके श्रवण करने से शिवभाग की प्राप्ति होती है। यह वह परम पवित्र कथा है, जिसके सुनने से सुननेवालों को अमरपद की प्राप्ति होती है तथा वे अमर हो जाते हैं। यह कथा शंकर भगवान् ने इसी गुफा में (श्री अमरनाथजी की गुफा में) भगवती पार्वतीजी को सुनाई थी। इस कथा को सुनकर ही श्री शुकदेवजी अमर हो गए थे। जब भगवान् शंकर यह कथा भगवती पार्वती को सुना रहे थे तो वहाँ एक तोते का बच्चा भी इस परम पवित्र कथा को सुन रहा था और इसे सुनकर उस तोते के बच्चे ने श्री शुकदेव स्वरूप को पाया था। 'शुक' संस्कृत में तोता को कहते हैं और इसी कारण बाद में फिर मुनि 'शुकदेव' के नाम से संसार में प्रसिद्ध हुए। यह कथा भगवती पार्वती तथा भगवान् शंकर का संवाद है। यह परम–पवित्र कथा–लोक व परलोक का सुख देनेवाली है। शंकर भगवान् और जगन्माता के इस संवाद का वर्णन भृगु संहिता, नीलमत–पुराण, दीर्घ संग्रह आदि ग्रंथों में पाया जाता है। हम यहाँ पर आपके सम्मुख यह परम पवित्र कथा विस्तारपूर्वक रखेंगे।

देवर्षि नारद का कैलास पर्वत पर आना और पार्वतीजी से पूछना कि भगवान् शंकर के गले में रुंडमाला क्यों है ?

एक बार देवर्षि नारद कैलास पर्वत पर भगवान् शंकर के दर्शनार्थ पधारे। भगवान् शंकर उस समय वन–विहार के लिए गए हुए थे और भगवती पार्वती यहाँ पर विराजमान थीं। पार्वतीजी ने देवर्षि नारद को प्रणाम किया और सादर आसन दिया। फिर वह बोलीं, ''देवर्षि! आपने यहाँ पधारकर हम पर बड़ी कृपा की, अपने आने का कारण कहिए।''

देवर्षि नारद बोले, "देवी! मेरा एक प्रश्न है, उसका उत्तर चाहता हूँ।"

पार्वतीजी ने कहा, "कहिए।"

नारदजी बोले, "देवी! मुझे इस बात का बड़ा आश्चर्य है कि भगवान् शंकर, जो हम दोनों से बड़े हैं, उनके गले में रुंडमाला क्यों है?"

पार्वतीजी बोलीं, "इसका कारण मैं नहीं जानती।"

नारदजी बोले, "आप यथासमय इसका कारण भगवान् श्री शंकर से पूछिएगा।"

इतना कहकर देवर्षि नारद वहाँ से चले गए। अब तो भगवती सती-पार्वती के मन में भी इस बात का भेद जानने के लिए तीव्र जिज्ञासा उत्पन्न हो गई। न जाने यह भेद महादेव ने मुझसे क्यों छिपाया हुआ है? ऐसा सोचकर वह महादेवजी के लौटने की प्रतीक्षा करने लगीं। परंतु उन्हें ज्ञान था कि शंकरजी की तपस्या और समाधि के समय का पूर्वानुमान लगाना कठिन है। पर्याप्त समय व्यतीत हो जाने पर भगवान् शंकर की समाधि-संपन्न हुई और कैलास पर्वत स्थित अपने निवास-स्थान की ओर लौटे, जहाँ पार्वतीजी उत्सुकता से प्रतीक्षा कर रही थीं।

अनायास ही तपस्या, शक्ति और शांति-क्रोध के प्रतिरूप भगवान् ने निज-लोक में प्रवेश किया। उनको देखकर श्रद्धालु भक्तों तथा उस लोकवासी सभी प्राणियों को जो सुखानुभूति हुई, उसका वर्णन नहीं किया जा सकता।

अपने प्राणनाथ भगवान् शंकरजी के दर्शन कर माता पार्वती का हृदय-कमल भी खिल गया। उन्होंने शिवजी महाराज की विभिन्न प्रकार से आरती और सेवा-शुश्रूषा की। अधिक दिनों के पश्चात् तथा विशिष्ट प्रकार की सेवा-भावना के प्रदर्शन के कारण महादेव भी अति प्रसन्न हुए। भगवान् शंकर जब प्रसन्न होते हैं तो संतों और भक्तों के संकट समाप्त हो जाते हैं।

शंकरजी के गले में मुंडमाला क्यों है?

माता पार्वती भगवान् शंकर के मनोहर रूप को अपलक निहारती रहीं। इसी बीच उनकी दृष्टि उनके नीलकंठ पर सुशोभित मुंडमाला पर पड़ी। तो नारदजी का पूछा हुआ प्रश्न सजीव हो उठा। उन्होंने शंकरजी से इस प्रकार विनय की—

हे प्राणनाथ, आप अपने भक्तों की सभी आशाएँ पूर्ण किया करते हैं। आप यह भी जानते हैं कि मैं आपकी चिरसंगिनी होने के साथ-साथ आपकी भक्त भी हूँ और आपके रहते या आपकी अनुपस्थिति में भी आपकी पावन स्मृति में डूबकर निरंतर अंतर्मन से पूजा किया करती हूँ और मेरे मन के प्रत्येक प्रश्न का निवारण करने में आप समर्थ हैं।

''हे नाथ, मैं यह जानना चाहती हूँ कि आप अपने गले में रुंडमाला क्यों धारण करते हैं ?''

पार्वतीजी के मनोहर मुख से ऐसे प्रश्न को सुनकर शंकरजी पर विस्मय का भाव निखर आया। ऐसा प्रश्न पार्वती ने पहले कभी नहीं पूछा था और जिसके उत्तर को भी वह पार्वती को बताना उचित नहीं समझते थे।

भगवान् शंकर माता पार्वती के मन को समझाने की युक्ति सोच रहे थे, लेकिन बीच में पार्वती ने यह कहकर ध्यान भंग कर दिया—

''हे सर्वेश्वर, आप शांत क्यों हैं ? क्या मेरा अनुरोध आपको स्वीकार नहीं है ? मेरा प्रश्न आपके लिए इतना कठिन तो नहीं है, क्योंकि आप सर्वज्ञ हैं।''

पार्वती की पुनः प्रार्थना पर शंकरजी मानो इच्छा के विरुद्ध भी बोलने के लिए बाध्य हो गए और उन्होंने पार्वतीजी को इस प्रकार समझाना प्रारंभ कर दिया—

''हे पार्वती उपर्युक्त प्रश्न के उत्तर का ज्ञान आपके हित में नहीं है। मैं चाहता हूँ कि इस विषय पर हठ धारण न करके आप शांतिपूर्वक लोक आनंद की सुमधुरता में विचरण करें।''

शंकरजी के बार-बार समझाने पर भी पार्वती को उत्तर जानने की लालसा पुष्ट होती गई और उन्होंने इस प्रकार के नाटकीय हाव-भाव, हठपूर्वक व्यक्त किए कि शंकरजी उत्तर देने के लिए विवश हो गए। भगवान् शंकर ने पार्वती के प्रश्न का उत्तर देना प्रारंभ कर दिया।

''हे पार्वती, मेरे द्वारा रुंडमाला पहनने जाने का कारण बड़ा रहस्यमय है। आप जितने रुंड (मुंड) मेरी इस कंठमाला में देख रही हो, उतनी ही बार तुम्हारा जन्म हुआ है और प्रत्येक जीवन की समाप्ति पर मैंने तुम्हारे रुंड को क्रमशः माला के रूप में धारण किया है।''

भगवान् शंकर के मुख से परमगूढ रहस्य को जानकर पार्वतीजी चकित रह गईं। वह मंत्रमुग्ध होकर बोल उठीं—हे प्रभो, आपको मेरे प्रत्येक जीवन के हर एक कार्यकलाप, जीवन-मरण आदि का संपूर्ण ज्ञान है ? क्या आप अमर हैं ? और मैं मरकर पैदा होती रही हूँ ? आपने अपनी अमरता का कारण सदैव मुझसे छुपाए रखा, जो शायद आपके गूढ ज्ञानानुसार उचित ही होगा। परंतु इस रहस्य की जानकारी पर मेरी यह जानने की भी इच्छा है कि आपकी इस शाश्वत अमरता का क्या कारण है ? आप कृपा करके इस तथ्य के ज्ञान का भी दान देने का कष्ट करें।

पार्वती के हठीले स्वभाव से शंकरजी परिचित थे। उनको इस तथ्य का पूर्वानुमान था कि पार्वती की प्रश्नोत्तर के बिना तृप्ति होना किसी भाँति भी संभव

नहीं है। अतः उन्होंने अपनी अमरता का कारण बताना प्रारंभ किया।

"हे पार्वती! एक कथा है, जिसको सुननेवाला व्यक्ति अमर हो जाता है। मैंने उस अमर कथा को सुना है। उस पर चिंतन कर लोक-कल्याण के अनेक कार्यों को संपन्न किया है। अमर कथा भगवान् सदाशिव की अनेक लीलाओं, कार्य-कलापों की एक अविस्मरणीय कहानी है। मैं उस अमर कथा को सुनने मात्र से ही अमर हूँ।"

भगवान् शंकर की अमरता का कारण जानकर पार्वती ने कहा, "भगवन्, मैं भी जन्म-मरण के दुखदाई बंधन से मुक्ति प्राप्त करना चाहती हूँ। आप कृपा करके उस अमरत्वदाता अमरकथा का संपूर्ण प्रसंग मुझे भी सुना दीजिए। मैं आपके चरण-कमलों में सदैव आपकी सेवा करना चाहती हूँ।"

पार्वतीजी आग्रहपूर्वक बार-बार हठ करने लगीं, "तो फिर मुझे भी यह अमरकथा सुना दीजिए न!"

अब शंकरजी के पास अमरकथा सुनाने के अतिरिक्त और कोई उपाय न बचा। (वास्तव में, यह नारदजी की सोची-समझी योजना के अंतर्गत लोकहित के लिए ही था। वह लोककल्याण हेतु शंकरजी के मुख से अमरकथा का प्रसंग सुनना चाहते थे। प्रत्यक्ष रूप से शंकरजी को यह अनुरोध अपनी इच्छा के विरुद्ध स्वीकार करना पड़ा।

अब समस्या यह थी कि पार्वती के अतिरिक्त अन्य कोई जीव अमरकथा को न सुने। अन्यथा सृष्टि के संचालन की व्यवस्था बिगड़ सकती थी। सभी प्राणी अमर होने लगे, तो देवों की प्रतिष्ठा में अंतर आ जाएगा। अतः भगवान् शंकर किसी निर्जन और सुरक्षित स्थान की खोज करते-करते कैलास-पर्वत के इस क्षेत्र (श्री अमरनाथ-क्षेत्र) में आ पहुँचे। आजकल यहाँ पहलगाँव कस्बा बना है, इस स्थान के आगे चंदनवाड़ी और शेषनाग झील होते हुए पंचतरिणी, महसगुंस इत्यादि चोटियों को पार करके अंततः श्री अमरनाथ की गुफा के पास पहुँच गए। बाद में इन सभी स्थानों का नामकरण किस प्रकार हुआ, यह भी रोचक प्रसंग है।

निर्जन गुफा में प्रवेश के बाद शंकर भगवान् यह सुनिश्चित कर लेना चाहते थे कि आसपास कोई जीव न हो। अतः शंकरजी ने आस लगाई और कालाग्नि रुद्र नामक एक गण प्रकट किया तथा उसे आज्ञा दी, "चहुँओर एक ऐसी अग्नि प्रकट करो, जिसमें कि समस्त जीवधारी मर जाएँ।"

श्रीशुकदेव का जन्म

भगवान् शंकर की आज्ञा से कालाग्नि ने ऐसा ही किया और फिर अदृश्य हो

गए, परंतु होनी बड़ी बलवान होती है। जिस आसन पर भगवान् शंकर बैठे थे, उसके नीचे एक तोते का अंडा पहले से ही था, जो कि कालाग्नि को दिखाई नहीं दिया। वह नष्ट होने से बच गया। इसके दो कारण थे—एक तो अंडा जीवधारियों की श्रेणी में नहीं आता, दूसरे शंकरजी की मृगछाला के नीचे होने से उसकी शरण पा गया।

इसके पश्चात् भगवान् शंकर नेत्र मूँदकर एकाग्रचित्त हो पार्वतीजी को अमरकथा सुनाने लगे और पार्वतीजी उनके हर वाक्य पर हुंकारा भरने लगीं। धीरे-धीरे पार्वतीजी को नींद आने लगी। उसी समय उस अंडे में से जीव प्रकट हुआ। पार्वतीजी तब तक हुंकारा देते-देते सो चुकी थीं। अब उनके स्थान पर तोता हुंकारा देने लगा। जब भगवान् शंकर अमर कथा समाप्त कर चुके थे तो पार्वतीजी की आँख भी खुली।

भगवान् शंकर ने उनसे पूछा कि क्या आपने संपूर्ण अमरकथा सुनी है ?

पार्वती ने उत्तर दिया कि अमरकथा नहीं सुनी।

इस पर भगवान् शंकर ने पूछा, ''तब हुंकारा कौन देता था ?''

पार्वतीजी बोली, ''मुझे नहीं मालूम।''

तब भगवान् शंकर ने इधर-उधर देखा, तो उनको एक तोता दिखाई दिया और देखते-ही-देखते गुफा से निकलकर उड़ गया। भगवान् शंकर उठकर पीछे दौड़े। वह तोता उड़ता-उड़ता तीनों लोकों में गया, लेकिन उसको कहीं जगह नहीं मिली।

भगवान् शंकर के क्रोधित एवं कठिन स्वरूप को देखकर उस तोते का मन मृत्यु की आशंका से भर गया। यद्यपि अमरकथा को सुनने के पश्चात् वह अमर हो चुका था, तथापि प्राणरक्षा की आशा से वह इधर-उधर उड़ने लगा। पर भगवान् शंकर के शत्रु को कौन शरण देता ?

व्यासदेव की पत्नी अपने घर के द्वार पर बैठी जम्हाई ले रही थीं, बस तोता उनके पेट में चला गया। उस तोते के बच्चे का पीछा करते-करते शंकरजी व्यासदेव के द्वार तक आ पहुँचे।

भगवान् शंकर ने कहा, ''व्यासजी, मेरा चोर आपके घर में है, उसे उपस्थित करो।''

महर्षि व्यास बोले, ''प्रभो! हमारे घर में तो कोई चोर नहीं है।''

भगवान् शंकर के कहने पर महर्षि व्यास ने अपनी पत्नी से पूछा। उसने उत्तर दिया, ''ऐसा जान पड़ता है जैसे मेरे पेट में कोई पक्षी गया है।''

महर्षि व्यासजी ने यह बात भगवान् शंकर से कही और साथ ही कहा, ''आपकी जैसी इच्छा हो वैसा कर सकते हैं, लेकिन यह तो आप जानते ही हैं कि स्त्री को मारना पाप है।''

व्यासजी की पत्नी को मारकर ही तोते को पकड़ा जा सकता था। यदि ऐसा करें तो स्त्री-हत्या का दोष लग जाता। इसलिए वेदव्यासजी की यह बात सुनकर शंकर लौट गए। वह तोता कई वर्षों तक ऋषि-पत्नी के पेट में रहा। लेकिन जब ऋषि-पत्नी के पेट का कष्ट अधिक बढ़ता गया तो भी वेद व्यासजी पहले ब्रह्माजी के और उसके पश्चात् शंकर के पास गए। इसके पश्चात् चारों वेद व्यासजी के स्थान पर आए और पक्षी की स्तुति करने लगे। पक्षी जो भगवान् शंकरजी से अमरकथा सुनकर चारों वेदों तथा अठारह पुराणों का ज्ञानी हो गया था, कहने लगा, "जब तक जगत् निर्मोही नहीं होगा, तब तक मैं माँ के पेट से बाहर नहीं निकलूँगा।" इस पर भगवान् विष्णु ने अपनी माया से जगत् को निर्मोही कर दिया। इस पर वह तोता बालक रूप होकर माँ के पेट से बाहर आ गया और उसका नाम 'शुकदेव' हुआ। श्रीशुकदेव अपने जन्म के साथ ही सबको प्रणाम करके जंगल की ओर चल दिए और फिर भगवान् विष्णु ने अपनी माया हटा दी और जगत् पुनः मोहयुक्त हो गया। इस पर वेदव्यासजी अपने पुत्र के लिए व्याकुल होकर शुकदेव के पीछे जंगल में दौड़े और उनके पास पहुँचकर उनसे घर चलने के लिए कहा। शुकदेवजी ने कहा, "जगत् निर्मोही है। यहाँ न कोई किसी का पुत्र है और न कोई किसी का पिता।"

वेदव्यासजी बोले, "अब ऐसा नहीं है।"

शुकदेवजी ने ध्यान लगाकर देखा तो मालूम हुआ कि भगवान् विष्णु ने उनके साथ छल किया है। इस पर उन्होंने वेदव्यासजी से कहा, "जब तक मैं गुरु धारण नहीं कर लूँगा, वापस घर नहीं जाऊँगा और गुरु धारण करने के बाद मैं घर आकर आपकी सेवा करूँगा।"

अब समस्या यह थी कि शुकदेव किसे गुरु धारण करें?

श्रीशुकदेव का महाराज जनक को गुरु धारण करना

शुकदेवजी फिर इस संसार में गुरु की खोज में इधर-उधर घूमने लगे। मगर अपने से बढ़कर ज्ञानी उनको कहीं नहीं मिला। इस पर वह वेदव्यास की आज्ञा से महाराज जनक के पास गए, लेकिन महाराज जनक के पास सांसारिक कर्म, स्त्री व राजपाट आदि के कारण उनको ग्लानि हुई। राजा जनक ने जब उनका यह हाल देखा तो माया से उन्होंने सारे नगर को भस्म कर डाला।

राजभवन भी धू-धू करके जलने लगा।

इस पर महारानी और महाराज जनक स्थिर भाव से, शांत होकर बैठे रहे। राजभवन के जलने से महाराज जनक और पत्नी का चित्त चलायमान नहीं हुआ,

किंतु शुकदेव का चित्त व्याकुल होने लगा। जैसे-जैसे अग्नि की लपटों में घिरने लगे, शुकदेव का मन मृत्यु एवं शारीरिक ताप के भय से काँपने लगा।

वास्तव में अमर होने के बाद भी भौतिक शरीर के प्रति आसक्ति शेष थी, परंतु महाराज जनक आत्मज्ञानी महापुरुष थे। इसी कारण उन्हें 'विदेहजनक' के नाम से भी जाना जाता है। दूसरी ओर शुकदेवजी को अमरकथा के सुनने तथा अपने अमर हो जाने का अभिमान था।

उनकी व्याकुलता को देखकर महाराज जनक बोले, ''आप क्यों घबरा रहे हैं? आप तो अमर हैं। लेकिन हमारा शरीर अवश्य जलेगा।''

इस पर भी जब शुकदेवजी की व्याकुलता दूर न हुई तो महाराज जनक ने अपनी माया की अग्नि पुनः शांत कर दी और प्रत्येक वस्तु पूर्ववत् हो गई। यह देखकर शुकदेवजी ने महाराज जनक को अपना गुरु बना लिया और उनसे उपदेश लिया।

इसके बाद शुकदेवजी नैमिषारण्य गए। वहाँ पर ऋषि-महर्षियों ने उनका बड़ा आदर-सत्कार किया। ऋषि-महर्षियों ने उन अमरकथा सुनाने के लिए प्रार्थना की। शुकदेवजी बोले, इस कथा को सुननेवाले अमर हो जाते हैं। इसके पश्चात् उन्होंने कथा सुनानी आरंभ की, आरंभ होने के साथ ही कैलास पर्वत, ब्रह्मलोक और क्षीरसागर हिलने लगे। ब्रह्मा, विष्णु, शिव तथा समस्त देवता उस स्थान पर पहुँचे, जहाँ पर अमर-कथा हो रही थी। भगवान् शंकर को स्मरण हुआ कि यदि इस कथा को सुननेवाले अमर हो गए तो पृथ्वी का संचालन बंद हो जाएगा और फिर देवताओं की प्रतिष्ठा में अंतर आ जाएगा। इसलिए भगवान् शंकर क्रोध में भर आए और श्राप दिया, ''जो इस कथा को सुनेगा, वह अमर नहीं हो, परंतु हाँ, वह शिव लोक अवश्य प्राप्त करेगा।''

□

परिशिष्ट-2

श्री अमरनाथ की गुफा का रहस्य

माता पार्वती को अमरकथा सुनाने के लिए शंकरजी ने अमरनाथ की गुफा को ही क्यों चुना? इसके पीछे भी एक रहस्य है।

युगों से पहले, जब पार्वती के मन में यह शंका उत्पन्न हुई कि शंकरजी ने पहले गले में मुंडमाला क्यों और कब धारण की है, तो शंकरजी ने उत्तर दिया कि हे पार्वती! जितनी बार तुम्हारा जन्म हुआ, उतने ही मुंड मैंने धारण कर लिये। इस पर पार्वतीजी बोलीं कि मेरा शरीर नाशवान है, मृत्यु को प्राप्त होता है, परंतु आप अमर हैं, इसका कारण बताने की कृपा करें। भगवान् शिव ने रहस्यमयी मुसकान भरकर कहा, ''यह तो अमरनाथ के कारण है।''

ऐसा सुनकर पार्वती के मन में भी अमरत्व प्राप्त कर लेने की इच्छा जाग्रत् हो उठी और वह अमरकथा सुनने का आग्रह करने लगीं। कितने ही वर्षों तक शिवजी इसको टालने का प्रयत्न करते रहे, परंतु पार्वती के लगातार हठ के कारण उन्हें अमरकथा सुनाने के लिए बाध्य होना पड़ा; परंतु समस्या यह थी कि कोई अन्य जीव उस कथा को न सुने। अत: किसी एकांत व निर्जन स्थान की खोज करते हुए शंकरजी, पार्वती सहित इन पर्वतमालाओं में पहुँच गए।

प्राचीन कथा में उल्लेख है कि 'अमरकथा' को सुनाने से पहले भगवान् शंकर यह सुनिश्चित कर लेना चाहते थे कि कथा निर्विघ्न पूरी की जा सके, कोई बाधा न हो तथा पार्वती के अतिरिक्त अन्य कोई प्राणी उसे न सुन सके। उचित एवं निर्जन स्थान की तलाश करते हुए वे सर्वप्रथम 'पहलगाँव' पहुँचे, जहाँ उन्होंने अपने नंदी (बैल) का परित्याग किया। वास्तव में इस स्थान का प्राचीन नाम बैलगाँव था, जो कालांतर में बिगड़कर तथा क्षेत्रीय भाषा के उच्चारण प्रभाव से पहलगाँव बन गया।

तत्पश्चात् 'चंदनबाड़ी' में भगवान् शिव ने अपनी जटा (केशों) से चंद्रमा को मुक्त किया। 'शेषनाग' नामक झील पर पहुँचकर अपने गले में सर्पों की मालाओं को भी उतार दिया। संभवत: इसी कथा के आधारभूत शेषनातक-पर्वत पर नागों की आकृतियाँ विद्यमान हैं। हाथी के सिर व सूँड़वाले प्रिय पुत्र गणेशजी को भी उन्होंने महागुंस-पर्वत पर छोड़ देने का निश्चय किया। इस स्थान का प्राचीन एवं शुद्ध उच्चरण महागणेश था, जो धीरे-धीरे संभवत: कश्मीरी भाषा के प्रभाव से महागुंस हो गया, फिर 'पंचतरनी' नामक स्थान पर पहुँचकर शिव ने पंचतत्त्वों (पृथ्वी, जल, वायु, अग्नि और आकाश) का परित्याग कर दिया। भगवान् शिव इन्हीं पंचतत्त्वों के स्वामी माने जाते हैं, जिनको उन्होंने श्री अमरनाथ गुफा में प्रवेश से पहले ही छोड़ दिया। इसके पश्चात् शिव-पार्वती ने इस पर्वत-शृंखला में तांडव-नृत्य किया था। तांडव-नृत्य वास्तव में सृष्टि के त्याग का प्रतीक माना गया है।

सबकुछ छोड़-छाड़कर अंत में भगवान् शिव ने श्री अमरनाथ की इस गुफा में पार्वती सहित प्रवेश किया और मृगछाला बिछाकर पार्वतीजी को अमरत्व का रहस्य सुनाने के लिए ध्यानमग्न होकर बैठ गए, लेकिन इससे पहले उन्होंने कालाग्नि नामक रुद्र को प्रकट किया और आज्ञा दी, ''चहुँओर ऐसी प्रचंड-अग्नि प्रकट करो, जिसमें समस्त जीवधारी जलकर भस्म हो सकें।'' कालाग्नि ने ऐसा किया। परंतु उनकी मृगछाला के नीचे, तोते का एक अंडा फिर भी बच गया। इसके दो कारण थे—एक तो अंडा जीवधारियों की श्रेणी में नहीं आता दूसरे शंकरजी की मृगछाला के नीचे होने से उनकी शरण पा गया, जिसने अंडे से बाहर आकर 'अमरकथा' को किस प्रकार सुन लिया?

□

परिशिष्ट–3

अमर-कथा की महिमा

श्री पार्वतीजी ने कहा—

अधुना श्रोतुमिच्छामि यात्राअमरनाथायाम।
यां श्रुत्वा मुच्यते जन्तुर्जन्मान्तरकृतैरवैः॥
पुनश्च रसलिङ्गस्य माहात्म्य वस्तुमर्हसि।
अङ्ग भूतानि तीर्थानि यान्यत्र जगदीश्वर॥
तत्पूजा तद्विधिश्चैव वनस्व दयया प्रभो।
यात्रामकृत्वा देवस्य यो लिङ्ग पश्यति प्रभो॥
सः का गति प्रयातीह वदं शीघ्र दयानिधे।

प्रभो! मैं अमरनाथ की यात्रा की महिमा सुनना चाहती हूँ, जिसके सुनने से जन्म-जन्मांतर के पाप-ताप मिट जाते हैं। जगत्-स्वामिन्! आप श्री अमरनाथजी के लिंग का माहात्म्य तथा मार्ग के तीर्थों का वर्णन कीजिए। श्री अमरनाथ की यात्रा तथा पूजन की विधि भी कहें और यह भी बताएँ कि जो शास्त्रोक्त यात्रा को त्यागकर केवल लिंग के ही दर्शन करता है, वह किस गति को प्राप्त होता है?

भगवान् शंकर ने कहा—

यात्रामअमरनाथस्य कृत्वा शुद्धिमवाप्नुयात्।
ब्राह्माभ्यन्तरशुद्धस्तु रसलिङ्गस्य दर्शने॥
चतुवर्गफलादानम् क्षमो भवति पुरुषः।
यात्रान्तः प्राप्यतीर्थोर्धमनासेव्यतु यो नरा॥
वेयात्यमरक्षेत्रेऽपि तस्य यात्राऽऽफला भवेत्।

मनुष्य अमरनाथजी की यात्रा करके शुद्धि को प्राप्त करता है तथा शिवलिंग

के दर्शनों से भीतर-बाहर से शुद्ध होकर धर्म, अर्थ, काम, वचन तथा मोक्ष को प्राप्त करने में समर्थ हो जाता है। वह मनुष्य जो कि मार्ग के तीर्थों पर यथाविधि स्नान दान इत्यादि न करके सीधा गुफा ही में पहुँच जाता है, उसकी यात्रा निष्फल समझो।

ऊर्ध्वोऽधोगमनाद्देवि! द्विधा यात्रा प्रदर्शिता।
ऊर्ध्वयात्रा मुमुक्षुणां प्राणायेन योगिनाम॥
अपानप्राणयौरैक्ये राजमार्गेण वै गते।
ब्रह्मद्वारविलीनेऽत्र मुक्तिर्भवति निश्चिता॥
यथेष्टकामदा यात्रा द्विधा सेव्या फलैप्सुभिः।
ब्राह्मऽधोयात्रया पाप क्षये शुद्ध पुमान्यदा॥
अधिकारी भवेत् सद्यः हठराजादियोगतः।
तीर्थेऽमरकथां श्रुत्वां शिवप्रोक्तां मनीषितः॥
तदुक्तमार्गयो यः स्यादमरो निश्चितं भवेत्।
तत्रादौ संप्रवक्ष्यामि अधोयात्रञ्च पुण्यदानम्॥

भगवान् शंकर बोले—

हे देवी! दो प्रकार की ऊपर तथा नीचे की यात्रा है। ऊर्ध्व (ऊपर की) की यात्रा मोक्ष चाहनेवाले योगियों को प्राणायाम द्वारा होती है। प्राण तथा अपान वायु के एक होने पर योग-मार्गे दशम द्वार अर्थात् ब्रह्मरंध्र में प्राणों को लीन करने से निश्चय ही मोक्ष की प्राप्ति होती है। वह दोनों प्रकार की यात्रा धर्म-अर्थ-काम तथा मोक्ष के इच्छुकों को करनी चाहिए। प्रभो! (निचली) यात्रा में पैदल यात्रा से मनुष्यों के संपूर्ण पाप दूर होकर चित्त निर्मल हो जाता है और इसी तरह हठयोग और राजयोग से तीर्थ पर किसी अच्छे विद्वान् पंडित द्वारा अमरकथा सुनने से पुरुष ज्ञान का अधिकारी हो जाता है। इस तरह कहे गए अनुसार यात्रा करनेवाले मुक्ति को प्राप्त करते हैं। अतः पुण्य देनेवाली निम्न यात्रा का वर्णन किया जाता है—

श्रीपुरे गणपति नत्थ्वा सङ्कल्पयैव ससार्थकः।
साम्प्रदायिकरीत्य वै चतुष्कादौ शिवं भजन्॥
निर्गत्य नगरादादौ तीर्थे षोड्शसंज्ञके।
स्नात्वा शिवपुर गच्छेदुषपृश्य ततः परम्॥

श्रीनगर में विघ्नों का नाश करनेवाले श्रीगणेशजी की पूजा करें। रीति के अनुसार भगवान् शंकर का स्मरण करता हुआ, वहाँ से बाहर निकलकर षोड्श तीर्थ पर स्नान तथा आचमन करके शिव की ओर बढ़े।

पुण्ये गङ्गाम्भिसि स्नात्वा पद दृष्टौ प्रणतः प्रिये।
तत्राचर्येन्महादेवं तर्पयेद्भोजयेत्तथा॥
देवनृषीन् द्विजान्हेमगोवस्त्रान्न विसर्जयेत्।
ततः पद्मपुरे सिद्धक्षेत्र स्नात्वाऽग्रतो ब्रजेत्॥
वारिशे रुद्र-गङ्गाख्ये स्नात्वा दस्वाब्रजेत्ततः।
युवत्यां तत्र मिष्टोदे स्नात्वोऽथावन्तिकां श्रयेत्॥

प्रिय! वहाँ गंगाजी के दर्शन और प्रणाम करके भगवान् श्रीशंकर पूजन, देवता और ऋषियों का तर्पण तथा ब्राह्मणों को भोजन करवाएँ। फिर अन्न, वस्त्र आदि दान देकर विसर्जन करें। फिर पद्मपुर में जो सिद्धों का है, वहाँ पर स्नान करके और दान देकर युवती तथा मिष्टो (मिठव) तीर्थों पर स्नान करके अवंतीपुर (बाँतीपुर) को चलें।

तत्रस्नात्वा सिद्धक्षेत्र महानागं समाश्रयेत्।
हरिद्राख्यं गणपति नत्वा विघ्नेश्वरार्चनम्॥
कृत्वा देवानृषीन वितृस्तर्पयेद्विधिवन्नरः।
हव्यकव्यादिभिः सर्वे विघ्नाः पापानि च प्रिये॥
तत्क्षणान्नशमायान्ति गणनाथप्रसादतः।
बलिहारे ततोऽपायात् क्षेत्रे स्नात्वा व्रजेत्ततः॥

वहाँ साधु-महात्माओं के क्षेत्र में स्नान करके बहन्नाग (मिहरनाग) जाकर ही पारा गाँव में हरिदाचय गणपति विघ्नों के नाश करनेवाले श्रीगणेशजी का पूजन करें और देवताओं तथा ऋषियों का तर्पण करें। देवताओं तथा पितरों का तर्पण करने तथा दान करने से श्रीगणेश की कृपा से मनुष्य के समस्त विघ्न तथा पाप नष्ट हो जाते हैं। इसके बाद बलिहार क्षेत्र (बहियार ग्राम) में स्नान करके आगे बढ़ें।

ज्येष्ठाषाढं महादेवं पूजयेद्गणनायकम्।
नागाश्रमे हस्तिकर्णे नत्वोपस्पृश्य च व्रजेत॥
स्नात्पोस्पृश्य वा वारि तदीयं त्रिमलापहम्।
ततो गच्छेचक्रतीर्थे स्नात्वा देवर्षितर्पणम्॥
तत्र कृत्वाहेममयं चक्रं दद्याद्द्विजन्मने।
हुत्वा जप्त्वा च विधिवद् व्रजेदेवकतीर्थकम्॥

नागाश्रम (बागहाँन) में, जिसको कि हस्तिकर्ण कहते हैं, संग के समीप जाकर ज्येष्ठाषाढ नामक गणस्वामी भगवान् श्रीसदाशिव का पूजन करके आगे चलें। तीनों तापों तथा मलों का नाश करनेवाले तीर्थ-जल में स्नान व आचमन करके चक्र

नामक तीर्थ (चक्रधर) पर जाकर स्नान करके देवताओं तथा ऋषियों का तर्पण करें और सोने का चक्र बनाकर ब्राह्मण को दान दें। फिर विधिवत् हवन तथा जप करें। फिर विधिवत् हवन तथा जप करके देवक तीर्थ (देवकयार) की ओर चलें।

तत्र स्नात्वा हरिश्चन्द्रं तीर्थपुण्यं समाश्रयेत्।
तत्र स्नात्वार्चयेद्देवं महादेव वृषभध्वजम्॥
देवानृषीन पितृश्चैव तर्पयेहव्यकव्यकैः।
गां हिरण्यंतिलानवस्त्रं भक्ष्यंभोज्यं च शक्तितः॥
दद्यांन्यात्रेषु ब्रह्माण्डं तर्पितं तेन सम्भवेत्।
ततो भुक्तवा च देवेशि तीर्थ तत्वा सुरेश्वरि॥
तत्र लम्बोदरी वारि स्नान कुर्य्यादतन्द्रितः।
स्थलवाटं ततो गच्छेत्तत्रस्नात्वामृसुती॥
ततो ब्रजेत सूर्यस्य गुहावटं सुरेश्वरी।
सूर्याश्रमे सूर्यगङ्गामवगाह्य समर्चयते॥

और फिर वहाँ स्नान करके हरिश्चंद्र तीर्थ (विजय विहार) बीज बिहारा पहुँचकर स्नान करें तथा वृषभध्वज महादेवजी का पूजन कर हव्य-कव्य आदि से देवताओं और ऋषियों का तर्पण करें। गऊ, स्वर्ण, तिल और भोजन यथाशक्ति सत्पात्र ब्राह्मण को दान दें। ऐसा करने से मनुष्य को ब्राह्मण को तृप्त करने के फल की प्राप्ति होती है। हे देवी! इसके पश्चात् भोजन करें और तीर्थ को नमस्कार करके आगे चलें और लंबोदरी नदी पर आलस्य रहित होकर स्नान करके थुजवार ग्राम से भगवान् श्री सदाशिव के दर्शन करें। इसके बाद सूर्य क्षेत्र (मार्तंड भवन-मटन) में सूर्य कुंड (सूर्य गंगा) में स्नान करके भगवान् भास्कर के दर्शन करें।

श्री सूर्यनारायण का पूजन

भक्ति मुक्तप्रदं सूर्य-गामश्वं कनकं तथा।
अन्नादि वसनीयानि द्विजेभ्यः प्रतिपानएत॥
सूर्यक्षेत्रन्तु पितृणां दुखितानां स्वकर्मतः।
तेषामुद्धारणार्थाय प्रार्थितं मुनिभिः सुरैः॥
तत्र कुर्य्यातत्पितृंमुक्तिं पिण्डैदानादिभिः प्रिये।
कुण्डद्वयं समालोक्य मत्स्यरूपानसुरानपि॥
अन्नैर्नानाविधैभक्तया स्नात्वा तृप्तान् विधायऽतान्!
श्राद्धं पश्चिमवाहिन्यां तत्र कुर्य्याद्धि मानवः॥

श्री सूर्यनारायण के दर्शन करके तथा उनका पूजन करें। भगवान् श्री सूर्यनारायण का पूजन संसार के समस्त भोगों तथा मुक्ति को देनेवाला है। यात्रियों को सूर्यक्षेत्र में अन्न-वस्त्र आदि का दान ब्राह्मणों को देना चाहिए। यह सूर्यक्षेत्र (मटन) तीर्थ अपने कर्मों से दुःखी हुए पितरों के उद्धार के लिए उत्तम है, ऐसा देवताओं का ऋषियों-महर्षियों का मत है। हे देवी! यहाँ पर पिंडदान आदि से पितरों का उद्धार करें। दोनों कुंडों का दर्शन करें और फिर उनमें मत्स्य रूप देवताओं का दर्शन करें और फिर उनको नाना मंत्रों से तृप्त करें। पश्चिम-वाहिनी गंगा में स्नान करके पितरों के उद्धार के लिए श्राद्ध करें।

ततः सत्कारमासाद्यः स्नात्वा तत्तीर्थ वारिणि।
सम्पूज्य चात्र गणाय ब्रजेद्भद्राश्रमं ततः॥
हयशीर्षाश्रमे पुण्ये तथा स्त्रश्वतरनागजे।
सौरगङ्गा जले स्नात्वा कृतनित्य क्रियाद्विजाः॥
गच्छेत्सरलके ग्रामे जलेऽनन्तस्यापावने।
तत्र स्नात्वा ततो गच्छेत्बालकल्यायन परम्॥

इसके बाद सत्कार (साकरस) स्थान में पहुँचें, स्नान करें और गणेश का पूजन करें और फिर भद्राश्रम में जाएँ। फिर परम पवित्र हयशीर्ष (सिलगाम) आश्रम में तथा स्त्रश्वततर क्षेत्र में और गंगाजल में स्नान करके संध्या वंदन आदि नित्य-क्रिया करें। (सरलक सलर) ग्राम में पहुँचकर पवित्र अनंतनाग तालाब के जल में स्नान करें, उत्तम बालखिल्य आश्रम (ख्यिलन) को जाना चाहिए।

बालखिल्य तीर्थ का माहात्म्य

शृणु देवि प्रवक्ष्यामि माहात्म्यं पापनाशनम्।
बालखिल्यायनस्यैव चित्तशुद्धकरं परम्॥
पुरामहर्षयः सिद्धाः बालखिल्यामिधाः शिवे।
सुदुष्करं तपश्चेरुः नियमेनोर्ध्वरेतसः॥

हे देवी! अब मैं पाप ताप को हरनेवाले तथा चित्त को शुद्ध करनेवाले बालखिल्य तीर्थ का माहात्म्य कहता हूँ। ध्यानपूर्वक सुनो, पूर्वकाल में बालखिल्य नामक महर्षियों ने घोर तप किया।

उवाच तां तदा विष्णुर्मेघगम्भीरया गिरा।
तपसानेन तुष्टोरस्मि दरयेध्वं वरं शुभम्॥

श्रुत्वा तेषां वचः सौम्यमानन्दाश्रु परिलुप्तः।
दृष्टि पदोः समाधाय गङ्गा समुदचालयत्॥

फिर भगवान् श्रीविष्णु ने मेघ सदृश गंभीर वाणी में कहा, मैं तुम्हारे तप से अत्यधिक प्रसन्न हूँ, अतः तुम वर माँगो।

ऋषियों की प्रार्थना सुनकर भगवान् श्री विष्णु ने अपने चरणों से धरती को छूकर वहाँ से गंगा को प्रकट किया।

आभूतसंप्लवं यावत्तावत्परमपावनम्।
बालखिल्यामिधं तीर्थं भविष्यन्ति न संशयः॥
भ्रियते धूतपापः सन् स्वर्गलोके महीयते।
खिल्याने महापुण्ये विष्णोस्तीर्थेह्यनुत्तम॥

और उसके साथ ही उन लोगों को यह वरदान भी दिया कि प्रलय-पर्यंत बालखिल्य तीर्थ लोगों को पवित्र करता रहेगा। पवित्र और पुण्य खिल्ययन तीर्थ पर मनुष्य स्नान, दान तथा जप, पूजा करें तो उसे स्वर्ग की प्राप्ति होती है।

तत्र नारायण देवमर्चयेच्च जगद्गुरुम्।
अनन्तभोगमोक्षेष्ट साधनं विश्वव्यापिनम्॥
स्नात्वा तत्क्षेत्रपुण्योदे दानं दत्वा स्वशक्तितः।
महाबने भीमरूपं विघ्नेशं समुपाश्रयेत्॥

उस बालखिल्य तीर्थ पर जगद्गुरु सर्वव्यापी नारायण का पूजन करें, जो कि नाना प्रकार के भोगों तथा मोक्ष के प्रदान करनेवाले हैं। तीर्थ पर स्नान और यथाशक्ति दान देकर महावन (गणेशबल)(गणेशबल पहलगाम में है) में श्रीगणेशजी का पूजन करें।

नत्वा हुत्वा च विधिवन्मोदकैः पायसैस्तथा।
बलि निवेदयेद्भक्तया श्री गणेशाय सुन्दरि॥

हे सुंदरी! श्रीगणेशजी को नमस्कार करके लड्डुओं तथा क्षीर का भोग लगाएँ।

मामलेश्वर तीर्थ की उत्पत्ति की कथा

प्रशान्तपापविघ्नोऽथं क्षेत्रं मामेश्वरयं ब्रजेत्।
दृष्टवा मामेश्वरं लिङ्ग स्नात्वा मामेश्वारिणि॥
तत्क्षणान्मुच्यते साध्वि रोगेभ्यः पाप सञ्चयात्।
हुत्वा दत्वा च विधिवत् ब्राह्मणान् भोजयेत्ततः॥

पाप तथा विघ्नों से रहित होकर मामेश्वर (मामलेश्वर) क्षेत्र को जाएँ। हे साध्वी! मामलेश्वर भगवान् के दर्शन या तीर्थ-जल में स्नान करके मनुष्य रोगों तथा पापों से छूट जाता है। यहाँ पर स्नान करने के पश्चात् मनुष्य दान करें तथा ब्राह्मणों को भोजन करवाएँ।

मामलेश्वर तीर्थ की उत्पत्ति के संबंध में कथा

एक समय भगवान् श्रीसदाशिव श्रीगणेशजी को दोनों ड्योढ़ियों का द्वारपाल बनाकर स्थलबाद को चले गए थे। वहाँ पर थोड़ी देर ठहरकर खिल्यायन से ऊपर दंडक मुनि के आश्रम जाकर विश्राम करने लगे। वहाँ देवता आए। भगवान् सदाशिव ने कहा, "आगे मत बढ़िए।" इस शब्द को सुनकर गणेशजी पाताल देश से आए और उन्होंने भी यही शब्द कहे और इस शब्द से फिर देवता भगवान् सदाशिव में लीन हो गए। अतः फिर यह ग्राम 'मामल' के नाम से प्रसिद्ध हुआ। भगवान् सदाशिव ने श्री गणेशजी से कहा तुम 'मामल' शब्द सुनकर पाताल से यहाँ आए हो, अतः दीर्घकाल तक यहाँ ठहरो और समस्त विघ्नों को दूर करो।

यः कश्चिन्मानवो लोके अत्र त्वां पूजयिष्यति।
सर्वान् विघ्नान विनिर्जित्य सिद्धि समधिच्छति॥
इति दत्वा वयां देवो गणेशाय स्वयं शिवः।
पुष्येवै दण्डकारण्ये लीनो मामेश्वरः प्रभुः॥

जो मनुष्य यहाँ पर तुम्हारा पूजन करेंगे, वे परम सिद्ध को प्राप्त करेंगे। यह वरदान श्री सदाशिवजी श्री गणेशजी को देकर दंडकारण्य में अंतर्धान हो गए।

दृष्टवा मामेश्वरं लिंग पुण्ये मामलके नरः।
पूजयित्वा गणपतिम् अश्वमेधफलं लभेत्॥
सर्वान्कामानवाप्नोति पशुपुत्रधनानि च।
यात्रा साफल्यमाप्नोति गणेशस्य प्रसादतः॥

मनुष्य को पवित्र मामलक (ग्राम) में मामेश्वर का दर्शन करने और श्री गणेशजी का पूजन करने से अश्वमेध का फल मिलता है। गणेशजी की कृपा से मनुष्य की संपूर्ण कामनाएँ पूर्ण होकर उसे पशु, पुत्र तथा धन की प्राप्ति होती है और उसकी यात्रा भी सफल हो जाती है।

भृगुपति तीर्थ

ततो ब्रजेद्भृगुपतेः क्षेत्र सर्वमलापहम्।
स्नात्वा दत्वा च विधिवत्तत्र सम्पूजयेद्धरिम्॥

इसके पश्चात् समस्त पापों को मिटानेवाले भृगुपति तीर्थ जाकर वहाँ विधिवत् स्नान तथा दान करके भगवान् श्रीहरि का पूजन करें।

नोट—भृगुपति तीर्थ (पहलगाँव में डाक बँगला के समीप है।)

भृगुजी ने परिशीलन वन में दीर्घकाल तक बड़ा भारी तप किया था। ऐसा कठिन तप जो देवता भी न कर सकते थे। इसी बीच में भगवान् श्रीविष्णु देवताओं के साथ महर्षि भृगुजी के दर्शनों के लिए आए। भृगुजी ने अपने आसन पर से उठकर उनको प्रणाम किया और सदैव एकरस रहनेवाले भगवान् श्री विष्णु ने उनके सिर को चूमकर उनको गले से लगा लिया।

आलिङ्गितुरन्योन्यं भृगु विष्णु महेश्वरि!।
तदङ्गगजात प्रस्वेद जलैः परमपावनैः॥
पुण्यतीर्थम् भूदेवि? परिशील बने शुभे।
भृगोरालिदङ्ग नाद्यस्माद्धरि स्वेद समुद्भवम्॥
पुण्यं सुप्रथित लोके भृगुतीर्थ महेश्वरि!
तत्र स्नात्वा ताम्रदानं वस्त्रदानच्च मानवः॥
करोति सफला यात्रा तस्य सत्यन्न संशयः।
भृगुतीर्थे नरः स्नात्वा पुण्य प्राप्नोत्यसुत्तमम्॥

हे माहेश्वरी! भृगु और विष्णु भगवान् ने आपस में आलिंगन किया। उनके शरीर में से पवित्र पसीना निकला, जिससे वह पवित्र तीर्थ बना।

श्री सदाशिव बोले, हे देवी! क्योंकि यह तीर्थ भृगु के पसीने से बना है, अतः इसका नाम भृगु-तीर्थ प्रसिद्ध हुआ। यहाँ पर जो मनुष्य स्नान करके ताँबे तथा वस्त्र का दान करेगा, उसकी यात्रा निःसंदेह सफल होगी। वह मनुष्य स्नान करने से अति उत्तम पुण्य को प्राप्त होता है।

श्रीलंबोदर की कथा

एक बार कैलास पर्वत पर भगवान् सदाशिव और पार्वती ज्ञान संबंधी बातचीत कर रहे थे। उन्होंने गणेशजी को द्वारपाल बनाकर उनसे कह रखा था, किसी को अंदर मत आने देना। इतने में देवराज इंद्र देवताओं सहित वहाँ आए। गणेशजी ने

उनको रोका, इस पर दोनों में बड़ा भारी युद्ध हुआ। इंद्रदेव हार गए—

इन्द्र कोषाद् गणेशो वै तृषितःक्षुधितोऽपिच।
भुक्तास्वादु फलान्यत्र पयो गंङ्ग सपुष्कलाम्॥
पीत्वा गङ्गासि विघ्नेशस्तदा लम्बोदरोऽभवत्।
लम्बोदरेति नाम्तो वै आजुहाव हस्तदा॥

इंद्र के साथ लड़ने से श्री गणेशजी को बहुत ज्यादा भूख व प्यास महसूस हुई। चुनाँचे बहुत स्वादिष्ट फल खाकर बहुत सा गंगाजल पीने से गणेशजी का पेट बढ़ गया। तब भगवान् सदाशिवजी गणेशजी को लंबोदर के नाम से पुकारने लगे।

शुष्कां दृष्टवा तु गङ्गा तां हरो गणपतेः प्रिये!
क्रोधेनाष्युदरन्तस्याऽहनडुमरुण शिवे!
अवमन्मुखतो गङ्गा तदा गणपतेः प्रिये।
यस्माल्लम्बोदरात्तस्य आह्नवीसा विनिःसृता॥
लम्बोदरी जल स्पर्शः कोटि जन्माघनाशनः।
करणीयो महादेवि! मामलेशस्य सन्निधौ॥

हे देवी! भगवान् श्री सदाशिव ने गंगा को सूखा हुआ देख गणेशजी के पेट पर क्रोध में भरकर डमरू से चोट की। फिर गंगा उनके पेट में से निकलकर बहने लगीं और पौराणिक कथाओं ने उसका नाम 'लंबोदरी' प्रसिद्ध किया।

हे प्रिय! लंबोदरी नदी के जल का स्पर्श कोटि जन्मों के पापों का नाश करता है। इसीलिए मामलेश्वर के पास इस नदी का स्पर्श करना आवश्यक है।

ततो गत्वा रञ्जिवने पश्येद्वर्तुलाकारकोपलम्।
स्नान कृत्वा ततः सीताराम लक्ष्मण कुण्डके॥

इसके पश्चात् रंजिवन ने गोलाकार पत्थर की देव मूर्ति का दर्शन करे और वहाँ से सीताराम कुंड में स्नान करके आगे बढ़ें।

रम्जनोपल की कथा

रञ्जनाख्यं तदा प्राप्त बनं दैत्यान्मोदोत्काटनः।
विचरन्तो बनं पुण्यं रामः सीता च लक्ष्मणः॥
तान दृष्ट्वा स्वेदसंयुक्ता बभूबू रञ्जने बने।
तत्स्वेदजलसम्भूताः कण्डस्तत्र शरानपि॥

सीता, लक्ष्मण तथा राम ने विचरते-विचरते रञ्जनख्य पवित्र वन में आकर

मदयुक्त राक्षसों को देखा। इससे उनको पसीना आ गया, वह पसीना कुंडों में पड़ने से ये कुंड परम पवित्र हो गए।

गृहीत्वाऽश्गनि चारुह्य चकर्त दैत्यपुङ्गवान्।
शेषा भीताः पलायन्ते रामचन्द्र शरार्दिताः॥
तद्रक्तपाताद्रक्तः सः गण्डशैलो ह्यतुत्तमः।
रामपादरविन्दस्य स्पर्शनात्पावनः स्मृतः॥

भगवान् श्री रामचंद्रजी महाराज पाषाण पर चढ़कर बाणों से राक्षसों को समाप्त करने लगे। बहुत से राक्षस मारे गए और बाकी के इधर-उधर भाग गए। उन राक्षसों का खून गिरने से गंडशैली (छोटी पहाड़ी) रंगीन हो गई और भगवान् श्रीरामचंद्रजी के चरण स्पर्श से दूसरों को पवित्र करनेवाली हो गई।

पापैर्मुक्तो भवेद्यत्र रञ्जनीपलदर्शनात्।
कुण्डे स्नानश्चकृत्वाऽत्र पापबन्धात्प्रमुच्यते॥

इन रंजनोपल के दर्शन से मनुष्य पापों से मुक्त हो जाता है और कुंड में स्नान करने से समस्त पापों से छूटकर मुक्त हो जाता है।

स्थानु-आश्रम (चंदनबाड़ी)

ततो गत्वा नीलगङ्गा तीर्थोऽमवगाह्य च।
प्रसन्नचित्त्वृत्तिश्च ततः स्थाण्वाश्रमं ब्रजेत्॥

इसके बाद नील गंगा में स्नान करके प्रसन्नचित्त हो स्थानु-आश्रम (चंदनबाड़ी) की यात्रा करें।

एकदा क्रीडतस्तस्य शिवस्य वरवर्णिनि!
देव्याः सौरतसंलापैरन्यैः क्रीडनकैरपि॥
अक्षिणी चुम्बतस्तस्य पार्वत्या वरदायिनि।
कालंजानाक्तं वदनं समभूतस्य सुन्दरि!

हे देवी! एक बार काम-क्रीड़ा तथा खेल की बातों में भगवान् श्रीसदाशिव का मुख पार्वतीजी के नेत्रों के साथ लग गया। हे सुंदरी! तब उनका मुख अंजन (सुरमे) के कारण काला हो गया।

दृष्ट्वांजनअङ्कितं वदनं स्वं देवो भगवान् हरः।
तदा प्रक्षालयामास गङ्गायो वदनं शिवः॥
सवै गङ्गा समुत्पन्नाकालांजननिभाऽभवत्।
नीलगङ्गेति विख्याता महापातक नाशिनी॥

फिर भगवान् श्रीसदाशिवजी ने सुरमे से काला देखकर मुख गंगाजी में धोया, जिससे गंगाजी का रंग काला पड़ गया, अतः गंगा का नाम 'नील गंगा' प्रसिद्ध हो गया। यह नदी महापापों को नष्ट करनेवाली है।

नीलगङ्गाजलस्पर्शो दोष संसर्गतोऽसषाम्।
स्त्रीणामात्मविकारादीन् नाश स नयतिध्रुवम्।

नील गंगा का स्पर्श दुष्ट मनुष्यों के साथ रहकर जो दोष प्राप्त हुए हों, उन्हें तथा स्त्रियों के मन के विकारों का नाश करता है। इसमें रत्ती भर भी संदेह नहीं है।

यह नील गंगा पहलगाँव से 6.5 मील चंदनबाड़ी के मार्ग में है।

पुरा चचार सुमहत् तपो हैमवने नगे।
गिरीशो दक्षतनुजा विश्लेषिततनुः शिवः॥
सेवा पराऽस्थिता तत्र चिरं देवी महेश्वरी।
न चाचालात्मध्यानाद्धि तपसि स्थाणु संस्थितः।

पूर्वकाल में भगवान् सदाशिव दक्ष प्रजापति की पुत्री सती का वियोग हो जाने पर कठिन तप करने लगे। महेश्वरी फिर वहाँ पर बहुत वर्षों तक सेवा करती रही। सती ने पर्वतराज के यहाँ जन्म लेकर पार्वती का रूप पाया। यह तपस्या करने के पश्चात् भगवान् सदाशिव की सेवा करने लगीं। लेकिन उनकी सेवा करने पर भी भगवान् श्रीसदाशिव की समाधि न खुल पाई।

वाटिकायां चन्दनानं पार्वती ह्याकुलाऽभवत्।
स्थाणुवत् संस्थितो यत्र महेशस्तपसि स्थितः॥
स्थाण्वाश्रम इति प्रोक्तो महापातकनाशनः।
स्थाण्वाश्रम समीपे तु यः स्नायात् सुखन्दिते!

तब पार्वतीजी चंदन वाटिका में बड़ी घबराईं। जिस वाटिका में भगवान् सदाशिव वृक्ष के समान निश्चल रूप से तप में स्थित थे, उस वाटिका का नाम बाद में महापाप विनाशक प्रसिद्ध हुआ। हे देवी! इस स्थानु आश्रम (चंदनबाड़ी) के पास जो स्नान करता है, वह शिव-धाम को प्राप्त होता है।

महापातकयुक्तो वा युतो वा ह्यपपातकै।
स्थाण्वाश्रमवने पुन्ये मुच्यते सर्वकिल्विषैः॥
अत्र देवार्चन कुर्वन् तिलतर्वणमेव च।
जपश्च मुच्यते जन्तुमहापातक कोटिभिः॥

ब्रह्म-हत्या तथा गौ-हत्या आदि महापाप करनेवाला मनुष्य यदि चंदनबाड़ी में स्नान करे तो समस्त पापों से छूट जाता है।

सरस्वती नदीं दृष्ट्वा स्नात्वा पापात्प्रमुच्यते।
ततश्चोषसि पोषाख्यं गिरिमुलंघ्य पावनम्॥

सरस्वती नदी का दर्शन करने से एवं उसमें स्नान करने से मनुष्य समस्त पापों से मुक्त हो जाता है। इसके पश्चात् यात्री को पौषाख्य पर्वत (पिस्सू घाटी) पर चढ़ना चाहिए।

पिस्सू घाटी

एक बार देवता और राक्षस भगवान् सदाशिव के दर्शनों के लिए आए। वे पहाड़ पर चढ़ते समय ईर्ष्या से ग्रस्त होकर कहने लगे कि हम पहले चढ़ेंगे! दोनों में युद्ध होने लगा। राक्षसों से हटकर देवताओं ने एकाग्रचित्त होकर भगवान् सदाशिव का ध्यान किया।

शम्भोरनुग्रहाद देवि! पिष्ठा दैत्या सुरोत्तमैः।
मुष्टप्रहारैः पिष्टास्ते राक्षसा यत्र सुन्दरि॥
लीनागिरौ भवन्ति स्मः यत्र ते राक्षसाः प्रिये।
दैत्यदेहास्थिसम्भूता तत्र राशिः सुविस्तरा॥

प्रिय! भगवान् सदाशिवजी की कृपा से देवताओं ने राक्षसों को मार-मारकर चूर्ण कर दिया। जिस स्थान पर देवताओं ने राक्षसों का चूर्ण बनाया, वहाँ पर उनकी अस्थियों का एक बहुत बड़ा ढेर लग गया।

स गिरिः परमोद्धार पोषाख्यः प्रथितो भुवि।
पिनिष्ट शिवभक्तानां पापरूपांस्तु राक्षसान्॥
श्री श्री श्री श्री शितीकण्ठ इमं मन्त्र मनुस्मरन्।
स ब्रह्मसदनं याति यत्र गत्वा न शोचते॥

और यह पर्वत, यानी पिस्सू घाटी, अब शिव भक्तों के पाप-ताप हरती है। हे देवी! श्री-4 शितीखंड इस मंत्र को स्मरण करता हुआ जो इस पहाड़ पर चढ़ता है, उसको ब्रह्मलोक प्राप्त होगा। वह ब्रह्मलोक जहाँ पर पाप-ताप व शोक का नाम तक भी नहीं है।

तदुपरि च शेषस्य नागस्य विधिपूर्वकम्।
दर्शनं स्पर्शनं पूजां कृत्वा गच्छेदतः परम्॥
वायुवर्जन देशे तु विधाय मटिकां ततः।
तत्राश्रमपदे स्थित्वा संस्मरेदमरेश्वरम्॥

इस पिस्सू घाटी पर विधिवत् श्री शेषनाग का दर्शन कर पूजन करके आगे बढ़ें। वायुर्जन में पत्थरों से छोटी गढ़ी बनाकर भगवान् श्री अमरेश्वर का स्मरण करें।

शेषनाग पर्वत

प्राचीनकाल में इस पहाड़ पर एक बड़ा ही बलवान वायु के समान रूप वाला राक्षस रहता था और वह यहाँ आनेवाले देवताओं को बड़ा कष्ट पहुँचाता था। देवता भगवान् सदाशिवजी महाराज के पास गए। स्तुति के पश्चात् भगवान् सदाशिवजी प्रसन्न हुए। देवताओं ने उनको राक्षस के संबंध में बताया। भगवान् सदाशिवजी महाराज ने कहा कि मैंने इसको वरदान दिया हुआ है, जिससे मैं इसको नहीं मार सकता। तुम भगवान् श्रीविष्णु की शरण में जाओ। इस पर देवताओं ने क्षीर सागर के तट पर जाकर भगवान् श्रीविष्णु की स्तुति की। भगवान् श्रीविष्णु देवताओं की स्तुति से प्रसन्न होकर बोले, मैं अभी-अभी वायुरूपी दैत्य को नष्ट किए देता हूँ। तुम लोग स्वर्गधाम को जाओ। शेषनागजी पाताल से प्रकट हुए। उस पर भगवान् श्रीविष्णु सवार हुए और आज्ञा दी—

वातं पित्रफणीन्द्र! त्वं सहस्रवदनो लघु।
प्राणांस्तर्पय नागेश! यतस्त्व पवननाशनः
एव भगवत श्रुत्वा वचनं चामृतोपमम्।
प्रादुर्भूय च त दैत्यं वायुरूपं पपौ क्षणात्॥

हे सर्पराज! तुम सहस्र मुखों से वायु का पान करो। अपने प्राणों को इस वायु द्वारा तृप्त करो, क्योंकि तुम वायु को खानेवाले हो। भगवान् के अमृत रूपी वचन सुनकर एक क्षण में शेषनाग ने देखते-ही-देखते वायु रूपी दैत्य को भक्षण कर लिया।

तदा प्रभृति देवेशि! नगोऽभूच्छेषपङ्कजः।
स्वाश्रमेणा प्यासौ नागोवर्णितो योगिसत्तमैः॥
दर्शनात स्पर्शनाद स्नानात दानाद्धोऽमाज्जपात्तथा।
स्वाध्यायस्तुतिपाठच्चह्यनन्तपुण्यमाप्नुयात्।

हे देवी! उस दिन से यह पर्वत शेषनाग के नाम से प्रसिद्ध है तथा योगी जन इसको अपना आश्रम भी कहते हैं। इसके दर्शन करने से तथा तालाब में स्नान करने से और यहाँ पर जप, हवन, स्तुति का स्वाध्याय करने से मनुष्य अनंत पुण्य को प्राप्त होता है।

जब देवताओं ने राक्षसों को मार डाला, तब उनमें से प्रष्टता नाम दैत्य वायु में मिलकर देवताओं को कष्ट देने लगा। इस पर समस्त देवता भगवान् सदाशिवजी

महाराज के पास गए और उनकी स्तुति की। इस पर भगवान् सदाशिवजी महाराज ने प्रसन्न होकर कहा—

मठिकांसु च देवेशाः! कुरुध्वं वायुवर्णनम्।
इत्यं कृत्वा ततो देवा मठिकास्तत्र प्रस्तरैः॥
दर्यायामास तच्चोग्रं रूपं दैत्यपुरन्दरः।
दृष्टवां दैत्यं तृग्ररूपं वज्रमिन्द्रः समादधे॥

हे देवताओ! तुम लोग यहाँ मढ़ियाँ बनाकर वायु को रोक दो। इस पर वे वहाँ पर पत्थर की मढ़ियाँ बनाकर शांतिपूर्वक रहने लगे। लेकिन एक बार दैत्य ने अपना उग्र रूप दिखाया, तब देवराज इंद्र ने अपना वज्र उठाया।

जथान दानव देवस्तत्रैव वाजुवर्जने तद्वायुवर्जन नाम तीर्थभूतं सुचर्चितम्॥
मठिकारचनातत्र पाषाणैर्द्रेवतार्थयः। अनंत पुण्यं प्राप्नोति वायुवर्जदर्शनात्॥
महापातकयुक्तो वा युतो या चोपापतकै मुच्चते पातकैर्घोयुर्दृष्ट्वा या वायुवर्जनम्॥

और उसी जगह राक्षस को मार डाला। तब से यह जग वायुवर्जन देवताओं से पूजित तीर्थ प्रसिद्ध हुआ। यहाँ पत्थरों द्वारा देवताओं के लिए छोटे-छोटे घर बनाने तथा तीर्थ के दर्शन से मनुष्य अत्यंत पुण्य को प्राप्त होता है। ब्रह्महत्या और गौ-हत्या से युक्त मनुष्य इस तीर्थ के दर्शनों से इन महापापों से छूट जाता है।

हत्यारा तालाब

श्रवण शीले! प्रवक्ष्यामि शुष्कीभूतं सरोवरम्।
येन विज्ञातमात्रेण नरो मुच्येत संशयात्॥

हे देवी! जिस कारण यह तालाब (हत्यारा तालाब) सूख गया है, वह कथा सुनो। इसके सुनने से प्राणी संशय से रहित हो जाता है।

जब भगवान् श्री सदाशिवजी तथा देवराज इंद्र ने राक्षसों को नष्ट किया तो कुछ भागकर इस तालाब में छिप गए और फिर ये राक्षस थोड़े समय के पश्चात देवताओं को पूर्ववत् दुःख देने लगे। भगवती पार्वती और श्रीसदाशिवजी विचरते हुए वहाँ आए। भगवती पार्वती ने भगवान् श्रीसदाशिवजी से देवताओं के दुःख दूर करने के लिए कहा। भगवान् श्री सदाशिव महाराज ने हुंकार किया, फिर वे डरकर इस तालाब में छुप गए। भगवान् सदाशिव ने शाप दिया। वह तालाब सूख गया। इस स्थान पर यात्रियों को मौन होकर यात्रा करनी चाहिए।

ततः पञ्चतरङ्गिण्या पञ्चस्रोतस्तु सुन्दरि!।
स्नात्वाद्देवर्षि पितृंश्च तर्पयेत्सुसमाहितः॥

हे सुंदरी! इसके बाद पंचतरगिणी (पंचतरनी) के पंचप्रवाहों में स्नान करें और देवता, ऋषि तथा पितरों का सावधान होकर तर्पण करें।

पंचतरनी गंगा

एकदा-पुराताण्डव-नृत्यमानस्य भूपतेः।
प्रमोदाधिक केशस्य कपर्दःशिथिलाऽभवत्॥
तदोपै पञ्चका देवी प्रादुर्भूता कपर्दतः।
गङ्गा भगवती देवी महापातकनाशिनी॥

पूर्व काल में एक बार भगवान् श्रीसदाशिव महाराज तांडव नृत्य कर रहे थे और नृत्य करते समय उनका जटाजूट ढीला हो गया और उसमें फिर पंचतरनी गंगा निकली, जो महापापों को दूर करनेवाली हैं।

जो मनुष्य आलस्य रहित इस पंचतरनी नदी में स्नान करता है, वह ब्रह्म-हत्या आदि घोर पाप से मुक्त हो जाता है। यहाँ पर स्नान करनेवालों को वही फल मिलता है, जो कुरुक्षेत्र, प्रयाग, नैमिषारण्य में स्नान तथा दान करने से प्राप्त होता है।

गौहिरण्यं सुवासश्च क्षोमं चन्दननेव च।
कुङ्कुमागुरुकर्पूरमृगाभ्यादि सुन्दरिः॥
यो ददाति सुविप्रायः स शिवलोकमाप्नुयात्।
आरूहेदुच्च शिखरं ततो डमारक श्रयेत्॥

हे सुंदरी! यदि इस तीर्थ पर गऊ, वस्त्र, चंदन, केसर, अगर, कस्तूरी आदि ब्राह्मण को दान दिए जाएँ तो यात्री को शिवधाम की प्राप्ति होती है। इसके पश्चात् ऊँची चोटीवाले पहाड़ पर चढ़कर डमारक देवता के दर्शन करने चाहिए।

डमारक देवता की कथा

महापातक युक्तो वा युतो ब्रह्मपातकै।
पुन्यं डामरक दृष्ट्वामुच्यते पापकोटिभिः॥
बहुनात्र किमुक्तेन पूजा प्रक्रमण तथा।
कृत्वामरेश्वरस्यैव दर्शनार्होभवेत्पुमान्॥

बड़े से बड़ा पापी भी डमाकर देवता के दर्शन करने से पापों से छूट जाता है।

हे देवी! अधिक क्या कहूँ, बस इतना कहना ही पर्याप्त है कि यात्री डमारक देवता की पूजा तथा परिक्रमा करने से ही अमरनाथ के दर्शन योग्य होता है।

एक बार भगवान् सदाशिवजी नृत्य में इतने लीन हो गए कि उनका संध्या का समय भी व्यतीत हो गया। इससे उनको बड़ी चिंता हुई।

तदाप्रभृति देवेशि! तत्र डमारकोगणः तस्यौ सन्ध्या वेदनाथं भवस्य सुर पूजिते॥

एक बार भगवान् सदाशिवजी कार्तिक स्वामी के साथ क्रीड़ा कर रहे थे, उक्त गण को निद्रा आ गई और भगवान् सदाशिवजी का संध्याकाल व्यतीत हो गया। इससे भगवान् सदाशिवजी के क्रोध का कोई पारावार न रहा और उन्होंने उक्त गण को श्राप दिया कि वह शिला रूप होकर देर तक वहाँ ठहरे। वह गण काँपता हुआ भगवान् सदाशिव की सेवा में उपस्थित हुआ, भगवान् ने उसको क्षमा नहीं किया, लेकिन यह जरूर कहा कि जो यहाँ पर मेरे (श्री अमरनाथजी के) के दर्शन के लिए आएगा, वह पहले तुम्हारी पूजा तथा परिक्रमा करेगा।

तदप्रभृति देवेशि! महाडामरको गणः।
दृषद्रषोऽभवत्तत्र रत्नपर्वतमूर्धनि॥
यः कश्चिन्मानवो लोके गणौ डामरमर्चयेत्।
स प्रयाति शिवस्नानमिति सत्यं वदामिते॥

हे देवी! उस दिन से महाडमारक गण रत्न नामक शिखर पर पाषाण रूप होकर रहता है और जो मनुष्य उसका पूजन करता है, वह शिवधाम को प्राप्त होता है।

आरूहेद्रत्न शिखरं तक्षडारकं श्रयेत्।
श्रावण्यामुषसि शैलशिखरे डामरेश्वरम्॥
भैरवं पूज्ययेद द्रष्ट्वाभक्तायाऽर्थ सुरसुन्दरि!
दीपं घृतमयं पुपमोदकान् विन्नवेदयेत॥

यात्री को चाहिए कि श्रावणी के दिन प्रातःकाल भैरों घाटी की यात्रा करते हुए चोटी पर डमारक की शरण में पहुँचे। डामरेश्वर भैरव का दर्शन और भक्ति सहित पूजन कर व्रत की जोत जलाएँ और मालपूओं तथा लड्डुओं का भोग लगाएँ।

गर्भ-योनि की महिमा

परिक्रम्य च नत्वाय पर्वतादवरोहयेत्।
मध्यतस्तत्र गच्छन्वे प्रविभेद्गर्भवासकम्॥

तत्र सकृतप्रविष्टरस्य न पुनर्गर्भसम्क्ष।
तस्मान्निःसृत्य देवेशिप्रपश्येदरमायतीम्॥
यस्या दर्शनमात्रेण मृर्त्योऽमर्त्थत्वचप्नुयात्।
तद्वार्यमृतकल्पे तु स्नात्वा भूमि प्रलेपयेत॥

परिक्रमा और प्रणाम कर पहाड़ से उतरते समय मध्य में चलता हुआ, मार्ग में जो गर्भयोनि है, उसमें प्रवेश करें, क्योंकि इसमें एक बार जाने से फिर मनुष्य का पुनर्जन्म नहीं होता है। गर्भयोनि से निकलकर अमरावती नदी में प्रवेश करें। अमरावती के दर्शन मात्र से मनुष्य देवता तुल्य हो जाता है। इस नदी के अमृत समान जल में स्नान करके यात्रियों को चाहिए कि भस्म को अपने शरीर पर मले।

यः कश्चिदपि चेशानि। पुण्यगङ्गर्भहश्रयेत्।
गर्भात्स मुच्यते जन्तुरिति न वचनं प्रिये॥
यदा कैलाशशिखरे क्रीडतस्तस्यध्रर्वतेः।
आज्ञया चाभबन्नन्दी द्वारपालो महेश्वरि॥

देवी! जो मनुष्य पवित्र गर्भयोनि में से निकलकर अमर गुफा को जाता है, उसका फिर पुनर्जन्म नहीं होता है और फिर वह शिवरूप हो जाता है। देवी! यह बात बिल्कुल सत्य है। हे ईशानि! जब भगवान् सदाशिवजी कैलास पर्वत पर नृत्य कर रहे थे, उस समय नंदी उनकी आज्ञानुसार द्वारपाल था।

देवता भगवान् सदाशिवजी के दर्शन के लिए आए तो नंदी ने उनको रोका। अब देवताओं तथा नंदी में परस्पर युद्ध होने लगा। नंदी ने भगवान् सदाशिवजी से शिकायत की।

भगवान् सदाशिवजी ने नंदी से कहा—तुम दंड धारण करो। देवता तुम्हारा कुछ भी नहीं बिगाड़ सकेंगे। तुम द्वार पर चलो और दीवान बनाकर मार्ग में गर्भयोनि को रख दो। देवता उसमें प्रवेश न कर सकेंगे।

इति तस्य वचः श्रुत्वा महेशस्य महागणः।
महाप्रस्थं समुत्थाप्य गर्भागारे न्याधीपयत॥
महापावनं छेतू चेदिच्छेत्प्रसभंप्रिये।
तदाश्रयेत्तु देवेशं गर्भागारविनिस्मृतः॥

भगवान् सदाशिवजी की बात सुनकर नंदी ने गर्भगृह के आगे एक बहुत बड़ा पत्थर रख दिया, जिसमें कि योनि सदृश छिद्र था। हे प्रियेः जो पुरुष जन्म-जन्मांतर के पापों से मुक्त होना चाहे, वह गर्भयोनि में से निकलकर अमरनाथ के दर्शन करे।

स्नात्वामरावती नाम्ना नदी परमपावनीम्।
तत्पङ्कसितदेहश्चय बहुवस्त्रविवर्जितः॥
प्रूलपण्छिव! पन्थान देहि में परमेश्वर।
तदाऽरोहेत् गिरिवर त्यक्तवा क्रोधादि विक्रयाम्॥

फिर अमरावती नदी में स्नान कर, उसकी भस्मरूप कीचड़ को शरीर पर मलकर और उनसे सफेद होकर थोड़े वस्त्र, कोपीन और रेशमी धोती को पहनकर 'सन्मार्ग प्रदान करो' कहते हुए तथा 'शिव शिव उच्चारण करते हुए क्रोध, मोह आदि को त्यागकर पहाड़ पर चढ़ें।

प्रणेमद्देवदेवेशं गुहास्थममरेश्वरम्।
स्तुयात ह्यनयास्तुत्या भक्तयां तद्गतमानसः॥

मनुष्य गुफा में स्थित अमरेश्वर भगवान् (देवताओं के देव भगवान्) को नमस्कार करें और प्रभु के चरणों में मन लगाकर भक्ति के साथ इस तरह स्तुति करें—

दयां कुरु हे दयासागर हर हर शिव शंकर शंभो।
दयां कुरु हे दयासागर हर हर शिव शंकर शंभो॥
संकटभूधरभेदनिमूदन शशिधरशेखर नरकारे।
भवसागर तारक हे त्र्यम्बक्! भवभयहरशंकर शंभो॥
वाह्याभ्यंतरदोषाणां क्षये तद्दर्शनं नृणामम्।
दर्शनात्स्पर्शनाचि पूजनाच्चापिबन्दनात्॥
अमरेशस्य तल्लिङ्ग सत्यं नैवात्र संशयः।
महापापकयुक्तानां युक्तनामुपपातकैः॥
सर्वपापापहं नान्यत्सुलभं देस्तरे कलौ।
स्नानानीत्थं वितस्तायांषट्प्रोक्तानिपथोन्तरे॥
त्रिंशदन्यत्र यात्रायाममरेश्वरदर्शने।
षट्त्रिशंत्तत्वरूपाणां क्षेत्राणां परतः स्थितः॥
इत्थं सम्प्राप्यते शुद्धं शिवधामामृतेश्वरः।
एव कृत्वा नरो यात्रां पश्येद् लिङ्ग रसात्मकम्॥
सयाति शिवसायुज्यं यतो भूयो न जायते॥

सुधालिंग के दर्शनों से मनुष्य के बाहर व भीतर का मैल नष्ट होकर वह शुद्ध या पवित्र हो जाता है। अमृत में बने हुए सुधालिंग के दर्शनों के स्पर्श, पूजन तथा वंदन से महापापी मनुष्य भी समस्त पापों से छूट जाता है। कलयुग में मुक्ति

का इससे बढ़कर दूसरा साधन नहीं है। वितस्ता (जेहलम नदी) में 6 स्नान और श्री अमरनाथजी की यात्रा में 30 स्नान हैं। इसके अलावा यहाँ पर देवताओं के 36 स्थान हैं, उन देवस्थानाओं के दर्शन करने से मनुष्य को शिवधाम की प्राप्ति होती है। इस प्रकार यदि मनुष्य यात्रा करता हुआ रसात्मक लिंग के दर्शन करे तो मोक्ष को प्राप्त होता है, इससे कि उसको फिर बार-बार जन्म-मरण का दुःख नहीं भोगना पड़ेगा।

□□□